U0897626

未来

塑造**未来世界**的决定性力量

李 斌 郭宇靖 盖博铭 阳 娜 著

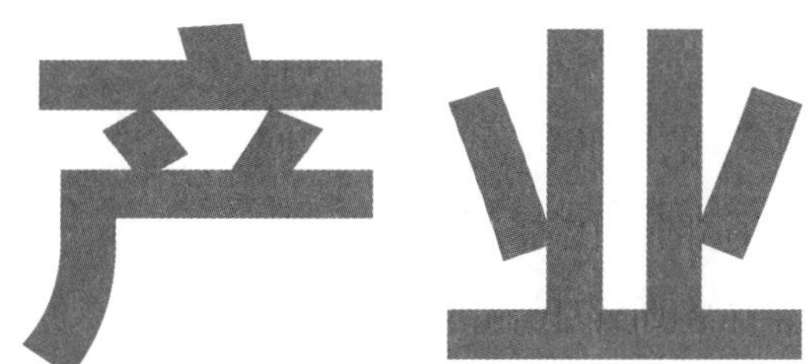

北京联合出版公司
Beijing United Publishing Co.,Ltd.

图书在版编目（CIP）数据

未来产业：塑造未来世界的决定性力量 / 李斌等著
. -- 北京：北京联合出版公司， 2021.4（2022.3 重印）
ISBN 978-7-5596-5126-6

Ⅰ. ①未… Ⅱ. ①李… Ⅲ. ①产业发展—研究—中国
Ⅳ. ① F269.2

中国版本图书馆 CIP 数据核字（2021）第 045743 号

未来产业：塑造未来世界的决定性力量
作　　者： 李　斌　郭宇靖　盖博铭　阳　娜
出 品 人： 赵红仕
责任编辑： 管　文
版式设计： 张　敏
责任编审： 赵　娜

北京联合出版公司出版
（北京市西城区德外大街 83 号楼 9 层 100088）
北京华景时代文化传媒有限公司发行
北京中科印刷有限公司印刷　　新华书店经销
字数 295 千字　　710 毫米 ×1000 毫米　　1/16　　20.5 印张
2021 年 4 月第 1 版　　2022 年 3 月第 4 次印刷
ISBN 978-7-5596-5126-6
定价：68.00 元

献给未来

献给关注未来、为未来而不懈奋斗的人们

关于“未来”的名人名言

欲穷千里目，更上一层楼。

——〔唐〕王之涣：《登鹳雀楼》

在变化的急流中，一定有许多不变的水流，让我们不仅可以预知未来，更能积极地塑造未来。

——[美]丹尼尔·伯勒斯、约翰·戴维·曼：《理解未来的7个原则：如何看到不可见，做到不可能》

今天人类社会正在进入一个新时代，表面来看，这个时代左一个人工智能标签，右一个智能经济或智能社会标签，其实背后最关键的是，这是一个更懂用户、更智能、更聪明的时代。

——李彦宏著，张晓峰、杜军主编：《智能经济：高质量发展的新形态》

改变的潮流势不可挡，会把我们卷入一个同已知世界差别甚远的未来。我们现在必须做的是——拿同一个比喻来说的话——看似非常简单：转向。

——[美]阿尔·戈尔：《未来：改变全球的六大驱动力》

如今，数字制造技术越来越普及，它正在对传统的生产方式和观念进行一场革命，而这一次工业革命，将引领我们走向“工业4.0”的时代。

——[德]乌尔里希·森德勒主编：《工业4.0：即将来袭的第四次工业革命》

推荐语

未来不是遥不可及的眺望，需要有一批有识之士以前瞻高度统筹布局。

中国正迎来科技驱动的产业升级黄金期，下个十年增长的核心动力将来自科技带动企业端的效率提升和供给侧创新。

《未来产业：塑造未来世界的决定性力量》一书立足当下，寻找历史方位，明确冲锋方向，突出硬科技对未来的塑造力，凸显创新生态对未来的构建力。不同领域的有识之士从各自视角出发，解剖未来、构想未来。期待读者能通过此书触碰到未来脉搏，一窥未来产业的创新魅力。

——李开复（创新工场董事长兼 CEO）

预测未来的最好办法，就是把它创造出来。

《未来产业：塑造未来世界的决定性力量》这本书很有价值，它由 4 位媒体人和近 20 位眺望者、思考者为世界共同创造。它告诉人们，在未来，哪些“变量”会对我们这代人的生活产生山呼海啸般的影响。读这本书，我们会感受到那八个字的力量：“过去未去，未来已来。”

——罗振宇（得到 App 创始人）

推荐序 1

在奇迹还没发生时，就提前看到

韩　松

我读到《未来产业：塑造未来世界的决定性力量》这部书时，头脑中首先浮现出的就是库布里克的电影《2001：太空漫游》里的画面。这是 1968 年上映的科幻电影，它描述了几百万年前，地球上一些生命穷途末路，但在外星高级生物的启示下，一个类人猿部落有了一个新发现，就是可以利用石头打制成工具，来改善生存处境。于是它们这样做了，结果获得了更多肉食，并且战胜了竞争对手，度过艰难时日并发展起来。

石器的使用大概就是人类最早的产业了。它的新颖、精确、速度和力量，在当时的地球上别无可替。我发现在我去过的几乎每一个历史博物馆里，都能看到石器的展示，这些出土的新石器时代的石制工具就是那个时代的"机床""芯片"和"机器人"。石器产业就是当时的"未来产业"。它是新兴的、先进的和可渗透的，决定着种族的前途命运。后来所有的产业革命均源自这一场石器的革命。

在人类几乎所有的重大历史关头，"未来产业"都起着很关键的作用。在伦敦的科学博物馆里，我看到他们展出了瓦特的改良蒸汽机，现场情形带给我很大震撼，我好像回到了18、19世纪，亲身感受到了新时代的来临，而那时在大洋彼岸，一个已有两千年未经历产业变革的社会即将遭到倾覆。在同一个馆中，还展示了差分机以及图灵机，让我想到第二次世界大战中盟军的胜利，不仅仅是由于反法西斯联盟的一些主要国家拥有比日本和德国更完备的产业体系，因而能造出更多的飞机和舰船，更在于它们顺应了未来的产业趋势，包括从原子核中释放出的力量以及通过机器程序破译密码，还发明了全新的雷达技术。在战后这些都进一步发展为重要的支柱产业，在军民各领域都得到了广泛的应用，创造出巨大财富并影响到政治社会架构。

因此当变革来临时，旧的产业将被迭代，未来产业以其新颖、精确、速度和力量，改变着生存的条件和实力的对比。比如半导体产业，它成了一个非常厉害的东西。我知道“半导体”这个名词，还是在20世纪70年代，那时家里唯一的电器是一台半导体收音机，但在当时根本没有觉得这有多么了不起，直到很久以后我才知道半导体产业会如此深刻地影响我们的生产生活，甚至一定程度上“扣”住了发展中国家的命脉。

新的产业往往是以发明创造为引领的。我保存着一篇法新社在21世纪来临时播发的电讯稿，叫《人类的创世纪》，它总结了20世纪人类的重大发明。这些发明共有200多项，几乎涵盖了我们现代生活所必需的一切：从电报机到洗衣机，从钨丝灯到输血技术，从降落伞到杂交玉米，从立体声技术到胸罩，从飞机到雷达，从收音机到推土机，从电话拨号盘到有机玻璃，从速冻食品到牙刷，从钢笔到微波炉，从机器人到航天飞机，从电影到心脏起搏器，从肝炎疫苗到互联网……它们的出现都意味着一个欣欣向荣的新产业的诞生。为什么这些都不是我们中国人发明的呢？现在再谈到未来产业时，这仍是绕不开的命题。

这些发明创造与未来的关系，来自它们的前瞻性，来自人们头脑里的奇思妙想，能够在奇迹还没发生时就提前看到了它们，从而与众不同，出奇制胜。想象力发挥着很神奇的作用。当时我收看美国的“发现”频道，解说员说的话留给我深刻的印象：一句是“我们永远追求制造不同”，一句是“若世上存在限制，这个限制便是想象力自身”。在电影《2001：太空漫游》中就出现了平板电脑的画面，与今天我们使用的平板电脑基本一致。当时电影的科学顾问建议飞船上配备的电脑应占满整个船舱，但是库布里克认为未来的电脑肯定是小型的，因此最终呈现在观众面前的就是像如今的个人电脑那样的一个人工智能装置。

发明创造乃至新兴产业的诞生，缘于人们对未来的强烈向往和想象。美国有个叫雨果·根斯巴克的人，在 1911 年写了一篇叫《大科学家拉尔夫 124C · 41+》的科幻小说，预测了一大批未来的科技和产业奇迹。在那个时代，没有人比根斯巴克的想象和描述更接近后来发明的雷达，而他有关人造丝和人造毛生产过程的描写也与今天生产锦纶的过程相仿。他还描述了彩色立体电视、可视电话、地球上空的卫星城市、不锈钢、镁合金、剧场电视直播、自动售货机、自动包扎机、灯光球场、录音机、照片传真、电视报纸、睡眠学习法、苹果梨和宇宙航行等，这里的很多东西后来都成了兴盛一时的产业。后来以雨果为名设立了“雨果奖”，刘慈欣在 2015 年获得了雨果奖最佳长篇小说奖，是第一位荣获该奖的亚洲人，让人感到“未来”也降临到了我们身边。

想象力牵动了创造力，催生新发明和新产业。因此可以讲，未来产业的创造还是要凭靠思想的解放。不故步自封，鼓励冒险精神，包容少数奇异的想法，都非常重要。新产业的发生和发展，取决于大的社会环境。它跟艺术和教育也是密切关联的。决定产业命运的可能不只是资本，还有文艺和哲学的繁荣，它让思想活跃，培养对人性和社会的洞察。只有洞察了人性和社会，才能抓住产业的根本，以满足马斯洛提出的人的需求的层次。好的未来产业是符合人性的。有人说，近代自然科学诞生于欧洲绝非偶然，这是由于欧洲的文艺复兴解放了人的思想，即从以神为本转到以人为本。如何借助未来产业的催化和培育进行新的科学思想启蒙，释放人的性情潜能，获寻世界的真理，这是我从《未来产业：塑造未来世界的决定性力量》这部书中领悟到的一层意思。

从书中可以看到，未来产业并不是空中楼阁，它是关系到人民大众的生存境况的。比如，能源资源，这个有着漫长历史的产业，仍然是重要的未来产业。谁能够脚踏实地应用新的手段解决能源资源问题，谁就能赢得未来。任何一种未来产业都不是玩概念，不是形式主义，不是邀功请赏的文字游戏。非常值得关注的仍是衣食住行领域的产业变革。所谓未来，即为当下；所谓前瞻，即为日常。人工智能有可能首先研究的不是奇点问题，而是如何满足人们衣食住行的需求。比如，在老龄化社会到来时，人工智能也将迎来许多机遇。几亿老年人的看护就可能形成巨大的产业。未来产业需要一批实干者，从细微的日常中找到灵感和创意。

基础科学对于新兴产业的演进有着巨大的推动力。未来产业的发展根本上取决于我们如何洞察宇宙的奥秘。最具颠覆性的产业革命来自科学的重大突破。如今的大多数前沿产业都基于 20 世纪两个大的科学进步，即相对论和量子力学的提出。如果再加一个，那就是 1953 年的脱氧核糖核酸（DNA）双螺旋结构的发现。仅仅看到产业带来的眼前利益，而不去追问产业背后的原理、究竟，这就如同只留意到火药爆炸的事实，而没有打探形成火药的化学物质中的分子结构秘密。产业可以从科技在全球的扩散中获利，但从长远看，源头的创新才是决定性的。

产业的进步有赖市场的繁荣。在伦敦的科学博物馆，有一个对瓦特的改良发明作出的解释，认为瓦特是考虑了如何“赚钱”。赚钱，说的是经济考虑，也是市场，包括合理的价格机制，让投入者能有正当的回报。另外是资本的力量，它让新想法变现，再加上知识产权和更多法律的保障，这都刺激和支持了未来产业的成长。巨大的市场是一个复杂的问题，它有非线性的特点，然后在混沌中产生自组织现象，像生物一样形成进化的爆发。这种爆发常常是难以预料的，我们甚至很难预测十年后会出现什么新的职业。这需要对前沿的变化有更多的敏感，并及时获得更多的信息和作出科学理性的判断。

政府的宏观决策和积极推动同样很有必要。像美国的“阿波罗计划”，由国家推动形成大科学项目，促进了航天产业加快发展，带动了一系列产业，直至今天其发展势头依然强劲，正从中衍生出新的业态，如地月空间的开发、空间制药和太空旅游等。在我国，深圳成为先行示范区，也在于政府及早布局，在尚可以靠外来加工过好日子的时候就意识到未来可能的变革，开始布局一系列新产业。有些在其他省区市很难被理解的产业，也到深圳才落了户。因此不仅是在困难的日子里，而且是在舒适的时候，能看到未来将要来临的变化，这就是产业的机遇，也是这部书着重探讨的一个方向。

我们这个时代跟历史上任何一个时代都不相同。20 世纪 60 年代以后地球进入了所谓“人类世”。这也被描绘为“未来加快入侵现实”的时代。未来已经到来，只是尚未流行。这还是“科技成为第一现实”的时代。生物进化中的失败者，并不是适应不了当下，而是适应不了未来，在迅速来到的变化面前，临时抱佛脚只会不堪一击，这便是这部《未来产业：塑造未来世界的决定性力量》带来的启示。

2021 年 2 月于北京

（韩松：知名科幻作家，中国科普作家协会科幻专业委员会主任，新华社高级记者）

推荐序 2

决定我国未来产业的五大趋势

刘　俏

研究传统产业的变迁、新兴产业的崛起，是理解中国经济社会结构发展和变迁的一个重要视角。**一个国家经济的韧性，很大程度上取决于它的“未来产业”是否具备充足的活力和韧性。中国经济社会正在出现的一系列结构性趋势，将在很大程度上驱动未来产业格局的形成与变迁，决定中国经济社会的发展格局。**这些结构性趋势包括：

趋势一：全要素生产率成为中国经济增长的重要动能。在改革开放 40 多年时间里面，我国在全要素生产率方面保持着很高的增速，从 2010 年开始，我国基本上完成了工业化进程之后，全要素生产率增速降了下来，目前接近 2%。从全球来看，各大经济体在工业化时期，提升全要素生产率比较容易，但是工业化结束之后，在服务业主导的产业结构下，保持比较高的全要素生产率增速就变得比较困难。全要素生产率的提升不可能通过经济政策来实现，而是需要从供给端、需求端综合改革来形成。**未来 15 年，我国仍有四个有利于提升全要素生产率的因素，这四个因素也将深刻影响未来的产业。**

第一个是有“再工业化”的可能性。随着工业化进程的结束，中国在进行产业数字化转型，这意味着通过数字化转型方式再进行一次工业化，这本身会是带来全要素生产率增速的最坚实来源。第二个是“再工业化”需要的基础设施，我们叫它“新基建”，这里面大量的投资也会带来全要素生产率的坚实增长。第三个是中国作为制造业大国，现在我国制造业增加值占 GDP 的 27%~28%。未来 5 到 10 年将在一定比例上保持稳定份额。制造业的不断发展也将为全要素生产率的增速带来空间。第四个也是最可靠的一个是，随着改革开放进一步的深入，我国还有广阔的全要素生产率提升空间。

趋势二：中国在全球价值链的位置向上游迈进。我国在全球价值链中参与度较高，有大量的中间品的进出口。但是，我国在全球价值链里面还处于中下游，严重依赖国外的供应商。价值链上游程度的定义为本国中间品出口占总出口的比重减去本国出口中包含的外国中间品比重。根据世界银行的数据，2018 年 40 个主要开放经济体的价值链上游程度的平均取值为 0.04，美国是 0.29，明显处于上游；而我国的数值是 0.01，偏中下游。**在国际环境日益充满不确定性的大背景下，未来 5 到 15 年提升我国的价值链的位置是很重要的工作，这将带来一系列产业革新和新产业崛起的机会。**

趋势三：强大的国内市场与消费的基础作用。“十四五”规划特别强调构建以国内大循环为主体的新发展格局。为什么强调以国内大循环为主体？我们对 OECD（经济合作与发展组织）国家作了大样本统计分析发现：高收入国家人均 GDP 与外贸依存度之间是反向关系——随着人均 GDP 的提升，进出口占 GDP 的比重会降下来。这是大国经济演进的客观规律。我国也大致遵循这样一个规律。我国出口增加值在 2006 年曾占 GDP 的 36%，2019 年已经降到 18% 了，在未来 15 年还将进一步下降。这意味着未来中国制造可能更大比例是服务于国内市场。**怎么形成强大的国内市场，怎么促进消费在中国经济社会发展中的基础作用，是未来可能需要思考的问题。**展望 2035 年，随着强大国内市场的形成，随着消费在经济社会发展中的基础作用的发挥，居民消费率将从现在的 39% 提升到接近 60%，其中服务消费在总消费中的占比将从目前的 44% 提升至 60%。这意味着未来产业格局将发生深刻的变化，这个过程已经开始。

趋势四：有效市场、资源优化配置与提升投资收益率。“有效市场”和“有为政府”是中国发展模式的两大特点。其中，有效市场理解方式很多，我个人认为**未来一段时间建立有效市场，最大的着力点在于形成强大的市场价格决定机制，使得价格引导资源有效配置，提升投资效率。**

我国目前人均资本存量仍然只是发达国家的 1/2，投资空间很大，城镇化本身也还将带来大量的投资机会。未来投资的关键作用将怎么发挥？前提是资源的有效配置，把资源配置到它应该去的地方，应该去的城市、行业或领域。从这个角度，金融领域的供给侧改革意义非常大，这也是强调中国需要实现利率市场化、需要有一个 REITs（房地产信托投资基金）市场、需要一个更有效的股票市场的重要原因。

趋势五：提高居民收入占比，消除城乡二元结构。形成以国内大循环为主体的新发展格局，需要提升消费能力和意愿。我国在收入分配方面有两个问题，一是收入分配给居民部分是偏低的，我们测算只有大约 43.3%，美国这个数据大概是 60%，这导致部分居民在消费方面的潜力意愿没有被完全挖掘出来；二是分配不公平程度，这些年虽然没有再加剧，但是程度仍比较高。

未来我们需要思考如何提升居民收入分配在国内产出中的占比，以及降低分配的不公平程度。这里面一个重要问题是如何解决农业转移人口的市民化的问题。我们预测到2035年农业的增加值占GDP的比重将为3%，就业人口降到6%左右，这意味着未来15年，将会有超过20%的就业人口完成重新配置，需要配置到制造业或者高端的服务业。这里面有很多的基础性工作要做。消费意愿和消费能力的提升是形成以国内大循环为主体的新发展格局的前置条件。我国目前城镇化率是60%左右，到了2035年会达到75%甚至80%。**随着城镇化率提升，未来将会有数以亿计的人口寻求在城市住下来。他们去什么地方？住在哪里？从事什么职业？解决这些问题需要通过商业模式创新、思维模式创新、产业变革来促成。**

2020年4月以来，习近平总书记三次提到要“抓紧布局”“培育发展”未来产业。**未来产业格局的形成，取决于政府、资本、企业家、消费者等如何去应对中国经济社会发展中正在出现的这些趋势。**面对扑面而来的各种挑战，我们各级政府、企业家、产业政策制定者、投资人等怎样才能交出合格答卷？我很高兴地看到，李斌先生和他的同事郭宇靖、盖博铭、阳娜即将付梓的著作《未来产业：塑造未来世界的决定性力量》对这个问题作出了极有价值的探索。历时半年多时间，李斌和他的同事们做了大量调研，与投资人、创新型企业家、专家型政府官员、权威专家等深度对话。这本书不仅将近20位智者、思想者、眺望者的对话录和思考原汁原味地呈现，还将作者在调研过程中的所思所想以文字记录下来，以启发决策者和社会各界。可以看出，作者以及参与对话的各界人士对中国经济社会发展的未来大趋势，以及在这些趋势下产业将出现的巨大变化作了深刻的思考，发人深省。

哈耶克曾经说过：“在社会演化中，没有什么是不可避免的，使其成为不可避免的是思想。”作者给后记起的题目是“培养未来思维，做坚定‘未来派’”。**预测未来最好的方式是创造未来。而创造未来，需**

要有未来思维，需要思想的力量。李斌先生和他的同事们的这本著作，研究中国经济社会发展面临的“大问题”“真问题”，字里行间启发我们去认知那些塑造未来产业的思想力量。我诚挚地向读者推荐这本书。

2021 年 1 月 9 日

于北京市海淀区颐和园路 5 号

（刘俏：北京大学光华管理学院院长、金融学系教授、博士生导师，教育部“长江学者”特聘教授，国家自然科学基金杰出青年基金获得者，2017 年《中国新闻周刊》“影响中国”年度经济学家。

在公司金融、实证资产定价、市场微观结构与中国经济研究等方面拥有众多著述，其著作包括《我们热爱的金融：重塑我们这个时代的中国金融》《从大到伟大 2.0：重塑中国高质量发展的微观基础》等）

推荐序 3

刻度思想的力量，致敬可期的未来

田　轩

“未来”是一个神奇的词，它以时光为底，以不可预知为题，以奇迹为注脚，以期待为前行的步伐。

几十年的时光，在历史长河中转瞬即逝，但对一个人来说，这是一个可以标注为至少半生的漫长的经历了；同样，对于一个国家而言，几十年，也足以定义一个时代。改革开放 40 多年来，伴随着各领域的深刻变革，我国社会发展取得了巨大成就，经济结构总体改善，产业现代化水平与国际竞争力不断增强。

然而，**在时光的流逝中，未来再次显示出其不可预知的力量。**魔幻开局的 2020 年，将许多隐藏在历史宏大叙事中的变量显露出来。从外部看，我国面临的外部形势日趋严峻复杂——全球产业链面临重构、地缘政治摩擦频出、逆全球化趋势重现、贸易保护主义抬头、新冠肺炎疫情对全球经济社会产生深度影响……由于中国已经深深地融入了经济全球化和世界发展格局中，如何在波涛汹涌的大海中，让这样一艘大体量的巨轮安全、顺畅地继续驶向前方，成为“十四五”规划和 2035 年远景目标得以实现的关键。

从国内来看，席卷全球的新冠肺炎疫情，让我国 2020 年一季度经济增速一度跌至 −6.8%。尽管随着疫情得到有效控制，我国经济逐步复苏，但客观上看，我们保持以往那种中高速增长的难度会大大增加，其核心原因在于，我国人口、资本要素等已经积累到一定程度，过去那种依靠资源等传统生产要素投入的经济增长方式，已不能满足我国新的发展需求，亟须寻找经济增长的内生动力以实现经济发展方式的转换。

经济发展的换挡，不可能如同机器调节挡位那般一蹴而就。而产业作为经济之本，是我们决胜未来的关键一招。如何以发展未来产业为契机，有部署、有节奏地走出一条从人才强、科技强到产业强、经济强、国家强的发展新路径，成为我们当下亟须厘清思路和方向的重大问题。

应对百年未有之大变局，战胜各种风险与挑战，时代的大考需要我们在实践中继续作答。**面对这场大变革，首先需要每一位活跃于经济活动的个体，以未来为题，站在世界和历史的格局和角度深入思考，让思想的火花点燃前行的引线，为科技强国、创新强国的深层次调整变革，提供源源不断的动力。**

唯有亲历变化者，才能真正地理解现实，才能更好地触碰未来。《未来产业：塑造未来世界的决定性力量》这本书，更像是关于未来的一本中国“启示录”。在这本书里，经济活动的各方主体——专家型政府官员、权威专家、创新型企业家和投资人，就“未来产业”乃至未来社会、未来世界，从宏观、中观、微观的角度，结合自身经历，紧扣时代脉搏，展现了深刻的洞察。

全书以对话访谈实录的形式，以“超级合作者”的视角将内容展开，娓娓道来，化繁为简，能够让读者更加轻松地在最短的时间里，对于过去、现在与未来，勾画出自己全局性的思考框架。更精彩的是，当时光的故事与其背后的经济学逻辑相会交融，伏脉千里的文字，为我们勾勒出了经济结构、技术发展、体制、政策交织出的一个个生动的机会窗口。

亲历者以记忆为土壤耕种未来，记录者以思想的力量予以灌溉。**德国政治学家汉娜·阿伦特说过："除非经由记忆之路，人不能抵达纵深。"历史是过去的新闻，新闻是未来的历史，被真实客观记录下来的历史，能让我们穿过时光的迷雾，抵达纵深。**

身处这个伟大的时代，每一天的新闻报道都记录着时代的轨迹。尽管移动互联网和新媒体的冲击已经使媒体传播语境发生了巨大变化，甚至混淆了传播的边界，但我仍然选择相信专业的力量，相信专业新闻工作者们的思想所创造的价值。

因此，除了书中"被采访"的各位，采访者也是与我们共同探究"未来"这个伟大命题的"超级合作者"。几位瞭望者——新华社记者从新闻视角出发，通过与中国产业发展进程各方参与者的全景式交流，为我们展示出了这个瞬息万变的时代每一处宏大与细微的画卷，记录了社会个体与组织的力量与生机。**笔墨之间，是新闻工作者们穿越时光迷雾、探求真理的追求，以及"经世济民"的报国情怀。我相信，当你阅读完这本书，对于"未来"这个词，一定会有与以往不一样的思考。**

特别值得一提的是，本书的主创成员李斌先生，是我们清华大学五道口金融学院金融媒体班（简称"金媒班"）八期班的班长，和我在课堂上及课堂外多有交流。作为五道口金融学院最具影响力的公益项目之一，多年来，金媒班一直致力于提高我国财经媒体从业人员的金融专业水平，推动我国财经媒体蓬勃发展。我很高兴地看到，金媒班的同学们将课堂所学所思的成果，汇聚在了推动中国经济社会发展的报道与实践中。我也期待，未来能有更多优秀的媒体同学，用自己的方式记录历史，改变中国，释放出引领时代前行的力量。

2021年1月于北京

（田轩：清华大学五道口金融学院副院长、金融学讲席教授、教育部“长江学者”特聘教授、国家杰出青年基金获得者、北京市卓越青年科学家计划项目入选者、博士生导师。主要研究领域包括公司金融、企业创新、风险投资和并购重组。

四次获得印第安纳大学凯利商学院年度杰出研究奖；2016年获中国管理学青年奖，2020年获中国青年经济学家奖。多次获邀在美国哈佛大学、哥伦比亚大学等顶尖大学的学术研讨会和国际一流的金融专业学术会议上演讲。

多篇论文蝉联全球前1%高影响力论文。现担任多家国际顶级学术期刊主编和副主编，是多个国际金融学术组织年会组委会共同主席和成员，以及30多家国际学术期刊的审稿人）

前　言

抓紧布局未来产业　塑造美丽未来世界

——共创“奇迹层出不穷的时代”

李　斌

人世间，可能没有一个话题，比“未来”更让人神往，让无数人为之憧憬的同时，还能增添无限动力。

从柏拉图的“理想国”到托马斯·莫尔的“乌托邦”，从孔子的“大同社会”、陶渊明的“世外桃源”，到马克思、恩格斯构想的“共产主义社会”，人们设想了种种“未来”……

今天，我们站在奔向未来的新起点上——2021年，不仅注定将写入人类史册，更注定成为通向未来世界的新起点。一场突如其来席卷全球的新冠肺炎疫情严重冲击了中国乃至全世界，扰乱了人们正常的生产生活，带来许多变化：经济社会加速数字化，一个智能的时代正在向人们招手；人们比以往更加认识到生命的脆弱性、健康的重要性，更加注重大健康产业、数字产业的发展。

这场新冠肺炎疫情的影响毫无疑问是深远的，甚至有西方观察家认为今后就要以“疫情前”和“疫情后”来划分时代……

一、习近平总书记三提“未来产业”

2020 年 3 月底、4 月初，在国内新冠肺炎疫情得到有效控制、防控工作进入常态化后，习近平总书记赴浙江考察。他在考察时指出：“要抓住产业数字化、数字产业化赋予的机遇，加快 5G 网络、数据中心等新型基础设施建设，抓紧布局数字经济、生命健康、新材料等战略性新兴产业、未来产业，大力推进科技创新，着力壮大新增长点、形成发展新动能。”①

仔细学习习近平总书记在浙江考察时的重要讲话，“未来产业”四个字映入眼帘，让人眼前一亮。

1 个多月后——2020 年 5 月 14 日，中央政治局常委会召开会议，提出要实施产业基础再造和产业链提升工程，巩固传统产业优势，强化优势产业领先地位，抓紧布局战略性新兴产业、未来产业，提升产业基础高级化、产业链现代化水平。

6 个多月后——2020 年 10 月 14 日，习近平总书记在深圳经济特区建立 40 周年庆祝大会上指出，要围绕产业链部署创新链、围绕创新链布局产业链，前瞻布局战略性新兴产业，培育发展未来产业，发展数字经济。

古人讲，无一字无出处，无一字无来历。

我曾经在编辑部内部作过一次题为《咬文嚼字看方向》的报告，就是通过认真学习中央主要领导同志重要报告、重要讲话，对照以往的表述学习，从字里行间的新提法、新理念、新概括、新判断中体会和把握变化、方向乃至未来。

要知道，领导人的重要报告、重要讲话，不说经过千锤百炼敲打而

---

① 《习近平在浙江考察时强调：统筹推进疫情防控和经济社会发展工作 奋力实现今年经济社会发展目标任务》，《人民日报》2020 年 4 月 2 日。

成，也是反复修改，字斟句酌，而每次报告、讲话既要有传承，也要有新意，也正因为如此，从中可以“管窥”一些新的动向、方向。

2020 年是“十三五”收官之年，是决战脱贫攻坚、决胜全面建成小康社会之年，更是“黑天鹅”——新冠肺炎疫情全球肆虐之年，最高领导人在这个“节骨眼”上提出“抓紧布局”“培育发展”未来产业这一重大命题，不能不说信号意义极强。

二、带着一系列问题，向“四类人”请教

那么，究竟什么是未来产业？未来产业有哪些特征、内涵？战略性新兴产业和未来产业之间有哪些异同？为何习近平总书记在 2020 年多次要求“抓紧布局”或“培育发展”未来产业？总书记将数字经济、生命健康、新材料作为战略性新兴产业、未来产业三个代表性领域，意味着什么？除了这三个代表性领域，还有哪些领域能“跻身”未来产业行列？伴随数字产业化和产业数字化的步伐，数字经济在中国的潜力发挥得怎样了，会给中国带来一个怎样的未来？中国会形成怎样的未来产业空间格局？哪几个地方有希望构筑“未来产业高地”？新冠肺炎疫情将怎样影响未来产业？未来产业会带来怎样的未来社会、未来世界？我国在把握未来产业发展机遇中面临哪些挑战、障碍和风险？人们对国家和各地“布局”未来产业有哪些政策性建议？……

真理，不辩则不明；问题，需向多方请教。

带着一系列问题，我们走近四类人——专家型政府官员、权威专家、创新型企业家和投资人，就“未来产业”乃至未来社会、未来世界进行请教、探讨。

他们中有在软件、信息化领域工作数十年的北京市经济和信息化局副局长姜广智，有在北京高精尖产业主阵地北京经济技术开发区引领方向的工委书记王少峰和被业内誉为“梁芯片”的北京经济技术开发区管

委会主任梁胜，有分管科技、信息化建设与信息产业、城市管理和运行、中关村朝阳园等工作的北京市朝阳区委常委、副区长暴剑，还有组织实施中关村前沿技术项目路演和企业培育、颠覆性技术创新、中关村高精尖重大成果转化和产业化项目等产业促进工作，挖掘和培育了一批独角兽企业以及行业领军企业的中关村管委会产业发展促进处处长张宇蕾。

他们中有主持过50余项国家级决策咨询、政策研究和战略研究课题的中国科学院科技战略咨询研究院院长、中国发展战略学研究会理事长潘教峰，有在区域创新、产业规划、企业战略、科技政策、知识管理等领域从事研究30多年的北京市长城企业战略研究所所长王德禄，有曾经走进中南海就经济形势建言献策的深圳市人民政府发展研究中心主任吴思康，有不久前受邀担任创新领域全球顶级期刊 *Technovation* 副主编的清华大学经济管理学院教授、清华大学技术创新研究中心主任陈劲，还有“互联网 + 百人会”发起人、《智能经济：高质量发展的新形态》一书主编张晓峰和腾讯研究院智慧产业研究中心主任吴朋阳。

他们中有一批在市场的风口浪尖上长期摸爬滚打、历经无数风浪的创新型企业家，如在细胞产业深耕20年的个体化细胞治疗技术国家地方联合工程实验室主任、深圳赛动生物自动化有限公司总经理刘沐芸博士，如开设“尹哥聊基因”微信公众号、创办网上音频节目“天方烨谈”、出版两本《生命密码》的华大基因CEO尹烨，还有坚信我国在商业航天领域“一定能够产生世界级创新企业”、毅然“下海”的北京星际荣耀空间科技有限公司总经理彭小波，在新药研发领域屡创传奇的北京加科思新药研发有限公司董事长兼CEO王印祥，有20年始终如一在通信产品、装备技术、共享智造平台、原创计算机语言等领域不断冲击“卡脖子”技术和设备的大富科技（安徽）股份有限公司董事长孙尚传，还有在新材料领域耕耘数十年的国家新材料产业发展专家咨询委员会委员、上海杰事杰新材料集团董事长杨桂生。

他们中有投资未来的投资人，如连续创业也连续多年被评为“中国天使年度投资人十强”的英诺天使基金创始合伙人、中关村天使投资联盟荣誉主席的李竹，还有提出“硬科技”理念、致力于打造硬科技创业雨林生态、迄今投资孵化300多家硬科技企业的中科创星创始合伙人兼联席CEO米磊。

正如英国研究创新问题的专家、“加速创新”公司掌门人彼得·菲斯克在其所著《变革：重新定义下一个社会》一书中所说的那样：“下一代的革新先锋和领军人物正在摇晃、颠覆现有的一切。他们抬头探寻由改变催生的机遇，低头埋首于实践改变我们这个世界。”

无论是专家型政府官员、权威专家，还是创新型企业家、投资人，他们的思考和抉择，影响的不仅是一家企业、一方地域、一个领域，而是会影响一个国家的创新版图乃至世界产业、实力版图……

——别说40年、30年、20年，就是10年前，有谁能想到，中关村，实际上也就是北京，近些年来俨然已成为全球“独角兽之城”。近些年国际机构评测出的全球“独角兽企业”，一半在中国，而中国的几乎一半在北京……

——20多年前，有谁能想到，中国人赶上了人类基因组计划的末班车，承担了1%的任务，作为唯一的发展中国家和其他5个发达国家的科学家一起共享人类基因组测序的技术和成果。20多年后，在以华大基因为代表的科学家，政府和投资者的共同努力下，中国已经成为全球第二个将高通量测序仪商品化的国家，成为走在农业经济、工业经济、信息经济之后第四种经济形态——生物经济时代最前沿的国家之一。

——别说 10 年前，就是七八年前，有谁能想到，会有一批批中国航天科技人受 SpaceX（美国太空探索技术公司）快速崛起所刺激、鼓舞，从体制内走出，成为商业航天创业者，不仅孵化继美国企业后全球第二家实现火箭入轨的民营公司，更看好未来，坚信“在国家持续支持、技术人才基础齐备、需求逐步壮大的情况下，我国商业航天企业将会在全球范围取得骄人的成绩”。

…… ……

三、看到大多数人尚未发现的“未来”

回望过去，有太多的想不到：

——有谁能想到，从 2007 年铁路大提速动车组亮相、2008 年时速 350 公里京津城际开通，短短 10 多年间，伴随高铁对经济、社会的影响日益深入，中国成为全球第一个进入“高铁社会”的国家：到 2019 年，高铁运营里程达 3 万多公里；截至 2019 年底，动车组列车累计发送旅客 120 亿人次。迈向智能化的中国高铁“领跑”世界，成为响当当的国家名片。

——有谁能想到，2009 年我国第一条特高压输电工程投入运行，解决了电力跨区域远距离输送的难题，到 2019 年底，国内已有 14 个特高压直流输电工程投入运行，合计输送容量 1.1 亿千瓦，输电线路超过 5 万公里，特高压技术还走出国门，成为又一张“中国名片”。作为新基建七大领域之一，2025 年，特高压产业与其带动产业整体投资规模将达 5870 亿元。

…… ……

“这个世界有着太多不确定性与变量，在不确定性中找到确定性，看到大多数人还尚未发现的‘未来’，这对投资人来说是很重要的素质”。米磊博士所说的投资人的“很重要的素质”，何尝不应该是更多

人，甚至一个国家的“重要素质”？

长期关注科技发展的美国咨询大师丹尼尔·伯勒斯和约翰·戴维·曼合著的《理解未来的 7 个原则：如何看到不可见，做到不可能》一书，试图告诉人们“看清未来的确定性已不再遥不可及。在快速而急剧变化的年代，看清未来的确定性是生存的必要技能”。

正是基于此，我们“走近”近 20 位专家型政府官员、活跃在第一线的权威专家、创新型企业家、投资人，共同探讨未来产业、未来社会乃至未来世界。

——未来产业究竟有什么内涵？

姜广智认为，未来产业要具备前瞻性、原创性、颠覆性等特征。张晓峰说，未来产业是技术驱动、创新驱动、用户驱动、协同驱动的。潘教峰认为，以人工智能、5G、云计算为主导的第四次工业革命所带来的未来产业发展已初现端倪。

杨桂生认为，没有颠覆式创新的思维和能力，就没有发展未来产业的前提和基础。彭小波认为，“抓紧布局”未来产业，不仅是紧迫问题，更是需要花力气探索的问题。

——未来产业究竟有多重要？

姜广智认为：“对未来产业的正确布局，可以成就一个企业、一个国家。”暴剑呼吁国家“要充分重视对未来产业的前瞻布局，这是关系到我国中长期竞争力和国家安全的重大战略问题”，应“切实掌握未来产业中的前沿技术”。刘沐芸说，未来科技和产业带来的国与国之间的差距、社会阶层之间的差距可能难以追赶和弥合，有可能落后就是永远落后。尹烨表示，一个国家的崛起关键在于能否把握住发起或主导科技革命的历史机遇。人类文明发展至今，已经发生五次科技革命，每一次科技革命都成就了抓住机遇的国家。

——究竟怎样把握未来产业发展机遇？

梁胜认为，在全球未来产业的竞争中，关键是要掌握提前量、夯实基础面、突破关键点。王德禄呼吁构建思想市场，强化未来学研究意识，“未来学对国家实现并保持领先性至关重要，未来产业是未来学的核心体现”。吴朋阳认为，现代社会发展过程是人类科技树不断被点亮的过程，2020 年的新冠肺炎疫情冲击，将是未来产业形成以至重构全球价值链的拐点。尹烨建议尽早布局未来产业，以新产业生成新动能，以新动能赋予经济新发展。孙尚传呼吁中国要面向未来打造工业 5.0，“高科技创新需要应用场景，重大创新需要重大支撑”。杨桂生指出，想要占领制高点，不能总延续美日德的技术路线，必须敢想别人所未想，只有鼓励真正的原始创新，才能先发制人，走在世界前沿。米磊认为，以人工智能、集成光路和生命科学为代表的硬科技产业革命已悄然开始，只有抓住此次产业变革机遇，才能让中华民族伟大复兴的“中国梦”成为现实。作为投资人，李竹异常清醒：“风口的变化实在是太快了……天使投资人都要有跨界学习的能力，也要有自醒力。”

——究竟应该抓哪些未来产业？

潘教峰认为，未来产业正在蓬勃兴起，主要集中在信息技术、生物科技、高端制造三大领域。暴剑说，新冠肺炎疫情加速了一些“未来”产业的到来，互联网医疗及 AI 检测、机器人智能服务等九大数字产业可能逆势发展。杨桂生认为，发展未来产业，中国材料业和装备业应率先发力。彭小波说：“航天的性质决定了航天领域必定是未来产业的重要组成部分，航天产业是一个不断发展的未来产业。”来自深圳的吴思康认为，“抓紧布局未来产业，很重要的一条，就是要加大对基础研究的投入……要鼓励缺乏共识的研究”，他还主张“未来产业方向选择的机制上，要引入科技型企业家和投资家”，建议“建立科研创新失败案例数据库”。李竹呼吁“培育发展未来产业，需要更多‘耐心资本’”。陈劲则建议推动数据要素“石油化”，打造未来产业策源地，建立未来产业投资基金，注重发挥战略科学家和战略型企业家在未来产业发展中的重要作用。王印祥呼吁“未来产业要提前布局，要顶层设计、综合协调”，更呼吁“从国家战略高度来审视加速新药研发”“增强原始创新药的布局”。

——未来产业，哪些地区有望“争锋”？

暴剑认为，北京、上海、深圳、杭州等领先区域将持续涌现原创新兴产业，诞生世界级企业与更多独角兽企业，成为引领未来产业发展的尖峰城市。王少峰发出警示：“未来产业发展还有很多坡要爬、坎要过，不希望一哄而上。”吴思康也提醒“不宜提倡各地方都去搞未来产业”。陈劲则畅想：“更具韧性的数字经济体系，更健康强壮的人类，以及更高性能的新材料，三者协同并进将促成产能的再次飞跃。”刘沐芸则期盼“有一系列的中国科技公司，形成创新协同网络，形成企业集群走出，在未来产业的形成过程中涌现‘中国力量’”。

四、两个初衷

集纳这本书的初衷之一，是因为新冠肺炎疫情突发，在不方便面对面接触的情况下，相当一部分人的回答以书面方式进行，而另外一部分人是面对面。这两种交流方式各有所长：面对面，会有许多碰撞出来的智慧火花；书面的回答，则更深思熟虑、字斟句酌。

而无论是面对面，还是书面回答，谈起“未来产业”这个话题，人们回答之认真、思考之深刻，令人感动、动容，而这也正是我们想把这些原汁原味的思考、对话和更多人分享，结集出版这本书的初衷。要知道，以往太多这样的调研，被请教者极其认真的回答、令人深思的观点或者让人眼前一亮的话语，因为调研报告篇幅的限制，大量原汁原味的精彩的思想、观点、故事没有机会被展现，而是淹没在笔记本或者电脑记录里，让人扼腕痛惜……

另一个初衷，就是还是有包括党政领导干部在内的相当一部分人极其不敏感，不仅不知“未来产业”为何物，更对此极其淡漠，缺乏未来思维、未来感，只顾埋头走路，不抬头看天，更别提眺望远方了。记得四五年前，在和华为任正非、海尔张瑞敏、比亚迪王传福、华大基因汪建、京东方王东升等面对面对话后，主编《领跑力：企业、城市和国家的引领之道》一书时，我经过反复思考提出“领跑力”这一新的理念，还在后记中分析“领跑力的 10 个来源”时有感而发写过这样一段话——“‘未来产业’还‘没来’吗？事实上，伴随技术日新月异式的发展，一些‘未来产业’已经进入百姓生活。未来已来，只是人们乃至政府浑然‘无感’而已。”今天，这种浑然“无感”的人，仍然大量存在……

五、“未来的真面目”要靠创造

过去未去，未来已来！

如果你没有看见，也没有感知，何谈驾驭未来……

“从技术供给的角度来看，颠覆性技术层出不穷，将有可能从根本上改变技术路径、产品形态以及产业模式，创造出新产品、新需求、新业态，推动产业生态和经济格局重大深刻调整。比如，具有超强计算能力的量子计算机，彻底改变了计算的概念。经典计算机分解 300 位大数需 15 万年，量子计算机只需 1 秒。量子计算机一旦突破，将推动人工智能、大数据等多个未来产业实现飞跃性发展……”中国科学院科技战略咨询研究院院长潘教峰的话音刚落，量子计算机的发展就已经有了重大突破——2020 年 12 月，中国科学技术大学宣布，该校潘建伟团队与中科院上海微系统所、国家并行计算机工程技术研究中心合作，成功构建 76 个光子的量子计算原型机“九章”，求解数学算法“高斯玻色取样”只需 200 秒，而目前世界最快的超级计算机要用 6 亿年。

古诗云：欲穷千里目，更上一层楼。希望这本书，能开启更多人的心智，对“未来”不仅有感，更在思考的基础上眺望、再思考，做出新的、正确的抉择……

2021 年，是中国共产党建党 100 周年。回首百年，从邓小平同志“三步走”战略，到党的十九大提出 2035 年、21 世纪中叶“两步走”战略，我们不能不说中国共产党是世界上最有“未来感”的执政党，是最有前瞻意识、最注重目标治理的政党之一。

党的十九大提出了 2035 年基本实现社会主义现代化的远景目标，那是一幅怎样的“未来图景”？

——届时，中国经济实力、科技实力、综合国力将大幅跃升，社会生产力、国际竞争力、国际影响力将再迈上新的大台阶，基本实现“新四化”：新型工业化、信息化、城镇化、农业现代化。人均国内生产总值达到中等发达国家水平，意味着中国将成功跨越中等收入阶段，并在高收入阶段继续向前迈进一大步，中等收入群体显著扩大，形成橄榄型分配格局。一个庞大的中等收入群体主导、迈向共同富裕的社会，将让全世界艳羡和刮目相看。

——到 2035 年，中国铁路网将达到 20 万公里左右，其中高铁 7 万公里左右，20 万人口以上城市实现铁路覆盖，50 万人口以上城市高铁通达，全国 1、2、3 小时高铁出行圈和全国 1、2、3 天快货物流圈全面形成，率先建成现代化铁路强国。一个对经济社会产生深远影响的“高铁社会”在全世界率先形成，“轨道上的中国”助力这个东方文明古国在太平洋西岸崛起。

——从制造大国迈向制造强国，形成若干世界级先进制造业集群，产业链供应链现代化水平大幅提升。互联网、大数据、人工智能和实体经济深度融合，形成一批具有国际竞争力的数字产业集群，公共服务、社会治理等领域数字化智能化水平也将大幅提升。智能网联汽车走进千家万户，驶上大街小巷；智能工厂普遍得到推广，自动化、智能化生产更加普遍，社会的智能化程度越来越深，智能社会雏形初现……

——以城市群为主体、大中小城市和小城镇协调发展的城镇化格局基本形成，城市品质明显提升，人口城镇化率提高到新水平，以人为核心的新型城镇化基本实现。京津冀、长三角、珠三角、成渝等都市圈联系越来越紧密，多个世界级城市群铺展在中华大地上。在火热的南方，粤港澳大湾区 9 个城市越来越像一个一体的城市，专家预计 2035 年这里的人口将从 2019 年的 7000 多万人增加到上亿人……

——建成现代经济体系，制造强国、网络强国、数字中国建设取得明显成效，实现产业基础高级化、产业链现代化，实体经济与金融、房地产均衡发展，全要素生产率明显提高，经济质量效益和核心竞争力显著增强。

——伴随“碳中和”目标的推进，能源结构将发生颠覆性改变。可再生能源、低碳能源比例大幅度提升；规模以上企业单位工业增加值能耗进一步下降；储能行业，节能行业，碳捕集、利用与封存（CCUS），生物质能碳捕集与封存（BECCS）等相关低碳、零碳以及负碳行业将获得加速推广；新能源汽车、绿色建筑等将推广普及；资源节约型社会、环境友好型社会进一步形成。

…… ……

这是一幅怎样的令人激动的未来图景？！而以往的无数事实表明：中国共产党人对未来图景的描绘，往往都变成了现实，未来可期！

“每当我们想到 21 世纪时，总是想到那些科学技术：空间旅行、生物

技术、机器人等等，但似乎未来的真面目远比我们所能想象到的技术复杂得多。”1990年，美国未来学家约翰·奈斯比特和帕特丽夏·阿伯丹在他们合著的《2000年大趋势：90年代十大新趋向》一书中这样写道。

“未来的真面目”，究竟会怎样？站在2021年这一新起点，憧憬未来，“未来的真面目”也许同样会“远比我们所能想象到的”复杂得多……

张瑞敏说，预测未来不如创造未来。

让我们不仅聆听这些走在技术前沿的思考者、实践者的思考，更用我们自己的双手去创造吧——创造自己的未来，创造一个古老民族、古老国度的崭新未来……

“新世界将比旧世界更加富有，城市化程度更高，技术水平更高，环境也更加安全。人们有机会接触到强大的创新技术，并借此解决长期存在的挑战，为日益庞大的消费阶层提供新产品和新服务，为全球创业者提供各种机会。总之，我们将生活在一个奇迹层出不穷的时代。”就在几年前，《麦肯锡说，未来20年大机遇》一书，对未来作出乐观预测。

高度重视未来产业，瞄准未来、精准施策，大力建设科技强国，真正走一条从人才强、科技强到产业强、经济强、国家强的发展新路径，我们这个国家和民族，就一定能和全世界一起走进“一个奇迹层出不穷的时代”，创造更加美好的未来世界！

目　录

第一篇　在理想和现实之间——官员沉思录　/ 001

对未来产业的正确布局，可以成就一个企业、一个国家
——与北京市经济和信息化局副局长姜广智面对面　/ 003
手记　抢占未来竞争制高点，打造“双发动机”　/ 004

谁先占领未来产业，谁将引领未来
——与北京经济技术开发区工委书记王少峰面对面　/ 023
手记　未来产业发展还有很多坡要爬、坎要过　/ 024

常速即落后，我们必须加速超车
——与北京经济技术开发区管委会主任梁胜面对面　/ 037
手记　芯片“不突破，哪里有未来”　/ 038

快速精准实现对未来产业的布局
——与北京市朝阳区委常委、副区长暴剑面对面　/ 045
手记　变道超车，在新经济赛道上引领全球新一轮发展　/ 046

未来产业有四大特征
——与中关村管委会产业发展促进处处长张宇蕾面对面　/ 071
手记　站在中国高科技产业之“巅”感知“未来”　/ 072

第二篇　超越历史的思考——专家沉思录　/ 087

未来产业已初见端倪
——与中科院科技战略咨询研究院院长潘教峰面对面　/ 089
手记　他，一直在“眺望”未来　/ 090

未来产业一旦突破，将实现爆发式增长
——与北京市长城企业战略研究所所长王德禄面对面　/ 099
手记　创业者代表了未来产业的方向　/ 100

未来产业重在培育
——与深圳市人民政府发展研究中心主任吴思康面对面　/ 111
手记　不抓紧布局未来产业，就会失去“未来”　/ 112

打造未来产业孵化平台
——与清华大学经济管理学院教授陈劲面对面　/ 121
手记　为发展培育增长基因　/ 122

未来产业是技术驱动、创新驱动、用户驱动、协同驱动的
——与“互联网 + 百人会”发起人张晓峰对话录　/ 129
手记　下一个 50 年，最大的变量是 AI　/ 130

未来产业正在走向全面数字化
——与腾讯研究院智慧产业研究中心主任吴朋阳面对面　/ 141
手记　站在数字化浪潮最前沿眺望　/ 142

第三篇　做瞭望者，更做践行者——创新型企业家沉思录　/ 149

事关一个国家在未来世界竞争格局中的位置
——与深圳赛动生物自动化有限公司总经理刘沐芸面对面　/ 151

手记 分享未来产业发展的美好前景 /152

占领未来产业制高点的核心还是科技创新
——与华大基因 CEO 尹烨博士面对面 /171
手记 迎接未来的应有心态 /172

我们还不是一个真正的制药强国
——与北京加科思新药研发有限公司董事长兼 CEO 王印祥面对面 /187
手记 从仿制药大国走向创新药强国 /188

一个国家的未来“决胜于未来产业”
——与大富科技（安徽）股份有限公司董事长孙尚传面对面 /197
手记 20 年耕耘者成眺望者 /198

加速新材料攻关，是布局未来产业的根本大计
——与国家新材料产业发展专家咨询委员会委员、上海杰事杰新材料集团董事长杨桂生面对面 /217
手记 在大型制造企业设立首席材料官 /218

能否在新一轮技术革命中抢占先机，将深刻影响下一个百年
——与北京星际荣耀空间科技有限公司总经理彭小波面对面 /235
手记 “看好”商业航天的未来，一批商业航天开拓者涌现 /236

第四篇 我们投的就是未来——投资人沉思录 /247

每一个大国都是抓住了当时科技革命的机遇
——与中科创星创始合伙人米磊博士面对面 /249
手记 看到未来 5 到 10 年甚至更远的时代 /250

投资那些造福社会、改变未来的人和事
——与中关村天使投资联盟荣誉主席李竹面对面 /263
手记 未来是天使投资可以非常好地发挥作用的时代 /264

后 记 培养未来思维，做坚定“未来派”…李斌 **/ 279**
参考书目 / 287

第一篇

在理想和现实之间

——官员沉思录

我们生活在最不可思议的年代。在这个日新月异的年代，没有做不到，只有想不到。这是一个能将梦想变为现实的世界。这是一个充满着绝妙的世纪……全新一代的企业正不断从全世界经济和科技的变革旋涡之中诞生。

——[英]彼得·菲斯克:《变革：重新定义下一个社会》

对未来产业的正确布局，可以成就一个企业、一个国家

——与北京市经济和信息化局副局长姜广智面对面

姜广智，北京市经济和信息化局党组成员、副局长。

1993年12月加入中国共产党，1994年7月参加工作，中国人民大学企业管理专业研究生毕业，经济学硕士，经济师。

曾任北京软件产业促进中心副主任、主任，北京市科委信息技术处处长，北京市经济技术开发区信息化工作办公室主任，北京市经济和信息化委员会软件与信息服务业处处长，北京市经济和信息化委员会副巡视员。

手记　抢占未来竞争制高点，打造“双发动机”

长期在一个领域观察，乃至制定政策，这个人对这个领域的目光一般是敏锐的。

姜广智就是如此。长期以来，紧密把握科学技术发展的动向和产业发展的脚步，姜广智和同事们在高精尖产业、数字经济、新基建、人工智能等领域做了大量调研，制定了大数据、云计算、人工智能、新能源、新材料、车联网等领域的产业政策，推动北京相关产业的发展。

自 2014 年习近平总书记考察北京，确定了北京“全国政治中心、文化中心、国际交往中心、科技创新中心”[①]这一城市战略定位以来，北京大力发展“白菜心”，聚焦高精尖产业，推动高质量发展。2019 年，计算机、通信和其他电子设备制造业产业增加值增长 9.9%，高技术制造业、战略性新兴产业增加值分别增长 9.3% 和 5.5%，对规模以上工业增长的贡献率分别为 74.7% 和 58.9%。

未来产业是我们经济发展的必然选择和必由之路，要具备前瞻性、原创性、颠覆性等特征；布局未来产业需要紧抓四个“新”；未来产业不仅需要科研创新领域的突破，也要实现产业的规模化效应；北京的领军企业虽然没有“大象”级，也是“类型多样、群狼并进”；抢占未来竞争制高点，就要打造支持北京创新发展的“双发动机”……经过和同事们共同思考，姜广智提出了一系列重要判断。

“对未来产业的正确布局，可以成就一个企业、一个国家。”他的话，沉甸甸的，令人深思。

---

① 《习近平北京考察工作：在建设首善之区上不断取得新成绩》，《人民日报》2014 年 2 月 27 日。

经济发展的必然选择和必由之路

问：您如何看待习近平总书记提出的“推紧布局”“未来产业”？

姜广智：总书记提出“抓紧布局”“未来产业”，是从战略维度和历史维度综合考虑我国经济社会发展状况，审时度势而提出的，是我们经济发展的必然选择和必由之路。

从战略维度来看，当前我国正处于第一个百年奋斗目标即将实现、第二个百年奋斗目标迈进关键时期，面临着全球经济发展格局重塑的重大影响的阶段。尤其是新冠肺炎疫情全球蔓延导致世界经济低迷，**我们必须主动做出着眼未来长远发展的战略产业选择和前瞻布局，获得产业主导权，抢占产业链、创新链、价值链的制高点。这不仅关乎一个国家在全球经济格局中的地位和作用，而且更密切关乎支撑我国社会主义现代化国家战略目标实现的道路问题。**

从历史维度来看，改革开放后，我国产业发展取得重大进步，经历了从引进来、走出去，再到融入全球体系的过程。但当前，**我国已进入到工业化后期或后工业化时期，传统的发展老路子已经难以为继，我国经济开始由高速增长阶段转向高质量发展阶段，我国部分先进产业发展迈入了“无人区”，亟须进入新的起跑线，加强前瞻部署。**

未来产业需要紧抓四个“新”

问：怎样才能将习近平总书记多次提出的“抓紧布局”这一要求落到实处？

姜广智：未来产业涵盖角度多样、内容丰富，布局未来产业需要紧抓四个“新”。

一是瞄准新需求。我国传统产业存在产能过剩、消耗过大、效率过低等问题，发展模式已无法持续扩大，只有在未来创造出新的需求，才能缔造新的产业空间。**未来产业需要挖掘新的需求，培育出“原创性”的产业类别。**

二是创造新供给。习近平总书记在 2020 年 9 月 11 日举行的科学家座谈会上指出："我国经济社会发展和民生改善比过去任何时候都更加需要科学技术解决方案，都更加需要增强创新这个第一动力。"① **未来产业是建立在科技创新基础之上，创造出符合科技规律、满足人民需求的新产品和新服务，从而实现经济发展的供给侧改革。**

三是取得新突破。当前国际竞争日趋激烈，"卡脖子"难题日益凸显，自主创新突破成为关键词。**我国在未来"双循环"的发展战略下，只有实现从零到一的突破，才可以抢占产业发展的制高点。**

四是实现新引领。人类发展到当前阶段主要是依靠工业文明的进步，但是这种发展对资源的消耗、生态的破坏也已经到了不可持续的关口。**未来产业是在全球范围内实现引领、创造美好生活的同时也实现对地球的友好，这样才能实现人类命运共同体的伟大构想。**

未来产业要有前瞻性、原创性、颠覆性

问：您认为未来产业有哪些特征？

姜广智：未来产业是未来长远时期关乎一个区域经济的产业集合，是支撑区域未来发展目标实现的重要引擎，因此，**未来产业需要具备前瞻性、原创性、颠覆性等特征。**

前瞻性。未来产业当前还处于不太成熟的阶段，但是已经出现技术发展方向，所以需要前瞻布局。

原创性。未来产业是需要科技创新进行驱动的，需要通过科技创新的持续投入，实现自主突破。

颠覆性。未来产业成熟之后必然会带来颠覆性改观，对现有产业具有重大影响，也会对国家乃至人类发展产生极大的助推力量。

① 《习近平：面向世界科技前沿面向经济主战场 面向国家重大需求面向人民生命健康 不断向科学技术广度和深度进军》，《人民日报》2020 年 9 月 12 日。

未来产业五大方向

问：您看好未来哪些行业的发展？

姜广智：结合新一轮科技革命带来的重大科技成果的突破和对未来发展具有深刻影响的考虑，当前可预期需要培育的未来产业方向主要包括：

第一，未来制造产业。包括智能制造、智能传感器、智能服务机器人、绿色低碳制造等细分领域。

第二，未来数字产业。包括量子产业、下一代互联网、卫星遥感及卫星通信、跨媒体感知、自主无人系统等细分领域。

第三，未来交通产业。包括自动驾驶、智能交通系统、计算机视觉、自然语言处理、航空航天、海洋工程等细分领域。

第四，未来健康产业。包括基因测序、数字生命、细胞治疗、生物芯片、生物疫苗、智能医疗辅助系统等细分领域。

第五，未来能源产业。包括可控核聚变、氢能源等细分领域。

纵观历史，不乏抓住“未来产业”成就一个国家、一个企业的案例

问：在您看来，有哪些抓住未来产业而成就一个国家、一个企业的代表性案例？

姜广智：纵观全球历史，不乏抓住未来产业成就一个国家、一个企业的典型案例。例如：

1. 芬兰的诺基亚案例

在 21 世纪初，芬兰作为一个人口数量不多的欧洲国家，在世界国家综合竞争力评选中常年居世界前列。芬兰建立了国家创新体系，由此孵化出诺基亚等众多科技创新企业。诺基亚公司在中国乃至世界都家喻户晓，它抓住通信产业的机遇，取得了巨大成功，曾经是手机通信的代名词。诺基亚成立于 1865 年，原来是一家木浆工厂，以当地的树木作

为原材料生产木浆和纸板。在19世纪末，企业管理者发现了无线电产业的发展空间，开始将业务扩张到电信行业。诺基亚通过布局网络通信技术，成功在手机、通信等产业实现了突破，成为红极一时的行业巨头，曾以40%以上的市场份额成为绝对的通信行业世界领军企业。在诺基亚的带动下，芬兰涌现出一批批创新型企业，为国家和国民带来了丰厚的收益。值得一提的是，在当前依然火热的移动通信产业里，诺基亚却已经掉队。在苹果、谷歌推出新的手机触屏系统后，诺基亚依然坚持传统的键盘手机和塞班系统，导致市场份额快速下降，企业最终不得不被出售。

诺基亚的案例，既有抓住未来产业机遇后创造的辉煌成就，也有对未来产业方向判断错误后的衰退。对未来产业的正确布局，可以成就一个企业、一个国家，故步自封、缺乏创新，也可能导致产业竞争的失败。

2. 美国的福特汽车案例

美国的福特公司是世界著名的汽车制造企业。1913年，福特汽车公司开发出了世界上第一条流水线。福特虽然没有发明汽车，但全球都赞誉“福特再次发明了汽车”。福特使汽车走进千家万户，让美国成为汽车轮上的国家，1927年，美国家庭总数中的80%以上都拥有汽车，这也因此改变了美国及世界的生活、出行方式。

3. 美国的微软英特尔“Wintel”联盟案例

微软与英特尔的合作被称为“Wintel”联盟，自20世纪80年代以来，“Wintel”联盟就主导着全球PC（个人计算机）市场。正是因为有微软与英特尔的强强联合，才使个人电脑的发展日新月异，也因此在全球个人电脑产业形成了“双寡头垄断”格局。英特尔的芯片（硬件）与微软的Windows系统及应用（软件）两者进行最佳结合、协同更新，最终拉动了整个产业。“Wintel”联盟造就了一个时代。

4. 韩国的三星案例

三星集团是韩国最大的财团，几乎涉及所有行业，主要有电子、金融、造船、化工、机械、工程建筑、航空、军工、通信、酒店、商业服务等领域，掌握和把控着韩国的经济命脉。

三星集团旗下拥有众多子公司，其中三星电子是实力最强的一家子公司，也是韩国企业在世界500强中之首。三星电子从1983年开始研发半导体、存储器、显示屏等新兴技术。三星电子的研发投入始终处于高位，2020年上半年的研发投入高达620亿元人民币。三星除了投入巨资进行研发，也迅速将技术转化为产业。如通过在市场不景气阶段进行提前逆周期投资布局，获得产能优势，实现了市场竞争的成功。当前三星电子的存储器、液晶面板的年产量都是全球第一，手机CPU（中央处理器）的年产量是全球第四，成为电子产业的头部领军企业。

5. 瑞士的罗氏、诺华案例

瑞士人口仅850多万（截至2018年6月），但是医药行业已经在世界居于领先地位，成为国家的支柱产业。罗氏公司是以研究为导向的健康事业公司之一，始创于1896年，经过百年的历程，罗氏业务今已遍布世界150多个国家，共拥有65000多名员工。罗氏两大核心业务——药品和诊断为人类健康提供了预防、诊断以及治疗的创新产品和服务，从而提高了人类的健康水准和生活品质。诺华成立于1996年，拥有创新药品、预防性疫苗和诊断试剂，以及消费者保健产品等多元化的业务组合。

罗氏和诺华始终坚持对研发创新的投入，针对医药健康领域的未来产业方向进行布局。在2019年全球制药企业处方药销售排行榜中，瑞士的罗氏和诺华分列第二、第三位，仅次于美国的辉瑞制药。从研发投入看，罗氏和诺华分别为98亿美元、81亿美元，都超过辉瑞制药。

战略性新兴产业和未来产业的三大不同

问：战略性新兴产业和未来产业之间有哪些异同？

姜广智：战略性新兴产业是以重大技术突破和重大发展需求为基础，对经济社会全局和长远发展具有重大引领带动作用，知识技术密集、物质资源消耗少、成长潜力大、综合效益好的产业。

战略性新兴产业和未来产业的相似之处是：两者都属于重大科技创新驱动的、重大发展需求满足驱动的、具有新颖性的产业类型，具有价值高、效益强、能耗低等优点，对国家经济和社会发展以及人类文明的进步具有积极作用。

两者的区别主要包括：

立足点不同：改革开放后，我国逐步融入全球产业链，开始阶段的产业发展较为低端，以家电、纺织等劳动密集型、资本密集型为主。战略性新兴产业的提出，是我国产业需要向技术密集型转变，是立足当时历史阶段的方案。**未来产业的立足点，是当前新一轮科技革命和产业革命蓄势待发，人类发展对资源消耗亟须实现新的转变，是为解决未来出现的难题。**

切入点不同：战略性新兴产业是从产业层面切入，明确了重点发展的方向，“十二五”时期明确重点发展节能环保、新一代信息技术、生物、高端装备制造、新能源、新材料、新能源汽车等产业。“十三五”时期加快发展壮大新一代信息技术、高端装备、新材料、生物、新能源汽车、新能源、节能环保、数字创意等产业。战略性新兴产业的发展，包括大量的国外技术引进和国际合作。**未来产业则是从科技创新角度切入，力求自主突破，需要通过自身的科技革命来实现。**

着力点不同：战略性新兴产业的领域，强调优化产能，调整旧产能，包括高精尖产业也属于过渡阶段的结构优化。**未来产业由于尚未实现产业化，需要把重点放在创新研发阶段，在科技领域加大投入力度。**

未来产业不仅需要科研创新领域的突破，也要实现产业的规模化效应

问：您认为我国该如何形成未来产业的空间布局？

姜广智：未来产业的空间布局，与未来产业的特性、未来产业发展依赖的要素布局等密不可分。其空间布局将呈现出以下几个特点：

一是教育、科研和产业的融合布局。以美国硅谷为例，硅谷是斯坦福大学、企业科研机构和产业发展空间的深度融合；以色列则是理工大学、国家实验室以及产业园区的整体布局；北京的产业布局，是通过“三城一区”进行教育、创新和产业的融合布局。研究型大学、国家科研机构和产业集聚区等丰富的要素进行紧密联系，可以驱动未来产业的诞生和发展。

二是基础科学投入和产业空间拓展相结合。重大科技基础设施已经成为实现创新突破的重要基础，国家实验室、综合性国家科学中心当前都处于快速建设阶段。同时，为了更好地实现创新向产业的落地，需要通过“腾笼换鸟”等手段，为科研成果的转化提供更多空间。

三是科研创新与优势产业区域的嫁接布局。未来产业不仅需要科研创新领域的突破，也要实现产业的规模化效应。这不仅需要前端的技术创新，也需要嫁接后端具有产业实现能力的优势地区。北京的创新突破，不仅要在京津冀地区布局，也要与珠三角、长三角地区实现串联，尽快完成大规模的产业落地。

培育高精尖产业，打造发展新动能

问：北京一直在打造高精尖产业方面着力，2020 年更是就新基建、数字经济等领域发布了发展政策。综合来看，北京正如何进行“未来产业”布局？

姜广智：近年来，北京以建设具有全球影响力的科技创新中心为引领，提出重点培育新一代信息技术、集成电路、医药健康、智能装备、节能环保、新能源智能汽车、新材料、人工智能、软件和信息服务以及科技服务业等十大高精尖产业，打造发展新动能。北京高精尖产业，就是要突破产品规模生产、自然资源消耗、成熟技术工艺为主要特征的旧产业范畴，体现出资源要素集约、创新创造引领、附加价值较高、处于产业链高端、具有主导权的新兴产业活动。高精尖产业的核心也是重大科技创新驱动产业，是关乎首都长远发展的未来产业。在高精尖产业发展布局上，北京将侧重以下四个方面：

一是聚焦高精尖发展方向，主动谋划北京产业转型升级。近些年我们放弃“大而全”的发展模式，主动瘦身健体，力争在关键点、制高点形成局部带动全局的领先优势，促进产业结构迈向中高端。目前我们针对5G超高清视频、创新药、虚拟现实、科学仪器等近30个细分领域出台了具体行动计划和方案。2020年更是就“五新”（新基建、新场景、新消费、新开放、新服务）、数字经济等领域发布了新的发展政策。

二是全力推动创新发展，释放产业新势能。北京以建设三大科学城为抓手，为国家重大基础技术研究提供支撑。为落实国家创新驱动发展战略，北京在全国率先出台《北京市产业创新中心实施方案》。截至2020年底，全市共创建3家国家级制造业创新中心、35家国家技术创新示范企业、97家国家级企业技术中心、715家市级企业技术中心、8家国家级工业设计中心和55家北京高精尖产业设计中心，为高精尖产业发展提供了良好的载体支撑。

三是把握新基建机遇，进一步厚植数字经济发展根基。抓住算力、数据、普惠AI等数字经济关键生产要素，瞄准“建设、应用、安全、标准”四大主线谋划推进，力争到2022年底基本建成网络基础稳固、数据智能融合、产业生态完善、平台创新活跃、应用智慧丰富、安全可信可控的新型基础设施。以5G为例，扩大5G网络建设规模，2020年底前累计建成5G基站超过3万个，实现五环路内和北京城市副中心室外连续覆盖，五环路外重点区域、典型应用场景精准覆盖。人工智能方面，通过发布《关于加快中关村科学城人工智能创新引领发展的十五条措施》等一揽子政策，行业相关企业数量已超1000家，全国近一半人工智能人才聚集在北京。

四是改善制度环境与创新生态保驾护航。当前，北京创新制度越来越活、创新生态越来越好、创新空间越来越广。制度方面，中关村从“1+6”系列政策，到“国际人才20条”，再到中关村先行先试改革升级版，已形成一批可复制可推广的创新经验。比如，在引入人才机制上，国际人才社区试点区域已扩至 8 个。良好的制度环境为全市营造创新生态埋下伏笔。北京顶尖科技人才集聚优势明显，这也是北京市打造原始创新策源地的基础。此外，北京还持续加大营商环境改革力度，正在实施北京营商环境改革 4.0 版，一批典型经验做法在全国复制推广，助力我国在世界银行的营商环境排名大幅提升。

领军企业“类型多样、群狼并进”

问：您认为我国未来哪些领域可能诞生世界级领军企业？

姜广智：北京当前的领军企业发展已经成为“类型多样、群狼并进”的状态。北京的领军企业类型多样，有通过原创技术和模式实现全球领先的，也有通过模仿、迭代等方式实现快速赶超的。当前尚未产生像阿里、腾讯、华为等这样的“大象”级企业，但是拥有字节跳动、小米、京东方、京东等“群狼”企业。

字节跳动，属于原创领先型。字节跳动成立于 2012 年 3 月，发展迅猛，2013 年估值 6000 万美元，据 CB Insights（美国风险投资数据公司）的数据，2020 年估值 1400 亿美元。2019 年公司整体收入在 1200 亿—1400 亿元量级，广告收入占比超过 85%，抖音贡献约 50%。目前，已经形成以今日头条、抖音、西瓜视频为主的产品矩阵。字节系产品用户时长占比从 4%（2017Q2）快速提升到 13%（2020Q1），超越阿里系，仅次于腾讯系。同时，海外市场增长快速。TikTok 是字节跳动的子公司，截至 2020 年 8 月，在全球的总下载量已经突破了 20 亿次。在印度、巴西、美国、印尼等国家增长迅猛。2020 年 5 月，TikTok 全球 App Store 和 Google Play 商店内购收入 9750 万美元（同比增长 10.6 倍），蝉联全球移动应用收入榜冠军。字节跳动的人工智能算法领先世界，商业模式为“短视频—AI 推送—广告变现”，可能是目前有望实现全球化战略的国内互联网公司。

小米，属于模式变革型。小米成立 9 年即踏入全球 500 强企业，目前已进入全球 90 多个国家和地区，手机业务在 50 个国家和地区中位居前五。最近两年主攻欧洲市场，2020 年小米手机业务在欧洲已经排到第三，在西班牙已经登顶，在法国排到第二。小米的核心竞争力有两个方面：一是高产出效率。2019 年小米营收首次突破 2000 亿元人民币，达 2058 亿元，同比增长 17.7%；经调整后净利润为 115 亿元，同比增长 34.8%。2020 年预计研发投入超过 100 亿元。目前，线下实体店“小米之家”突破 300 家，覆盖 70 个国家和地区。二是致力于构建生态链。目前布局超过 290 家生态链企业，总账面价值约 300 亿元。小米已将投资扩展至供应链公司，支持创新的技术和应用，赋能 5G、物联网和人工智能领域的材料、芯片和零部件企业，为先进制造和工业互联网相关的软硬件技术提供支持，带来产业的协同发展，构建互惠互利的生态系统。

京东方，属于快速追赶型。京东方是由亏损的北京电子管厂改制而来。初期，京东方采取与国外企业合资的方式生产电子元器件，之后开始战略布局液晶显示领域，并持续进行技术积累。通过收购进行消化、吸收、再创新，京东方实现了中国自主制造液晶显示屏的创举，并已成为显示屏领域的世界级企业。

京东，属于平台突破型。京东成立于 1998 年，从电子商务领域出发，建立了世界领先的商业平台。京东以电子商务平台为基础，在关联领域不断进行创新突破。当前已经成为世界领先的无人机自动化技术、机器人高科技和人工智能交付公司，拥有世界上最大的无人机交付系统、最强的基础设施和能力。

北京有三大优势资源

问：*您认为北京产业集聚的优势体现在哪些方面？*

姜广智：北京优势资源主要包括：

科创优势。北京是全国科技创新中心，拥有大量高等院校、科研院所和企业研发中心，是产业获得发展的重要科技创新基础。

开放优势。北京作为首都，是我国对外开放的重要通道，各国大使馆聚集于此，全球人才也大量集聚。这也成为产业发展实现国际化的关键因素。

行政优势。北京拥有丰富的中央资源，中央企业总部大量聚集于此，也促使大量国家资源在本区域实现落地转化，促进产业发展。

“五新一屏”：北京的科创优势产业领域

问：北京形成了哪些优势产业？

姜广智：依托全球一流的科技创新资源，北京的科创优势产业领域形成了“五新一屏”，即新能源、新智能、新材料、新软件、新健康、显示屏。

新能源主要是北京市在氢能、电能等领域优势明显，当前正在筹建国际氢能中心，未来将取得显著的领先优势。

新智能是指人工智能领域，北京在人工智能芯片、创新应用平台等领域已经形成产业集群，拥有寒武纪、百度、旷视、京东、字节跳动等细分领域具备领先地位的企业。

新材料是指北京在石墨烯、碳纳米管、生物医用材料、液态金属等领域技术水平处于全国前列，龙头企业众多，已经形成较强的比较优势。

新软件是指软件和信息服务业领域，北京的新软件在互联网企业百强中占比超三成，在全国乃至世界居于领先地位。

新健康是指医药健康产业领域，北京规模以上医药工业企业有 340 家，其中包括同仁堂、泰德制药等行业领军型企业，产品品种市场规模持续壮大，共有亿元品种近 100 个。

显示屏是指未来产业必不可少的显示屏领域，京东方已经成为世界顶尖企业，并且拥有众多世界性的新技术突破。

积极发展自主创新型产业

问：构建以国内大循环为主体、国内国际双循环相互促进的新发展格局，将对未来产业的布局和发展产生哪些影响?

姜广智：一是国内大循环是我国当前发展阶段的客观现实需要。我国的产业自主创新已经成为经济发展的新机遇，正在积极发展先进制造业、战略性新兴产业和关键核心技术创新领域中的自主创新型产业。国内大循环对我国经济结构调整有着重要意义，国产设备技术的市场占比将进一步提升。

二是双循环将带来示范消费，引领消费新升级。构建国内国际双循环相互促进的新发展格局，将使新经济相对于传统经济进一步扩张，带来更大的新消费空间，新型消费占经济比重也或将得到明显提升，成为未来产业发展的指引方向。

打造支持北京创新发展的“双发动机”

问：您认为未来产业培育和发展有哪些重点领域?

姜广智：未来产业培育和发展的重点领域包括“两个先导，两个重点，若干支撑”。

两个先导是指聚焦新一代信息技术和医药健康两大前沿先导领域，率先布局，加快突破，集中突破一批制约产业发展的“卡脖子”短板技术和产品，取得一批拥有自主知识产权的原始创新成果，培育和集聚一批创新型行业领军企业，抢占未来竞争制高点，打造支持北京创新发展的“双发动机”。新一代信息技术重点打造 5G、超高清显示、虚拟现实、新一代人工智能等四个细分产业集群。医药健康重点打造高端医疗器械研发创新集群、生物制药产业集群、中医药现代化产业集群、智慧健康产业集群等四个细分领域产业集群。

两个重点是加强形成新能源汽车和智能装备的整体解决方案。新能源智能汽车重点打造燃料电池汽车产业集群、纯电动汽车产业集群和智能网联汽车产业集群等三个细分领域产业集群。智能装备重点打造智能机器人产业集群、轨道交通装备产业集群、先进能源装备产业集群、特色智能专用装备四个细分产业集群。

若干支撑是指围绕集成电路、新材料、节能环保和创意都市等已初具规模或未来具有爆发式增长潜力的重点领域做大做强，使其成为未来产业的支撑力量。通过关键支柱产业扩总量、上规模、增实力促进北京经济提质增效。集成电路主要发展集成电路设计、制造、装备和材料等环节。新材料重点打造前沿新材料研制及应用产业、纳米材料产业和先进复合材料产业三大集群。节能环保重点打造水处理产业集群、资源综合利用产业集群、绿色系统解决方案供应商集群和创意都市重点打造食品饮料、印刷包装、服装纺织和工艺美术等四个产业集群。

六大举措支持未来产业发展

问：未来支持产业发展有哪些战略举措?

姜广智：支持产业发展的举措包括：

一是提升创新能力。**围绕“卡脖子”技术建立高水平技术攻关平台，解决跨行业、跨领域的关键共性技术问题。**支持上下游企业加强产业协同和技术合作攻关，鼓励龙头企业向前端创新。为企业提供研发设计、技术应用、检验检测、试验验证、标准制修订、技术成果转化、信息与知识产权运用服务等专业服务。加强知识产权保护推动产业高质量发展，将保护知识产权作为鼓励创新的重要举措。

二是再造产业基础。**着力提升核心基础零部件和元器件、先进基础工艺、关键基础材料、产业技术基础和基础软件等“五基”自主水平，**持续开展工业强基工程重点产品、工艺“一条龙”应用计划。充分发挥北京领跑者优势，聚焦制造业新模式新业态，加快建设 5G、工业大数据、工业互联网等新型基础设施。

三是提升产业链现代化水平。实施高精尖产业链精准招商行动，聚焦集成电路、生物医药等重点领域加快精准招商的顶层设计。优化提升高精尖产业链和产业生态，淘汰退出低效产业，支持存量企业深度挖潜。**聚焦集成电路、智能装备、新能源汽车等产业链条长、带动能力强的高精尖产业，重点突破精密减速器、伺服电机、智能传感器、高端光**

学镜头、光刻机零部件、高密度能量电池等核心零部件制造技术，提高离子注入机、物流智能化成套装备、柔性机器人等整机设备研制能力。

四是加强产业融合。加快新一代信息技术与制造业融合，促进数字经济和实体经济深度融合。大力推动制造业与科技服务业、软件和信息技术服务业等现代服务业深度融合。加速推进区域军民深度融合发展，构建宏观政策调控、军民市场引导、微观融合为主体的军民融合机制，形成北京市军民融合与经济发展互为补充、相互促进的一体化现代经济—军工发展体系，加强军工高新技术转化和产业化应用，促进更多战略新兴、前沿基础、颠覆性技术在京落地和转化。

五是实行产业梯度培育。**建立针对产业初创、成长、成熟阶段的全生命周期梯度培育体系，构建从“种子企业”到“领军企业”的良性产业发展梯队。**加快建立并完善全市统一的覆盖原始创新、成果转化、产业化的高精尖项目库。着力提高大企业的创新发展能力和引领带动能力，引导主导产业向创新型企业聚集，围绕龙头企业配套优质项目，集中支持中小企业拓展市场、上市融资、研发攻关，支持科创型小微企业聚焦产业链薄弱节点环节做优做强。

六是推动国际合作。集聚全球创新资源与高端要素，推动与国外发达地区建立政府间经济技术合作机制。鼓励制造业企业通过收购兼并、联合经营、设立分支机构和研发中心等方式拓展国际市场，参与国际标准研究和制定，加快海外知识产权布局。引导国际知名企业或机构设立或与北京龙头企业共建科技成果转化中心，鼓励龙头企业与制造业发达国家协会机构建立国际化、市场化的项目招商激励机制或园区委托运营机制。

新冠肺炎疫情大大加速了未来产业的发展步伐

问：您认为正在全球蔓延的新冠肺炎疫情是否会对未来产业产生重大影响？新冠肺炎疫情可能会带来哪些趋势性变化？

姜广智：从未来产业发展角度看，本次新冠肺炎疫情大大加速了未来产业的发展步伐。本次新冠肺炎疫情发生前，正值新一轮科技革命和产业革命蓄势待发。**新冠肺炎疫情的发生和科技进步、中美贸易争端互为影响、相互叠加，对产业生产方式、居民消费方式、信息传播方式形成了倒逼创新，催生了以新基建为重点的投资新动力、以新模式为支撑的消费新动力、以新技术为关键的创新驱动力，为我国经济发展带来“危中有机”“化危为机”的新变革。**

后疫情时代，生物医药产业在全球的受重视程度更上层楼，特别是疫苗研发已经成为生物医药强国的顶层战略行为。产业数字化特征明显，以数字化为特征的“赛道”在新冠肺炎疫情后迎来结构性利好变化，如在线教育、远程办公 SaaS（通过网络提供软件服务）、生鲜电商以及互联网医疗等行业都有所变化。

2020 年：“在线科技”爆发元年

问：您认为新冠肺炎疫情后我国应如何聚焦未来产业发展？要进行哪些布局调整？

姜广智：新冠肺炎疫情加速办公云化、生产自动化、社会信息化、城市智慧化、生鲜电商化、餐饮集约化、仓储信息化、物流配送无接触化、建筑装配化等，推动产业变革。未来产业可重点聚焦几个方面。

一是 5G。2003 年是互联网应用拐点元年，2020 年新冠肺炎疫情可能是计算机行业结合 5G 应用“在线科技”爆发元年。云计算 5G 应用落地的趋势性机会越来越多，我们开始习惯远程办公、在线会议、在线教育、在线医疗等，市场需求凸显，未来市场空间巨大。我们看到，召开协同会议、远程会议时，我们已经习惯使用华为 welink 、腾讯会议以及字节跳动飞书等。

二是智能制造。“机器换人”大势所趋，一方面是人口红利减弱，现在人工成本上升与设备成本下降形成“剪刀差”；另一方面新冠肺炎疫情期间影响复工，对人员密集型企业影响较大，促进企业加快自动化升级改造。

三是智能机器人。工业机器人、智能专用装备等行业前景广阔。新冠肺炎疫情期间加速服务机器人发展，如替代医护人员完成消毒、导诊、送药等工作的医疗服务机器人；配送机器人、警用巡检机器人、扫地机器人等加速应用。围绕机器人产业发展的导航移动、运动控制、感知交互（视觉、语音）技术突破，场景应用也是重点。

四是3C自动化。5G等新技术的变化驱动3C产业开启新一轮换机周期和设备需求，3C制造业投资呈现连续上行趋势。人们对生活品质有了更高的要求，消费电子行业、汽车工业等反映“消费娱乐化”趋势的领域正迎来高速发展期。

北京面临“要素配置，人才流失，央地破壁，区域竞争”等挑战

问：在把握未来产业发展机遇中，北京面临哪些突出挑战和风险？

姜广智：北京主要面临“要素配置，人才流失，央地破壁，区域竞争”等挑战。

北京在要素配置方面存在问题，需要破解存量资源要素配置的难题，特别是土地等稀缺要素，通过非首都功能疏解战略的推进，对核心要素进行优化配置。

人才是产业发展的核心资源，北京需要不断优化人才发展环境，为各个层次的人才提供综合服务，特别是持续引进顶尖的高层次人才。

北京拥有丰富的中央资源，未来需要充分激发央企等中央资源和地方的融合，突破制度障碍，加强央地合作和成果本地转化。

当前国内外城市的区域竞争也日益激烈，北京吸引各项资源的综合竞争力需要提升，特别是通过京津冀协同等手段，实现整个区域的突破。

推进产业数字化，释放数字对经济发展的放大、叠加、倍增作用

问：您对我国更好应对中美博弈升级等外部挑战，发展数字和信息技术，有哪些意见建议？

姜广智：北京在数字和信息技术上处于“应用环节领先，底层基础不足”的状态。当前由于国际环境的变化，部分领域在底层基础领域受到了

影响。当前应该充分领会习近平总书记“危和机总是同生并存的，克服了危即是机”[①]的重要论述，在危机中育新机，在变局中开新局。

一是加快新型基础设施建设。推进建设 5G 网络、千兆固网、工业互联网、新型数据中心、大数据平台等网络基础稳固、数据智能融合、产业生态完善、平台创新活跃、应用智慧丰富、安全可信可控、具有国际领先水平的新型基础设施，提升新型基础设施覆盖水平和服务质量，对提高城市科技创新活力、经济发展质量、公共服务水平、社会治理能力形成强有力支撑。

二是全面提升软件核心技术能力。突破制约产业发展瓶颈的共性支撑软件，打造高可用、高性能操作系统，从技术、应用、用户三方面着手，形成完备的产业链和生态系统；培育壮大和引进落地一批行业龙头企业、“单项冠军”企业以及创新型企业；探索建设国际化开源社区，培育具有国际竞争力的开源项目和产业生态，汇聚创新资源；面向 5G、工业互联网、大数据、人工智能、网络与信息安全等领域打造国际一流的产业集群，发挥集聚引领、产业协同和辐射带动效应。

三是加快培育数字经济新动能。推进数字产业化，加快发展云计算、大数据、人工智能等新一代信息技术，广泛开展应用和模式创新，催生新产业新业态新模式；推进产业数字化，释放数字对经济发展的放大、叠加、倍增作用，支持传统产业利用数字技术开展全方位、全角度、全链条的优化升级，通过融合发展提质增效；构建数据资源汇聚共享、数据流动安全有序、数据价值市场化配置的数据要素良性发展格局；构建适应开放环境的数字经济和数字贸易政策体系，形成新动能。

---

① 《习近平在浙江考察时强调：统筹推进疫情防控和经济社会发展工作 奋力实现今年经济社会发展目标任务》，《人民日报》2020 年 4 月 2 日。

那些迈出了解禁好奇心这一伟大步伐的国家都纷纷呈现出一片繁荣发展的景象。

——[英]伊恩·莱斯利：《好奇心：保持对未知世界永不停息的热情》

谁先占领未来产业，谁将引领未来

——与北京经济技术开发区工委书记王少峰面对面

王少峰，山东日照人，1990年7月加入中国共产党，1994年7月参加工作，北京大学教育经济与管理专业在职研究生，管理学博士。曾任中共北京市西城区委副书记、区政府区长，现任北京经济技术开发区工委书记。

手记　未来产业发展还有很多坡要爬、坎要过

智能网联汽车在路上测试，自动驾驶出租车上路；集智慧和绿色于一身的“绿色工厂”内，一台台机器人正在装配奔驰汽车或者液晶显示屏；智慧仓储库内，一台台小机器人、无人车在配送……

这些梦幻般的场景，就在我们身边，就在地处北京东南方向的经开区内。伴随新一代信息技术、高端汽车和新能源汽车、生物技术和大健康、机器人和智能制造四大主导产业的蓬勃发展，一个个面向未来的智能应用场景，正在深度融入这里的生产和生活。

有了未来产业，才能构筑未来城市、未来社会……作为国际科技创新中心建设主平台“三城一区”中的“一区”，北京经开区正努力成为高精尖产业的主阵地，正努力建设一座“无废城市”。

2019 年，北京市委市政府授权经开区统一规划和开发建设亦庄新城，规划面积扩容为 225 平方千米。国家高新技术企业总数突破 1100 家；挂牌 26 个技术创新中心和 13 家产业中试基地；每万人发明专利拥有量为 462 件，为北京市平均水平的 3.5 倍……一串串数字，折射出北京经济技术开发区沉甸甸的“科技含金量”。

未来产业具有重大战略性，各国竞争焦点集中在六大方面，通过布局未来产业，影响未来经济社会生活……作为北京经开区的领头人，王少峰不乏对未来的思考。

同样，他也发出清醒的警示之声：未来产业要“突破产业链断点、堵点和弱点”；发展还有很多坡要爬、坎要过，不希望一哄而上；要实现产业开放和产业安全的有机统一……

他还作出乐观预测：四大领域有望形成世界级领军企业……

未来产业具有重大战略性

问：您如何看待习近平总书记提出的“未来产业”？

王少峰：发达国家纷纷加强对未来产业领域的布局，国际竞争空前激烈，未来产业已成为衡量一个国家、一个地区、一个城市科技创新和综合实力的重要标志，必须加快实施技术、产业、战略“三位一体”和“软硬”融合的发展，加快推进经济转型升级，努力抢占发展制高点、培育竞争新优势。

未来产业具有重大战略性。习近平总书记提出“未来产业”，是站在全球科技革命和产业变革的高度，本着对国家和民族前途命运高度负责的精神作出的科学判断和战略布局。这是一个国家的重大战略性选择，实际上就是要在面向2050年进行中长期谋划、努力实现“两个一百年”奋斗目标的过程当中，通过产业引领来实现国家战略。

未来产业得到世界关注

问：为何习近平总书记多次要求“抓紧布局”？

王少峰：之所以要“抓紧布局”，是因为美、日、韩、欧洲地区等已在全面布局，不抢抓时机，就会陷入新一轮的被动、落后甚至挨打，无法实现弯道超车，势必影响中国未来20年甚至更长远的发展，关系着中华民族伟大复兴战略目标的实现。

2016年，美国创新研究专家、白宫前创新顾问亚历克·罗斯（Alec Ross）在对全球41个国家考察的基础上，写作出版了《未来产业》（*The Industries of the Future*）一书，使未来产业得到世界关注。

竞争焦点，集中在六大方面

问：您认为未来产业有哪些特征？您看好未来哪些行业的发展？

王少峰：从大家的共识出发，未来产业是指对未来20年发展起着关键作用的产业。未来产业是一个时间概念，在今天这个时间点来看，

未来产业具有“高科技、数字化、智能化”等典型特征。

各主要国家和企业的竞争焦点，集中在六大方面。

一是人工智能。包括新一轮科技革命与产业变革新的通用目的技术、核心技术，涉及最底层的人工智能根技术，以及人工智能核心共性技术、典型应用场景的技术等。

二是新一代信息技术。包括新一轮科技革命和产业变革的支撑性、基础性技术与产业，如5G/6G、VR/AR技术，物联网、车联网技术，区块链技术，大数据技术，云计算、边缘计算、雾计算、量子计算技术，量子通信技术等。

三是数字产业化和产业数字化。包括促进生产、生活方式变革的关键应用技术，如自动驾驶、智慧交通、机器人、人工智能、5G/6G、VR/AR等在远程医疗、智能制造、商业服务等方面新的应用，还包括无人机、低空飞行等。

四是生物技术和大健康。包括人类保持健康、治疗疾病、康复增强、衰老预防等所需要的技术与产业，如免疫细胞治疗、靶向药物、干细胞治疗、衰老机理、手术和康复训练机器人、健康实时监控、移动医疗、智能诊断等方面的技术与产业。

五是新材料。包括生物材料、功能材料等。

六是新能源。包括推进能源革命的基础设施技术及产业、氢燃料电池技术及产业、离子喷射技术及产业、飞行汽车等。

这些行业视角不同，有些互有交叉，是普遍看好的未来产业。

英国曾因抓住蒸汽机这一未来产业而强大

问：在您看来，有哪些抓住未来产业而成就一个国家、一个企业的代表性案例？

王少峰：对历史简单复盘，英国曾因抓住蒸汽机这一未来产业而强大，美国因抓住计算机和互联网这一未来产业而“称霸”，北京经开区的企业京东方因抓住新型显示这一未来产业而成为国际行业巨头。

布局未来产业，影响未来的经济社会生活

问：在您看来，未来产业和供给侧结构性改革有何关联？

王少峰：未来产业实际上是供给侧结构性改革的深化，要通过供给侧改革，既满足消费需求侧，也影响和引领需求侧，要通过布局未来产业影响未来的经济社会生活。

未来的生活，要靠未来的产业去满足。那未来的生活是什么？现在大家仁者见仁、智者见智，并没有形成一个统一的，特别是在市场端、产品端明晰的未来社会生活、经济生活图景。**未来产业往往是新模式、新业态、新技术、新产品、新服务，可有效推动供给侧改革，实现经济社会高质量发展。未来产业会改变城市形态，改变人类经济生活的方方面面。**

一方面未来产业跨界融合的特点会特别明显；另一方面要考虑和警惕出现“赢家通吃”的现象。谁跑得快，谁能力强，谁占据了技术前沿和技术话语权，谁就有可能把这个领域通通拿下。大树底下无小草。

科学家、企业家和公共政策制定者三者缺一不可

问：发展未来产业，要怎么处理好科学家和企业家的关系？

王少峰：发展未来产业，科学家、企业家和公共政策的制定者三者之间的互动，缺一不可。首先，未来产业必须有未来技术做支撑。科学家应做好未来产业的技术储备，这是一个重要的环节和发力点。其次，未来产业需要企业家有技术基础。要形成产业，应该有产业的组织方式、形态，这需要市场来提供。市场要靠企业家，这也是中央一再讲的技术创新要以企业为主体。再次，有技术有市场，还得有经济政策或者公共政策的引导支撑，创造良好环境。

电商为什么在中国能够率先发展起来，就和政策有关系。现代金融方面，欧美是老大，但为什么移动支付率先在中国发展起来？也是因为政策。所以从未来产业的驱动力看，科学家、企业家和公共政策制定者三者缺一不可。

未来产业：瞄向未来 20 年甚至更长远

问：战略性新兴产业和未来产业之间有哪些异同？

王少峰：战略性新兴产业是指以重大技术突破和重大发展需求为基础，对经济社会全局和长远发展具有重大引领带动作用，成长潜力巨大的产业。在《国务院关于加快培育和发展战略性新兴产业的决定》中，把节能环保、新一代信息技术、生物、高端装备制造、新能源、新材料、新能源汽车等作为现阶段重点发展的战略性新兴产业。

未来产业是推动创新型经济发展、谋求竞争新优势的重要战略方向，是优化完善产业体系、促进经济提质增效的重要举措。目前还没有一个明确的定义，但是谁先占领未来产业，谁将引领未来。

二者都具有科技含量高、发展潜力大的特点，但因战略出发点并不完全相同，因此在不同地区，基于本地基础和发展方向，二者具体包括的产业范围往往不同。以深圳市为例，战略性新兴产业包括新一代信息技术、高端装备制造、绿色低碳、生物医药、数字经济、新材料、海洋经济产业；未来产业包括生命健康、航空航天、机器人、可穿戴设备和智能装备等。

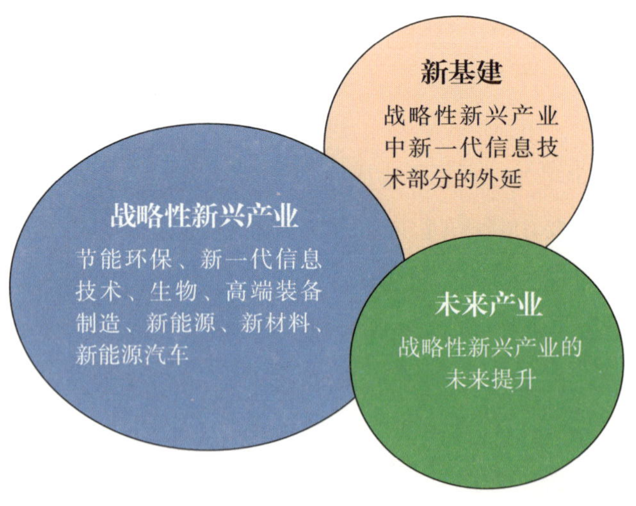

战略性新兴产业、新基建、未来产业三者的关系

战略性新兴产业和未来产业都是针对前瞻而言的产业。细加区分的话，在时间维度上，未来产业是瞄向未来 20 年甚至更长远的产业，战略性新兴产业重点是已出端倪的相对近期的产业；在空间维度上，未来产业是全球共识、各国竞争的下一波产业，战略性新兴产业往往指某一国家和地区的新产业新业态。

近期目标：培养六个千亿级创新型产业集群

问：我国该如何形成未来产业的空间布局？北京经济技术开发区如何在未来产业布局？

王少峰：北京经开区将依托产业特色，聚焦“未来车”“未来药”“未来芯”“未来机器人”等重点领域进行布局，持续完善成果转化激励机制、加快建设各类高水平创新载体等，支持企业做大做强做优。

未来产业的“高科技、数字化、智能化”特征，决定了它的空间布局必须以人才、资本、新型产业基础设施为前提条件。从我国看，国家级的科技创新中心城市是首轮首选。北京经开区是北京建设具有全球影响力的科技创新中心的主阵地，是中关村等“三城”科技成果转化承载区，是京津冀协同发展的桥头堡，也是未来产业的主要聚集区。

我们 2020 年发布了“6688”行动计划，重点对新一代信息技术领域的集成电路、新型显示、5G、人工智能，高端汽车和新能源智能网联汽车领域的动力电池、氢燃料电池、汽车电子、智能驾驶、生物技术和大健康领域的创新药、高端医疗器械、细胞治疗、机器人和智能装备领域的特种机器人、高端装备、工业互联网等进行前瞻布局，近期目标是培养新一代信息技术、高端汽车、新能源智能汽车、生物技术和大健康、机器人和智能制造、产业互联网等六个千亿级创新型产业集群。

不希望一哄而上发展未来产业

问：未来产业有何发展规律？

王少峰：我觉得从新经济发展的全球规律来看，未来产业有可能会在一些局部地区率先形成一种初始的探索。如果我们把握得好，它可能会成为经济发展和产业进步的引领。

我们当然不希望所有地区都一哄而上发展未来产业。在中国，也不是每个地方都能发展未来产业，至少得具备一定的基础和条件才行，一些主体功能区的经济中心城市或者科技中心城市、创新城市有可能。例如，以北京为核心的京津冀，以沪杭为核心的长三角，以广州、深圳为核心的大湾区。

四大领域有望形成世界级领军企业

问：我国未来哪些领域可能诞生世界级领军企业？

王少峰：我国有望在以下四大领域形成世界级领军企业。

一是“5G+”产业。丰富5G网络高带宽、低时延、广覆盖应用场景，推动相关机构联合开展“5G+”技术攻关，以“5G”重大示范攻坚项目为载体，大力发展“5G+云医疗”“5G+云制造”等应用，2025年5G实现规模化商用，特定领域“5G+”行业应用走在世界前列。

二是数字健康。把握生命科学、生物技术和信息科学融合发展新趋势，加快培育基因检测、细胞治疗、精准医疗、医疗机器人、健康管理、康复护理等生命健康服务新业态和新模式，促进相关产业融合发展，构建与生物医药产业协同发展、创新高效的生命健康产业链条。

三是人工智能。把握人工智能深度学习、跨界融合、人机协同等新特征，瞄准全产业链条，以技术突破推动多领域应用和产业升级，以应用示范推动技术和系统优化，加快人工智能与现有产业深度融合。

四是新零售。引导连锁经营零售企业加快推动购物自助结算系统应用，提升顾客购物便利性和店堂效率；积极发展无人售货店，鼓励应用人脸识别、信用大数据、先进支付模式等智能化技术，优化购物体验。

以华为为代表的未来通信、以中车为代表的未来交通、以京东方为代表的新型显示、以 BAT（中国互联网公司三巨头，B 指百度，A 指阿里巴巴，T 指腾讯）为代表的移动互联网和大数据应用领域，都有希望诞生世界级的领军企业。

实现产业开放和产业安全的有机统一

问：构建国内国际双循环相互促进的新发展格局，将对未来产业布局和发展产生哪些影响？

王少峰：当前全球化遭遇一些困难和波折，以美国为代表的个别国家反对继续深化推进全球化，并不断构筑贸易壁垒，加深与中国的摩擦。这种时刻，中国一方面需要继续推进全球化，另一方面也要做好两手准备，为防备世界经济逆全球化积蓄动能。这就需要国内经济大循环，需要国内市场高效率的要素配置，提升内需在宏观经济中的比重，不断巩固国民经济基础实力，既为防备逆全球化做准备，也为经济基础优化升级做准备。

以国内大循环为主体积极构建国内国际双循环相互促进的新发展格局是党和国家在当今世界百年未有之大变局中作出的正确决策，具有很强的现实指导意义。从未来产业发展布局看，这要求我们牢固树立产业链和产业集群的发展思路，既将企业置于全球产业链中，又在区域（如京津冀）加强新型产业基础设施建设，完善本区域产业链体系，厚植产业生态，从而实现产业开放和产业安全的有机统一。在这个意义上，未来产业的发展就有了“双保险”，总体和长远都是利好的。

四大产业领域“发展无限可期”

问：未来产业的培育和发展，有哪些重点领域和战略举措？

王少峰：北京经济技术开发区重点发展的四大产业领域，或处在技术革命和产业变革的进程中，如互联网、大数据、人工智能；或处于变革的前夜或者临界点，如智能驾驶、基因工程、细胞治疗；未来5至10年将在激烈竞争中不断迭代出新，发展无限可期。

在未来产业的培育和发展上，应采取以下战略举措：一是培育产业链和产业集群。二是升级产业基础设施，如支撑新一代信息技术的5G基站、汽车无人驾驶的智能道路、生物医药创新的第三方公共服务体系、成果转化的技术创新中心等。三是优化产业生态环境，如进行政府效能改革、改善营商环境。

突破产业链断点、堵点和弱点

问：您认为正在全球蔓延的新冠肺炎疫情是否会对此产生重大影响？

王少峰：全球新冠肺炎疫情的一个影响，就是全球产业链和产业集群的重构，表面看是“危”，实际上是“机”，有利于我们统一思想、凝聚众力，突破产业链断点、堵点和弱点，加快发展高精尖未来产业。

未来产业将更依赖数字“新基建”

问：新冠肺炎疫情可能会带来哪些趋势性变化？新冠肺炎疫情后，我国应如何聚焦未来产业发展？

王少峰：新冠肺炎疫情推动全球供应链的回归或多样化，避免过于集中某地，增加了“备胎”思想。

未来产业发展将更依赖物联网、人工智能、大数据、云计算等数字“新基建”。某种程度上，谁掌握先进信息技术、拥有数据优势，谁就控制了国际产业竞争的制高点，谁就将主导全球新科技革命和产业变革。随着

新科技和产业之争日趋白热化，技术之争、数据之争、标准之争、知识产权之争将日益成为左右国际经贸争端乃至地缘政治的重要因素。

新冠肺炎疫情值得我们复盘。从国家长治久安的角度，要重点聚焦芯片、材料、装备等“卡脖子”领域的关键技术和产业。补短板，强弱项，进一步发挥社会主义制度优越性，积极调动市场资源，尽快取得突破性进展。

未来产业发展还有很多坡要爬、坎要过

问：我国在把握未来产业发展机遇中还面临哪些挑战、障碍和风险？

王少峰：世界经济有望继续复苏，但不稳定不确定因素很多，主要经济体政策调整及其外溢效应带来变数，保护主义加剧，地缘政治风险上升。**未来产业发展还有很多坡要爬、坎要过，需要应对可以预料和难以预料的风险挑战。**

实践表明，中国的发展成就从来都是在攻坚克难中取得的。当前我国物质技术基础较好，产业体系完备、市场规模巨大、人力资源丰富、创业创新活跃，综合优势明显，有能力有条件实现更高质量、更有效率、更加公平、更可持续的发展，主动适应经济发展新常态，突出创新驱动，强化风险防控。

来自内部的挑战，主要是避免思想上麻痹大意、缺乏紧迫感，或者行动上故步自封、减少开放交流。来自外部的挑战和风险主要是竞争，看谁做得快、做得好、做得全。

四条建议应对外部挑战

问：您对我国应对中美博弈升级等外部挑战，发展数字和信息技术，有哪些意见建议？

王少峰：四条建议：一要布局新型基础设施，筑牢产业高质量发展基础。加强对物联网新型基础设施布设的顶层设计，根据行业应用、社会应用等分类规划，避免重复建设。当前，数字经济对经济社会影响的深度和广度在不断扩展，呈现出从生活到生产、从下游到上游、从外围到内部的快速渗透，从承载信息传输为主向重塑服务模式和生产组织方式转变等态势。我们要顺应趋势、大胆探索，积极构建数字经济基础设施，促进数字经济与各领域更广范围、更深程度、更高层次的融合创新，不断提升数字经济对产业高质量发展的支撑水平。

二要推进技术协同创新，努力向价值链高端攀升。从价值链附加值来看，发达国家更多地占据着技术开发、产品设计与关键核心零部件的生产以及品牌和销售渠道等高附加值环节，而将生产、组装、加工这样的低附加值环节外包给发展中国家。随着数字经济的发展，制造业的各个环节突破了地域的限制，将全球的资源联通整合，为制造业发展提供了新的模式。我国要充分利用这一基础，加快推动协同创新。

三要加快拓展市场应用，培育一批数字经济企业。支持工业互联网平台建设和应用。支持龙头企业、行业组织、研究机构、平台和服务商、运营商合作建设垂直行业工业互联网平台，推动行业工业互联网应用。

四要推进产业数字转型，提升传统产业发展能级。要提高传统产业技术水平，增强其创新能力和核心竞争力，利用信息技术改造传统产业是关键。将信息技术、自动化技术、现代管理技术与生产制造技术相结合，可以改善制造业的经营、管理、产品开发和生产等各个环节，提高生产效率、产品质量和企业的创新能力，降低消耗，带动产品设计方法和设计工具的创新、企业管理模式的创新和企业管理的信息化、生产过程控制的智能化、制造装备的数控化以及咨询服务的网络化，全面推动制造业高质量发展。

中美博弈升级，会对微观经济产生不利影响，但不是绝对的、全部的。例如，北京经开区的一些美资企业，如 GE 、瓦里安、珐博进反而逆势发展。

具体到数字和信息技术领域，我国的普及和应用并不落后，甚至是领先的，但在“核高基”等基础关键领域，需要尽快取得突破，补齐产业链短板。

对于企业和政府而言，失去对科技浪潮的驾驭能力就意味着失去了一个巨大的经济机会，并且更容易受到潜在颠覆性力量的冲击。黑莓公司的教训告诉我们，数字化和技术进步可以在眨眼间颠覆一个行业。

——[美] 理查德·多布斯、詹姆斯·马尼卡、华强森:《麦肯锡说，未来 20 年大机遇》

常速即落后，我们必须加速超车

——与北京经济技术开发区管委会主任梁胜面对面

梁胜，湖南汨罗人，经济学博士，工程师，1985年1月入党，1988年7月参加工作。曾任北京市经济和信息化委员会党组副书记、副主任，中共北京市大兴区委副书记、区政府副区长，北京经济技术开发区工委副书记、管委会主任。现任北京经济技术开发区工委副书记、管委会主任。

手记 芯片“不突破，哪里有未来”

作为国家科技重大专项《极大规模集成电路制造装备及成套工艺》的专项实施管理办公室主任，梁胜在业内被誉为“梁芯片”。

20 多年来的深入研究和推动，使他不仅有着深厚的产业管理和公共政策制定经验，更对我国芯片产业发展有着不少独到见解，策划并组织在北京建设了我国大陆第一条 5 代、8.5 代液晶显示生产线，第一条 12 英寸芯片生产线。

“芯片领域至今还被卡脖子，不突破，哪里有未来？”复杂的国际形势，让梁胜充满危机意识。

近些年来，中芯国际、北方华创、屹唐半导体、耐威科技、集创北方、燕东微电子等龙头企业在这里聚集，形成了较完整的集成电路产业链。北京经开区以系统应用为拉动、以设计为龙头、以制造为重点、以设备为突破、以基金为引擎，对存储器芯片、移动终端芯片、功率器件 / 微控制器 MCU、传感器芯片四大类主要产品进行重点突破。经开区还建立了以亦庄国投为核心的集成电路投融资体系，参与设立集成电路领域基金 18 只，基金总规模超 3800 亿元，为集成电路产业发展提供有力资金支持。数据显示，2019 年，经开区以集成电路为代表的新一代信息技术产业实现工业产值 705.5 亿元；2020 年前 10 个月，实现工业产值 693.7 亿元，同比增长 10.4%，其中集成电路制造增长了 17.5%。

5G、人工智能、工业互联网、大数据、智能交通……北京经开区实施“白菜心”工程，为“未来产业”主动提供“试验场”“竞赛场”“示范园”，打造具有影响力的“人工智能产业园”、具有辐射力的“生命健康产业园”和“商业航天产业园”。

未来产业已经进入新一轮加速期，未来产业“需要我们保持更加包容、更加敏感、更加谦卑的心态，为新兴技术的磨合应用、为新兴企业的发展提供场所和空间”……围绕未来产业发展，梁胜提出了不少真知灼见，尤其呼吁“国家应在集成电路最短板上集中优势兵力予以突破，为未来产业发展奠定基础”。

未来产业，事关未来国运

问：您如何看待习近平总书记提出的“未来产业”？为何总书记多次要求“抓紧布局”？

梁胜：在新一代移动通信、物联网、人工智能、大数据等技术交叉融合、快速演进下，数字经济、生命健康等未来产业已经进入新一轮加速期。

未来产业事关未来国运。“抓紧布局”，这是对未来产业发展本质的准确把握，是对未来产业话语权竞争的战略选择。常速即落后，我们必须加速超车，抓紧布局。

“创造性毁灭”和“指数式增长”

问：您认为未来产业有哪些特征？

梁胜：快速迭代、跨界融合、高度集成、生态演化，是未来产业的主要特征。带有“创造性毁灭”和“指数式增长”特征的新技术的广泛应用，将推动原有产业成为创新的源发地和高发地，高精尖产业的技术门类更加模糊。

未来产业需要保持更加包容、敏感、谦卑的心态

问：战略性新兴产业和未来产业之间有哪些异同？

梁胜：战略性新兴产业是我们通过产业技术市场的综合评估，结合国家战略所选定的重点扶持方向，具有比较清晰的产业边界和特征规律。

未来产业是存在更多可能的战略性产业，需要我们保持更加包容、

更加敏感、更加谦卑的心态，为新兴技术的磨合应用、为新兴企业的发展提供场所和空间。

北京经开区在发展5G、人工智能、工业互联网、大数据、智能交通的过程中，主动提供“试验场”“竞赛场”“示范园”，超前规划、提前部署新型基础设施，为数字技术与其他产业的跨界融合构筑坚实基础。

总书记鼓励我们要做“白菜心”，我们推出了“白菜心工程”政策，典型的有两个方面：经开区已出台首台套应用的政策，政府咬紧牙出这笔钱，鼓励国产设备的示范应用。目前很多下游企业用惯了国外产品，不愿意采购国产产品。规模做得越大，对国产的东西越是抵触。当然企业也有难处和应用风险，因此政府要发挥鼓励作用，帮助企业抹平风险。同时，我们对原创性的技术开发团队制定了投资保值退出的政策，政府投资平台投给创业团队一笔钱，退出时按“本金+存款利息”，优先团队回购，被高科技界誉为“天使的天使”。

没有芯片产业能力，未来产业会成为空中楼阁

问：我国该如何形成未来产业的空间布局？您认为北京经济技术开发区应该如何在未来产业方面布局？

梁胜：围绕产业生态的建设，目前经开区正在围绕集成电路、新型显示、高端汽车等产业领域，打造一批以龙头企业、龙头场景、龙头平台为驱动的智慧园区。

围绕机器人、超级计算、边缘计算等产业领域，打造具有影响力的“人工智能产业园”。

围绕生物医药、医疗器械、大健康等产业领域，促进医学、医疗、医药、医械、医养协同发展，打造具有辐射力的“生命健康产业园”。

围绕无人机、商用航天、新材料等产业领域，搭建军民科技创新和产业发展融合平台，打造“商业航天产业园”。

谈到未来产业，这当中我最欣赏的就是解决“卡脖子”的芯片问题，如同把大厦建在坚如磐石的地基上，这是我们的未来。芯片设计中

把 100 亿颗以上的晶体管布局在 1 平方厘米上，没有产业链和产业生态，就没有芯片产业能力。未来产业会成为空中楼阁，有了芯片，未来产业才有了支撑。

我国具备产生新一轮世界级领军企业的沃土

问：我国未来哪些领域可能诞生世界级领军企业？

梁胜：我国拥有广阔的市场空间、雄厚的创新力量，具备产生新一轮世界级领军企业的沃土，尤其是在数字经济、无人科技、商用航天、生命健康、节能环保、智慧城市、智能装备等领域都有培育出伟大企业的可能性。

电子信息产业进入“全产业链”竞争时代

问：构建国内国际双循环相互促进的新发展格局，将对未来产业的布局和发展产生哪些影响？

梁胜：未来产业注重创新链和产业链的双向高效对接，这就要求我们要把产业的发展和国内国际双循环相互促进结合起来。例如，全球电子信息产业进入了“全产业链”竞争时代，产业链整合能力日益成为决定竞争成败的关键，是综合竞争优势的具体体现。

发达国家已提前布局第三代生物科技革命

问：如何看待所在行业未来 5 至 10 年的发展趋势，您认为产业培育和发展有哪些重点领域和战略举措？

梁胜：以生物医药为例，发达国家已经在提前布局生物技术与计算机、生物芯片、组合化学、纳米技术、高通量筛选、脑机接口技术等技术前沿融合的第三代生物科技革命，包括加强国家级新药研发技术平台、实验动物服务平台、医学工程转化中心等高水平技术服务平台建设。推动智能医疗辅助穿戴设备、智能手术系统、智能诊疗、医学影像识别等交叉融合成果加速转化，增强新一轮的医疗健康服务革命的引领能力。

培育更多定义全球市场能力的伟大企业

问：新冠肺炎疫情后我国应如何聚焦未来产业发展？要进行哪些布局调整？

梁胜：新冠肺炎疫情的深刻冲击反映在产业层面，就是要夯实产业安全、产业可控、产业自主。**我们不仅要更加注重“从零到一”的创新突破，也要构建未来产业发展快车道，那就是“从一到十”持续孵化创新型小微企业、硬核技术企业，“从十到百”持续培育快速发展的瞪羚企业、隐形冠军企业，“从百到千”持续涌现估值10亿美元级的独角兽企业，“从千到万”培育能够定义全球市场能力的伟大企业。**在这一过程中，政府统筹至关重要，避免本来就稀缺的资源分散、各地同质化无序竞争。

未来产业发展的三个重要战场都存在不足

问：我国在把握未来产业发展机遇中还面临哪些挑战、障碍和风险？尤其是面临哪些来自外部的挑战和风险？

梁胜：在全球未来产业的竞争中，我们认为关键是要掌握提前量、夯实基础面、突破关键点，而在未来产业发展的这三个重要战场上，我们都还存在着一系列不足之处。

一是提前量。新一代信息技术创新周期迭代加快，强化更高代际技术前瞻储备成为产业竞争的重要先手棋。我们虽然对集成电路、新能源汽车产业布局较早，但与国际领先地区相比仍落后两至三个技术代际。从北京经开区来说，我们积极布局前沿技术，如围绕IPv6根服务器聚集了一批具有国际影响力的下一代互联网研究机构和骨干企业，在互联网标准、芯片、终端、网络设备等领域掌握了关键核心技术。

二是基础面。数字化、智能化、互联网+、智能制造、生物技术、新材料技术、人工智能等是我国产业全面升级的共性基础环节。北京经开区在集成电路领域，已经布局的28纳米12英寸生产线月产能达到了12万片，这是目前国内外产能产量的重要组成部分，新的一条28纳米至 7 纳米的 10 万片 / 月生产线已开工建设，从国家战略上已经解决了“缺芯少屏”问题。

三是关键点。按照“跟踪一批、转化一批、储备一批”，不断推进先进技术代际发展，以国际视野着力突破一批先发技术、先发产品、先发标准。北京经开区在物联网领域，通过海外并购收购了全球最大的 MEMS 生产企业瑞典 Silex，实现了 8 英寸 MEMS 代工线国内生产。燕东、耐威等特色工艺生产线的研发建设，弥补了我国在该领域的规模化产业空白。

世界产业前沿的竞争模式大大改变

问：您对我国更好应对中美博弈升级等外部挑战，发展数字和信息技术，有哪些意见建议？

梁胜：美国提出“制造业回归”战略，英国提出“高价值制造”战略，国家力量的充分参与进一步加快了前沿技术成果转化和高端产业演化，大大改变了世界产业前沿的竞争模式。

推进数字和信息技术产业发展，重点是自上而下的国家战略和自下而上的产业生态深度契合。从夯实集成电路、新型显示的中国产能，到前瞻推进 5G 部署、新基建示范的中国方案，再到信息技术应用创新的中国闭环，推进数字经济又快又好发展。

建议兄弟园区与北京经开区一道，布局一批对外开放中试基地、技术验证平台，推进下一代显示、集成电路和生物科技关键技术等战略级中试生产线建设，为国家发展添砖加瓦。

在这个信息获取的不平等性终将被消除的世界里，一种新的分界线开始浮现——有好奇心的人和没有好奇心的人。

——[英]伊恩·莱斯利：《好奇心：保持对未知世界永不停息的热情》

快速精准实现对未来产业的布局

——与北京市朝阳区委常委、副区长暴剑面对面

暴剑，1970年5月出生，山西长治人，1992年7月参加工作，工学学士、工商管理硕士，高级经济师、高级政工师、工程师。历任北京矿务局团委书记、青年工作处处长，北京京煤集团公司团委书记、青年工作部部长，崇文区科委主任，东花市街道办事处主任、工委书记，东城区委办公室常务副主任、保密办主任、区国家保密局局长，东城区政府副区长等职务。2016年6月任北京市对口支援和经济合作工作领导小组西藏拉萨指挥部党委副书记、副指挥，第八批援藏干部副领队，2016年9月起兼西藏自治区拉萨市委常委、常务副市长。

现任中共北京市朝阳区委常委、副区长，朝阳园工委书记、朝阳园管委会主任，分管负责科技、信息化建设与信息产业、应急管理、城市管理和运行、环境建设、园林绿化、交通、区机关服务方面工作。负责推进中关村朝阳园建设和发展工作。

手记　变道超车，在新经济赛道上引领全球新一轮发展

对于一个地处大都市中心的区域来说，究竟应该发展怎样的产业，才能赢得未来？

被暴剑笑称为“城市中的城市”——素以国际商贸、文化创意等产业著称的北京市朝阳区，正在以自身的实践，悄然向高科技产业转型：近年不仅孵化、培育了一批高科技企业，更引进、助推了一批龙头企业，科技产业增加值占GDP的比重已经达到约1/5。“未来论坛”、中国工业互联网研究院、鲲鹏创新中心落户，尖端智力资源在加速整合、集聚。

有企业和北京多个区的工作经历，以及西藏的多年挂职经历，让暴剑有了不一样的视野，谈起未来产业首先从全球高度进行判断——“一个地区要想在未来具有全球竞争力，就必须放眼未来、布局当下”“未来产业的提前布局、迅速发展，是实现经济引领的重中之重”……

他坚信：中国拥有广阔的市场、雄厚的工业基础、充足的人才，在当前的数字经济时代中更具有其他国家不可比拟的数据资源优势及市场容量优势。与此同时，在数据驱动下，智能经济、共享经济等新经济形态方兴未艾，为中国经济注入持续动力，中国有望实现变道超车，在新经济赛道上引领全球新一轮发展。

他呼吁：我国更要充分重视对未来产业的前瞻布局，这是关系到我国中长期竞争力和国家安全的重大战略问题。

数字经济增加值占GDP比重超过50%，国际化资源丰富、市场化要素齐备、商务配套成熟、科技创新土壤深厚……朝阳区作为北京的经济强区，他看好未来产业在这里的发展前景，因为这里“具备未来产业发展的产业基础优势、创新服务优势、产业载体

优势”……

作为“国家知识产权示范城区”和“国家级科技与文化融合示范基地”，北京朝阳将加快推进“城市大脑”“经济大脑”“安全大脑”建设，进一步打造“国际创投集聚区”和“国际研发创新集聚区”，还已经出台实施方案，打造数字经济示范区，推动形成“国际化数字总部企业集群”，全力构筑数字产业新生态，打造国际化数字消费商圈。

他建议：推动未来产业场景向社会深度开放，培育未来产业领域的高成长企业，培养一批具有诚信意识、全球眼光、“工匠精神”、创新能力和社会责任感的优秀企业家；增强新经济制度与服务供给，创新监管方式，防止简单化“一刀切”式监管，探索构建先行政策的“沙盒”试验田，包容处于发展初期的新生业态……

未来产业的提前布局、迅速发展，是实现经济引领的重中之重

问：您如何看待习近平总书记提出的“未来产业”？为何总书记多次要求“抓紧布局”？

暴剑：纵观世界历史，一个地区要想在未来具有全球竞争力，就必须放眼未来、布局当下。从全球案例来看，美国在2000年的“白宫新经济会议”后迅速构建起以互联网、生物科技、人工智能等前沿技术与未来产业领域为主的新经济体系，涌现了谷歌、苹果等大量全球领先的高科技企业，成为改变世界、洞见未来的产业引领者，在国际竞争中处于长盛不衰的领先地位；德国大力推行“智能制造”，实施“工业4.0”与“数字战略2025”，在工业机器人、新能源汽车等产业领域成功抢占全球制高点。通过以上分析我们能够发现：未来产业的提前布局、迅速发展，是实现经济引领的重中之重。

当前，新一轮科技革命和产业革命如火如荼，信息网络、生物科技、清洁能源、新材料与先进制造等正孕育一批具有重大产业变革前景

的颠覆性技术，成为社会生产力新飞跃的突破口。大数据、人工智能、物联网等新一代信息技术处在产业爆发期，工业互联网、能源互联网、车联网、物联网、太空互联网等新网络形态不断涌现，智慧地球、智慧城市、智慧物流、智能生活等应用不断拓展，全方位改变人类生产生活。国际科技竞争日趋激烈，科技制高点向探索人类自身、地球、宇宙等未知世界以及深海、太空、极地等领域拓进。

各国抢占未来产业发展制高点

问：对发达国家对“未来”的布局，您有了解吗？

暴剑：未来产业代表新一轮科技和产业革命的发展方向，是培育发展新动能、推动经济高质量发展、获取未来竞争新优势的关键所在。目前，各个国家都在争相抢占未来产业发展制高点，着力培育竞争新优势。2019 年 2 月，美国发布《美国将主导未来产业》（简称“未来战略”）的发展战略，涵盖了重点关注的四项关键技术：人工智能（AI）、先进制造业、量子信息科学和 5G 技术，这正是美国一以贯之的国家战略的体现。2019 年 11 月，欧盟发布《加强面向未来欧盟产业战略价值链报告》，计划提高欧洲六大战略性和面向未来产业的全球竞争力和领导力，包括互联、清洁的自动驾驶汽车、氢技术及其系统、智能健康、工业互联网、低碳产业和网络安全。

给我们的最重要警示

问：从国内情况分析呢？

暴剑：对于我国来说，当前国内外形势复杂多变，在美国挑起的中美贸易摩擦中，中兴“天价”罚单、福建晋华被禁、华为被禁等事件，充分体现了美国对高科技和未来产业保持垄断的野心，这给我们的**最重要警示是：唯有靠科技创新和未来产业来引领经济社会发展，才能让中国在未来的国际竞争中拥有更多的话语权。**因此，强化自身科技创新实力、实现核心技术自主可控的重要性越发凸显，我国更要充分重视对未来产业的前瞻布局，这是关系到我国中长期竞争力和国家安全的重大战略问题。

从未来视角来看，全球新经济必将加速崛起，中国将会成为全球新经济发展强有力的推动者和引领者。伴随着以大数据、云计算、量子计算等为代表的新技术蓬勃发展，数字经济成为驱动我国经济发展的重要力量。中国拥有广阔的市场、雄厚的工业基础、充足的人才，在当前的数字经济时代中更具有其他国家不可比拟的数据资源优势及市场容量优势。与此同时，在数据驱动下，智能经济、共享经济等新经济形态方兴未艾，为中国经济注入持续动力，中国有望实现变道超车，在新经济赛道上引领全球新一轮发展。**因此当前的产业革命和国际经济形势对我们而言一方面是挑战，另一方面也是难得一遇的战略发展机遇，必须紧紧抓住机遇，快速精准地实现对未来产业的布局。**

未来产业的发展呈现三大特征

问：在您看来，未来产业有哪些特征？

暴剑：未来产业是现在能看出端倪、未来能够成势成规模的产业，是对全球经济社会变迁起到关键性、支撑性和引领性作用的前沿产业，体现出多领域、跨学科、群体性突破特征。也许现在小荷才露尖尖角，但是伴随潮起潮落，未来可能深深影响经济社会，甚至影响一个国家的实力。

在当前新技术全面爆发、新经济快速发展阶段，各大研究机构及国内外学者聚焦“未来”进行了诸多研究，如 2015 年发布的联合国千年项目《未来展望》、中国科技部 2016 年发布的“第五次国家技术预测”、中国工程院发布的《中国工程科技 2035 发展战略研究》，除此之外，还有《全球趋势 2030》《第四次工业革命》等，对未来生产力、未来生产关系进行了战略预测。

从国内外主流智库技术预测来看，未来智能时代来临，数据核爆局面加速形成，技术发展呈现出群体性、融合性、颠覆性、硬异化特征，不同技术开始互相渗透、融合。

未来产业的发展也随之呈现出三大特征：一是跨界融通，技术之间、产业领域之间的深度渗透将催生“N+X”业态，以大数据与生产、消费等产业融合为代表的各类“互联网 +”成为新经济主导产业的代表；二是产业发展路径以创业到产业为主，优秀的创新型企业更可能呈现出爆发式成长态势，与传统企业的线性发展路线形成区别；三是新经济与实体经济的深度融合将催生世界级产业集群，即新技术赋能将推动大中小企业融通、实现全产业链协同，加速培育产业集群。

具体而言，未来全球战略必争技术领域将涵盖人工智能、生命健康、自动驾驶、细胞研究、先进材料、再生能源、节能技术、量子技术等新兴产业领域。

生命健康成为全球经济争锋的一大风口

问：为什么习近平总书记将数字经济、生命健康、新材料等作为战略性新兴产业、未来产业？

暴剑：这确实是特别值得关注的。数字经济、新材料、生命健康更将成为我国在新一轮产业革命中要重点瞄准的关键方向。

第一，**随着云计算、物联网等新技术的快速发展，世界正进入全数字化时代，未来的生产方式、消费方式将发生颠覆性变化，呈现出更加智能化、绿色化、可持续的特征。**根据《麻省理工科技评论》近 10 年的年度十大颠覆性技术数据评估，数字技术是最活跃的颠覆性技术，与各行业融合产生了电子商务、工业互联网、智慧城市、生物芯片、区块链网络安全等各类数字经济新业态，成为新科技新产业的主要推动力。而在这一轮数字化产业变革中，中国拥有全球 10 亿级大规模同时在线市场。2020 年中国网民数量达到 9 亿，占全球网民数量的 23%，拥有其他国家不可比拟的数据资源及市场容量优势，未来基于海量大数据的数字经济产业必然成为我国的主要经济竞争力之一。

第二，材料是人类赖以生存和发展的物质基础，推动着整个人类文明的演化，**从木石泥到钢铁铜，再到硅晶片、碳纤维，历史经验表明，人类社会每一个新时代都会有一种新材料出现，而这种新材料往往成为**

那一时代生产力提升的“发动机”。材料工业是国民经济的基础产业，新材料是材料工业发展的先导，从我国产业发展水平来看，高性能分离膜材料、高性能纤维、电子化学品等领域仍然存在较多技术空白，高端聚烯烃材料领域仍有很大发展空间，而一旦这些新材料遭遇“卡脖子”问题，先进电子信息、新能源汽车、商业航空等诸多实体支柱性产业将会在短时间内丧失竞争力、受制于人，乃至错失前沿颠覆性技术的发展先机，正因如此，我国要将新材料产业作为未来产业重点发展。

第三，**随着基因治疗、生物研究等前沿生命科学技术的应用在全球范围内如火如荼地展开，生命健康成为全球经济争锋的一大风口**。同时，突发的新冠肺炎疫情席卷全球，生物医药、智能化医疗设备、线上服务在抗击新冠肺炎疫情期间大显身手，多种新技术新模式快速应用，生命健康大产业的发展对人类社会的影响愈加显现。同时结合我国整体发展特征来看，老龄化进入加速发展阶段，规模大、增速快、“未富先老”特征明显，预计 2025 年我国老年人口将突破 3 亿人，2050 年我国 60 岁及以上老年人口数量将达到峰值 4.87 亿人，届时将占我国总人口的 34.9%、占全球老年人口的 1/4。在老龄化的社会背景下，我国医疗保健用品市场需求将迅速增加，老龄文化休闲用品、可穿戴设备等正成为新的热点，生活照料、医疗康复护理和精神文化服务等康养产业的市场发展空间巨大。

必须切实掌握未来产业中的前沿技术

问：国际复杂形势背景下，我国构建国内国际双循环相互促进的新发展格局，将对未来产业的布局和发展产生哪些影响？

暴剑：目前，国内国际经济形势呈现出前所未有的复杂格局，全球新冠肺炎疫情冲击依然持续，中美贸易战不断升级，前有华为的生产能力因芯片数量限制而大幅萎缩，后有抖音海外版 TikTok 在拒绝与微软合作后被美国“卡住脖子”。贸易战的本质是科技战，这些企业的经历正说明了未来全球经济竞争中掌握核心技术、打造产业生态的重要意义。**要想在当前的国际竞争关系中取得并保持领先地位，在市场容量、**

人才资源、资金支撑等要素之外，还必须切实掌握未来产业中的前沿技术。在这一层面，人工智能、信息安全、芯片设计制造等都应作为重点布局领域。

双循环的内涵是一种新的发展格局，核心是把国内循环做起来、市场做大，而国际循环不放松。在内循环层面，要意识到中国本身是一个巨大的市场，在新经济时代，我们依靠人口规模、消费规模所带来的数据量是稳居世界前列的，在数字经济的产业发展中大有可为。目前，我国在数字经济领域，已经涌现了以天猫、淘宝、京东为代表的电商生态，以支付宝、微信为代表的支付平台，以抖音、快手为代表的视频网站，以顺丰、京东物流为代表的物流网络，以华为、中兴为代表的未来通信，数字化技术与生活消费深度融合已经衍生一批头部平台企业和独角兽企业。**下一步，在消费互联网之后便是“产业数字化”，核心是推进数字技术在制造业、服务业的全方位、全角度、全链条应用，制造领域的平台型创新创业将不断探索。**

未来产业发展，需把握五大新趋势

问：未来产业的发展，呈现怎样的趋势？

暴剑：未来产业的发展，需要把握新趋势，掌握新的产业组织方式和育成方式：一是数据核爆与跨界融合推动新业态新赛道爆发，跨界融通成为未来产业发展的显著特征，新经济与实体经济深度融合催生世界级产业集群；二是场景成为催熟新技术、孕育独角兽、育成未来产业、塑造未来城市的新焦点；三是新基建成为培育未来产业的基础设施，数据中心、城市大脑等加速建设，工业互联网将重构工业生产体系；四是瞪羚、独角兽成为颠覆传统产业、引领新经济发展的“新物种”；五是新治理走向包容审慎与多元共治，产业跨界呼唤行业分类管理创新，共享经济呼唤产权理念与制度创新，新经济场景呼唤公共服务制度创新，新物种呼唤市场准入制度创新。

它们，有望成为引领未来产业发展的尖峰城市

问：未来产业，哪些地区有望“争锋”？

暴剑：从未来产业格局来看，未来谁能率先推动新经济制度创新、场景原创与创业爆发，谁就能够聚集人才、技术、资本、数据等创新要素，实现新经济、未来产业的崛起。

一是北京、上海、深圳、杭州等领先区域将持续涌现原创新兴产业，诞生世界级企业与更多独角兽企业，成为引领未来产业发展的尖峰城市。南京、武汉、成都、厦门等要素丰富区域，持续加强新经济制度与政策创新、前沿科技创业与场景创新，实现以人为核心的技术、资本的快速流动，将推动新技术、新业态、新模式的蓬勃发展，成为培育新动能、新产业的高地。

二是后发地区的换道超车与崛起发展。以贵阳、银川、南昌为代表的要素匮乏区域，通过大数据、互联网医疗、VR 等新经济制度与场景创新，挖掘区域特色优势，嫁接新技术、新组织、新模式，推动产业跨界融合与资源链接，集聚新经济要素资源，将有更多发展未来产业、换道超车的新机遇。

新冠肺炎疫情，加速一些未来产业的到来

问：正在全球蔓延的新冠肺炎疫情，是否会对未来产业产生重大影响？

暴剑：新冠肺炎疫情的全球性暴发，对人们的生产生活、社会发展、城市运转都带来了巨大的影响，对全球产业链、价值链、供应链造成冲击，不确定性加大，国内国际经济形势呈现前所未有的复杂格局。

一方面，对于中国而言，强化自身科技创新实力、实现核心技术自主可控的重要性越发凸显。特别是要面向世界科技前沿、面向经济主战场、面向国家重大需求、面向人民生命健康进行创新突破，依靠科技创新驱动，瞄准人工智能、物联网、生命健康、自动驾驶、航天航空、新能源、智能芯片、先进材料、3D 打印、混合现实等未来产业战略必争

点，打造未来发展新优势。

另一方面，中国的数字产业对缓解新冠肺炎疫情带来的不便和负面影响具有不可替代的重要价值，这场疫情在一定程度上也为中国数字产业的发展提供了意料之外的“场景”，甚至加速了一些未来产业的到来，九大数字产业可能逆势发展。

细数“九大数字产业”

问：能否具体说说？

暴剑：好的。这九大数字产业分别是：

第一，互联网医疗及 AI 检测。2020 年 2 月 7 日，国家卫生健康委办公厅发布《关于在疫情防控中做好互联网诊疗咨询服务工作的通知》（以下简称《通知》）。《通知》指出，各省级卫生健康行政部门要统一建立全省的互联网医疗服务平台和新型冠状病毒肺炎防控服务管理平台，或依托各省级卫生健康行政部门官方网站等公开规范渠道，集中整合发布已经注册审批的互联网医院、互联网诊疗平台，便于群众及时获取相关诊疗服务信息。一些新的科技医疗服务在对抗新冠肺炎疫情中已经发挥了重要作用：一是远程会诊平台与线上问诊，开启互联网医疗新纪元；二是网格化筛查应对疫情，加速分级诊疗制度推行；三是第三方检验检测云服务，以血液、基因、影像为代表的检测服务可能更加轻量化和下沉，配以云诊断和 AI 智能读片，医疗云和智能服务有望加速发展；四是大数据和人工智能技术辅助医药研发和医疗诊断。

第二，机器人智能服务。服务型机器人的发展，在一段时间内一直处于不温不火的阶段，多数产品形大于实，功能单一，使用体验不佳，产品缺乏应用场景，市场需求未到，真实需求未能被激发。而在此次新冠肺炎疫情期间，服务人力的缺乏以及对无接触安全的迫切需求，都为机器人服务创造了绝佳的需求时机。如果在这一时期，机器人厂商能够快速响应需求，满足并培养用户使用习惯，提供流畅、极致的体验，那这可能会带来国内服务机器人产业发展的拐点。在虚拟端，利用智能客服完成海量电话寻访在此次新冠肺炎疫情管控期间也发挥了重要作用，依托 AI 语音、NLP（自然语言处理）等技术，越来越智能的客服电话在未来更多的场景将展现实用价值。

第三，多模态智能识别。在新冠肺炎疫情影响下，人力提供的服务和监管都将进一步受到挑战，需要加大利用人工智能手段实现智能化服务和管理，将进一步加快促进中国人工智能领域人脸识别、生物识别等多种智能技术的产品化和融合发展。如为了做好返程高峰及重点区域疫情防控，人工智能企业旷视科技研发出一套“发热及潜在被感染对象识别、追踪与分析系统”，命名为“明骥”，部署于北京地铁、海淀政务大厅等，应对返程高峰及重点区域疫情防控。

第四，自动化物流网络。在新冠肺炎疫情非常时期，医用物资、生活用品等方方面面的货物运输、资源调度、物流快递成为对抗疫情的重要基础，更加精准、高效、安全地完成物流是对我国物流体系的一次重大考验。基于大数据的物流调度、智能仓储、物流运输机器人和无人车、最后一公里无人快递等自动化物流网络。物流的智能化科技将加速发展，构建大数据 + 无人运输机器 + 快递柜 + 配送人员共同组成的未来高效物流网络。如京东物流的无人机、机器人配送，自新冠肺炎疫情暴发后，京东物流自主研发的智能配送机器人在武汉完成了智能配送的第一单，从京东物流仁和站出发，穿过建设二路路口，顺利将医疗物资送到了武汉第九医院。

第五，企业云办公。新冠肺炎疫情防控期间，全国至少一半以上的企业都在采用远程办公、在线办公的方式工作，一时间企业云服务软件、工具、平台成了全国企业的刚需，创造了巨大市场，相信这种办公模式并不会伴随疫情结束而消失，未来将成为人们工作的一种新方式，对企业组织形态、运行模式都将产生深远的影响。

第六，“无接触”新零售。新冠肺炎疫情防控对人们的出行、接触、聚集都提出了最严格的限制，对人们温饱饮食这一基本民生问题带来了新的挑战，如何通过不出门、少接触购买到物美价廉的食品成为最基本需求。电商在这一时期发挥了极其重要的作用，给新冠肺炎疫情防控期间的人民生活带来了极大方便，这也是我国特有的优势。这一特殊时期，也促进了中国的新零售在电商基础上得到了新的发展，包括社区为单位的团购、实现线上购物全品类拓展，尤其是买菜买水果的生鲜电商和外卖平台、传统超市的线上化和无人化等，为新零售新业态发展注入了新的商机。

第七，互联网教育。为了保障公共安全，全国高等学校、中小学都暂缓了开学，所有教育培训机构也暂停线下授课。线下教育遇到了客观难题，教育不能停，线上教育企业纷纷大显身手。一方面，企业在此时提供的平台服务、免费资源，解决了线下教育问题；另一方面，这也是精准获客、抢占市场的大好时机。新冠肺炎疫情期间，互联网教育软件应该是全国众多大、中、小学生普遍下载、登录的产品，在疫情过去后，必然有一批企业凭借好的产品、服务、资源留住用户，出现新的增长点。

第八，智慧城市。后疫情时代，超大城市的运行和社会的现代化治理问题再一次摆在我们面前。不论是在疫情发生前做好食品安全监管、市场监督、城市规划，疫情发生后做好城市管理、人员跟踪、信息公开，还是“封城”后，做好应急灾备、交通运行、社区管理等。智慧城市在其中如何发挥作用，大数据、区块链、互联网、人工智能如何合理应用，还有很大的探索空间。

第九，数字娱乐生活。新冠肺炎疫情期间，“宅”成为全国人民的主流生活方式，所有外出活动都被限制，走亲访友、娱乐消费、商家营销的渠道被迫锁定在家内，短视频、直播的平台流量在这一期间得到了更大的集聚和释放，以线上社交、粉丝经济为基础的消费模式、网红文化会达到新的高潮，而伴随线下电影市场在新冠肺炎疫情面前的全面崩溃，内容创作及分发渠道也将有望迎来新的突破。游戏也成为这段时间里的生活“必需品”，在新冠肺炎疫情这一特殊时期过后，电竞、棋牌、手游等领域可能回归正常增长，而多人游戏、VR 游戏、健身类游戏等新的数字娱乐模式和生活模式，将可能通过此次“宅生活”实现初始用户积累，抓住机会开展产品推广和生态建设，从而迎来爆发式增长。

构建高精尖经济结构的步伐不断加快

问：目前，北京市朝阳区在数字经济、生命健康等未来产业领域取得了哪些成绩？

暴剑：近年来，我们朝阳区按照北京市加快建设全国科技创新中心的战略部署，立足区域基础优势，对标国际先进地区，充分发挥中关村朝阳园的主要载体作用，进一步完善科技创新体系，构建高精尖经济结构的步伐不断加快。

在工业互联网领域，朝阳区聚集了西门子、ABB、施耐德、东方国信、京东方、映翰通等为代表的国内外领军型企业。2019 年，中国工业互联网研究院落户朝阳，并成功获评国家工业互联网示范基地。目前，已开展了一系列重大项目建设，其中国家工业互联网测试中心已基本建成，该中心系统总结了近年来我国工业互联网发展的最新成果，展示了工业互联网网络、平台、安全各方面取得的显著成效，不仅可作为工业互联网创新发展成果的展示平台，也是推进一二三产业融通发展的合作平台、创新人才的培训平台。此外，工业互联网重要资源测绘与安全分析平台项目预计 2021 年 6 月建成，中国工业互联网研究院的能源工业互联网赋能与公共服务平台建设项目预计 2022 年 6 月建成，这些专项项目按照进度安排有序推进，预计将在未来 1 至 2 年内落地。

在 5G 领域，朝阳区拥有鼎桥通信、兆维电子等 5G 领域内资龙头企业，中普达、信游星空、盛和信、伟利讯等上市公司，以及三星、爱立信、是德科技等外资企业及其研发平台投资落户，5G 产业收入规模达到 300 亿元人民币。主要分布在下游终端设备和应用场景上，代表企业有三星中国、富士通、爱立信、中普达、升哲科技等，未来还将进一步应用到车联网、自动驾驶、高清视频、远程医疗、VR/AR 等领域，发展前景巨大。2020 年，朝阳区启动了新基建三年行动计划，实现 CBD 核心区等重点区域 5G 网络全覆盖。到 2022 年区内将建成 5G 基站 3000 个以上，5G 基础网络建设累计投资约 20 亿元人民币，实现五环路内 5G 信号连续覆盖，五环路外重点地区和场景精准覆盖。5G 基站建设从扩大覆盖广度向增强覆盖深度转型，实现长安街延长线、CBD核心区、奥林匹克公园等重点区域和典型应用场景专项覆盖，形成网络信号优、覆盖区域广、应用落地快的高品质5G网络；同时打造5G前沿技术与人工智能、物联网、区块链等技术在朝阳区的融合发展，推动5G技术应用创新，加紧完成一批具有国际先进水平的5G创新应用软件产品、综合服务和技术融合解决方案。

在人工智能领域，北京市人工智能企业数量位居全国榜首，从类型来看，覆盖了上游硬件制造、软件技术研发、通用平台支持、终端产业应用等各个产业链环节。朝阳区依托服务业发展优势，在人工智能产业融合应用方面有较好的发展基础。2018年，全区有人工智能产业规模以上企业473家，年营业收入突破1000亿元人民币，朝阳区已聚集阿里软件、奇元科技等多家知名企业落户，培育了一批以影谱科技、时代凌宇、格灵深瞳、极智嘉、三角兽、物灵科技、以萨技术等为代表的中小型人工智能领域创新型高成长企业。从应用场景上看，在智能驾驶、服务机器人、智能医疗、智能家居、电商、安防、营销及金融等行业均有分布。

在大数据和云计算领域，北京市在全国处于领先水平，企业数量上占据全国领先地位，朝阳区大数据和云计算领域企业现有573家，目前已聚集柏睿数据、人大金仓等为代表的大数据产业基础设施建设和服务企业，以东方国信、世纪互联等上市公司为代表的大数据采集和分析企业，以及以电子商务龙头企业美团旗下的三快云计算（美团云）、青云科技（Qing Cloud）为代表的云计算企业。大数据和云计算产业总收入达到400亿元人民币，其中在云计算IaaS（基础设施即服务）和PaaS（平台即服务）服务模式中，区内的传富云宇（阿里云）占据了超过45%的市场份额。

在生命健康领域，朝阳区现拥有医药健康企业156家，年营业收入393.2亿元人民币，同比增长7.61%。药品制造领域，集聚一批国际领军企业与本土化龙头企业，包括默沙东、华润双鹤、华润紫竹、华润赛科等，其中浦润奥生物致力于高端创新抗肿瘤药物的研发。医疗器械制造领域，集聚一批包括万东医疗、爱科凯能、铭达医疗等创新型企业，其中万东医疗聚焦数字化影像设备，2018 年 DR（数字化成像）产品销售数量处于国内市场第一，MRI（磁共振成像）产品销售数量处于国内市场第二；极限人工智能对标达芬奇手术机器人，是国内手术机器人领军企业。医药健康产业的下游为医疗服务和药店，朝阳区在医疗服务领域既包括综合医疗服务如安贞医院、中日友好医院，也包括专科医疗服务如和美医疗、美中妇儿医院等；药店领域包括康德乐大药房等“实体 + 互联网”药店以及“送药 360”等网上送药平台。医疗信息化方面，涌现了阿里健康、新氧科技等新兴智慧医疗业态，青梧桐利用基因组学、蛋白组学、宏基因组学等生物标志物检测技术，以及 AI 人工智能大数据分析技术，开发糖尿病精准医疗检测产品和慢病管理服务。该行业众多企业和单位在多领域、全周期的蓬勃发展，推动朝阳区以至北京市医药健康产业新业态的持续发展与不断突破。

发展未来产业，具备三大优势

问：朝阳区发展未来产业有什么基础优势？

暴剑：朝阳区是首都功能的重要承载区和国际交往的重要窗口，是北京市的经济强区，数字经济增加值占 GDP 比重超过 50%。朝阳区国际化资源丰富、市场化要素齐备、商务配套成熟、科技创新土壤深厚，具备未来产业发展的产业基础优势、创新服务优势、产业载体优势。

国际化创新资源聚集。朝阳区拥有使馆区和首都机场，凭借独特的区位优势，国际创新资源高度聚集。区内汇聚了国际研发机构 220 家，占全市比重超过 1/3；拥有国际科技合作基地 60 家，占全市总量的 15%；吸引了爱立信、特斯拉、奔驰等一批世界 500 强企业研发中心入驻。同时，朝阳区国际商务配套资源丰富，区内聚集了金融机构 1635 家，占全市比重超 1/4，其中外资金融机构数量占全市 60%；汇聚了波士顿、埃森哲等世界知名咨询公司，德勤、普华永道等国际会计师事务所，标普、惠誉、穆迪等国际三大评级机构，世界十大律师事务所，以及近 40 家百强品牌人力资源服务机构，为科技创新提供了良好的国际化商务环境。

数字产业发展基础深厚。阿里巴巴、360、东方国信、超图软件等一批数字产业龙头企业集聚发展。全区国家高新技术企业3985家，占全市14%；“独角兽”企业23家，占全市近1/3；区块链企业149家，占全市31%。同时，区域业态多元、资源丰富的优势，也造就了在线教育、生活服务、共享办公等领域一大批数字经济创新业态。

创新服务环境持续优化。目前，朝阳区有各类孵化机构115家，在孵企业数量6000余家。朝阳区是“国家知识产权示范城区”和“国家级文化与科技融合示范基地”，正在打造“中关村朝阳国际创投集聚区”和“国际研发创新集聚区”，形成了高品质的科技商务、科技金融服务环境。

特色产业载体优势明显。中关村朝阳园北区将打造成为数字经济核心区；CBD功能区将依托国际商务优势，成为全球化数字商务发展高地；奥运功能区作为亚投行承载地，重点发展国际化的数字金融产业；国家文创实验区将重点建设成为数字文化产业集聚区；金盏国际合作服务区将布局构建数字服务贸易产业生态圈。

新基建发展优势逐步释放。朝阳区依托区内优势企业和场景资源，围绕5G、算力、创新平台等领域，加快重点项目落地，积极争取北京人工智能超算中心落地，已建设5G基站3521个，数量名列全市第一，2022年将实现五环路内5G信号连续覆盖，五环路外重点地区和场景精准覆盖。加快布局“城市大脑”智慧平台，搭建全平台统一信息资源数据库，构建完善的新型基础设施体系。

特别是2019年，中国工业互联网研究院和鲲鹏联合创新中心等两个功能型项目先后落户朝阳，为朝阳发展未来产业夯实了基础。

高端产业引领发展

问：中关村朝阳园作为朝阳科技创新的示范引领区，近年来呈现出什么发展特点？

暴剑：中关村朝阳园是中关村国家自主创新示范区的重要组成部分，在中关村管委会对分园创新发展情况的考核评价中，朝阳园连续两年均位居中关村各分园第二，其中创新绩效位居各分园第一。目前，园区总体发展情况呈现以下特点：

一是综合实力明显增强。经济总量实现较快增长。仅 2020 年上半年，中关村朝阳园高新技术企业实现总收入 3438.7 亿元，居各园区第二位，同比增长 17.8%，增速较一季度提高 14.3 个百分点；出口总额 108 亿元，同比增长 12.4%；利润总额 292.5 亿元，同比增长 37.1%，增速较一季度提高 30.4 个百分点；从业人员 241734 人，同比增长 13.6%。创新能力取得较大突破。园区有国家重点实验室 16 家、国家级孵化器 5 家、科技部备案的众创空间 7 家。与中关村管委会合作共建的“中关村朝阳国际创投集聚区”已有 13 家企业签署入驻协议，其中包括 3 家创投机构、8 个创投项目及 3 家专业服务机构。此外，共有 40 家企业正式落户集聚区，不断提升朝阳区的科技创新能力。

二是产业结构持续优化。高端产业引领发展。四大重点领域总收入占园区收入的 3/4，阿里巴巴、360、青云、影谱、三角兽等企业加速聚集、蓬勃发展，产业互联网生态体系初步形成。“新基建”发展基础良好。2019 年，区政府与中国铁塔签署战略合作协议，提出推进朝阳园等重点地区通信基础设施规划建设，同时园区汇集了鼎桥通信、京东方、时代凌宇、映翰通等行业领军企业，已成为“新基建”场景落地的重要载体。科技服务支撑能力明显增强。中国寰球工程等工程设计服务领域领军企业，研发资源与技术优势向外辐射，带动科技创新研发服务业蓬勃发展，创业黑马、创业邦等“双创”服务平台快速成长，创新资源供给与科技需求对接效率大幅提升。

三是创新资源加速汇集。国际研发机构不断集聚。默沙东研发、阿里巴巴达摩院、大疆创新北京研发中心等国内外知名总部型研发机构落户，雀巢研发、科文斯医药研发等重大项目入驻，“国际化 + 创新化”特征显著。创新研发能力稳步增强。2020 年 1–6 月，园区企业研发经费投入 165.1 亿元，同比增长 44.3%，增幅居各分园首位；专利申请

6186件，占中关村的17%；技术合同成交额296.3亿元，同比增长39.7%，占中关村的38.3%。高端人才持续集聚。园区有院士74人、国家千人计划12人、海聚工程19人，博士后工作站7家，累计吸引留学归国人员近5000人。创新创业氛围日益浓厚。“未来论坛”、中国工业互联网研究院、鲲鹏联合创新中心落户，尖端智力资源在朝阳园加速整合集聚。

打造“国际科技研发集聚区”

问：中关村朝阳园将如何更好地承载未来产业的发展？

暴剑：朝阳园在发展未来产业方面具有较好基础和独特优势，“十四五”时期，将按照全市总体安排和中关村示范区发展规划，中关村朝阳园在总体目标上，将布局打造“国际科技研发集聚区”。

在发展布局上，打造以朝阳园为核心的“金十字”（横向由望京至京藏高速，纵向由酒仙桥、将台至十八里店、小红门）。

在规划建设上，以国际一流标准加快推进朝阳园北区开发建设，使之成为带动园区经济结构调整和经济增长方式转变的强大引擎，以“三国际一未来”项目为空间抓手，探索开展国际人才社区建设模式，打造“类海外”国际高端人才生活工作环境。

在产业发展上，以新一代信息技术为核心引擎，以人工智能、集成电路、医药健康为培育重点，以软件和信息服务业、科技服务业为主要支撑，完善数字经济产业链条，进一步促进产业融合创新，构建高精尖产业集聚发展格局。

在创新引领上，强化特色产业园区及载体配套建设，打造良好创业环境，形成产业整体竞争优势。

在招商引资上，加大5G关联项目、大数据、人工智能、工业互联网等“新基建”项目的招引力度。

在完善服务上，加强沟通联系和规范力度，发展符合园区产业功能定位的总部经济和楼宇经济，通过创新资源对接、精准政策服务、产业用地支持、应用场景匹配、科技金融服务等措施，加大高成长企业培育力度，形成经济增长新动能。

在北京率先发布新基建、新场景、新消费、新服务三年行动方案

问：朝阳区将如何通过打造数字经济示范区，来更好地布局未来产业？

暴剑：新冠肺炎疫情期间，新业态、新模式、新产品、新技术支撑了全民生活的正常运转及复工复产的有序开展，产业迭代加速升级，赋能应用场景持续拓展，数字经济成为不可阻挡的时代潮流和发展趋势。2020年9月4日，国家主席习近平在全球服务贸易峰会的致辞中指出，将支持北京设立以科技创新、服务业开放、数字经济为主要特征的自由贸易试验区，构建京津冀协同发展的高水平开放平台，带动形成更高层次改革开放新格局。[①] 在2020年的政府工作报告中，也提到要“打造数字经济新优势”，充分说明数字经济已经成为推动经济发展的关键力量。

北京市以数字化赋能经济发展为引领，出台“五新”政策，形成推动全市经济高质量发展的重要抓手。朝阳区加快落实“五新”政策的工作部署，围绕新基建、新场景、新消费、新开放、新服务等五个方面研究制定了相关政策措施，目前新基建、新场景、新消费、新服务三年行动方案已在全市率先发布。与此同时，为顺应数字经济发展趋势，结合朝阳区现有优势和特点，率先研究出台《朝阳区打造数字经济示范区实施方案》，作为下一阶段推动经济高质量发展的重要抓手。

数字经济示范区将聚焦“三大特色”、实现“三个示范”

问：数字经济示范区，怎么个示范法？

暴剑：朝阳区建设数字经济示范区将聚焦“三大特色”、实现“三

---

① 参见《习近平在2020年中国国际服务贸易交易会全球服务贸易峰会上的致辞》，《人民日报》2020年9月5日。

个示范”。

“三大特色”指的是以新型数字总部企业为引领，在中关村朝阳园北区打造数字经济核心区，推动形成“国际化数字总部企业集群”；以赋能传统产业升级为重点，加快推动朝阳区批零、商务、金融、文化、科技等现有优势产业实现数字化转型，全力构筑数字产业新生态；以新型数字生活服务为纽带，加快发展数字消费业态、打造国际化数字消费商圈、做实数字生活服务，全面提升百姓对数字经济的获得感。

“三个示范”是指“规则示范”“安全示范”“信用示范”，在规则示范上，朝阳区将大力支持各类主体参与制定数字经济领域的国际标准，加快形成与数字经济发展需求相适应、相匹配的国际化制度环境；在安全示范上，将紧密依托鲲鹏安全自主可控数字底座、360安全大脑等数字经济支撑型系统，打造数字经济的网络安全产业生态；在信用示范上，将加快建设公共信用信息平台，建成全归集、全覆盖的信用信息数据库，促进信用数据整合共享，推动建立跨领域、跨行业的数字化信用监管体系。

中国正处于数字经济将要发挥关键性作用的阶段

问：如何认识新基建对朝阳区未来产业发展的作用？

暴剑：中国正处于数字经济将要发挥关键性作用的阶段，现代化的产业结构离不开高效的信息化基础设施建设。新型基础设施建设不仅可以有效提升数字经济基础设施建设水平，提高信息化效率，同时为其他产业转型升级、迭代创新创造条件。2020年7月，朝阳区出台了《朝阳区加快新型基础设施建设行动方案（2020—2022年）》，强化以5G、人工智能、工业互联网、区块链等为代表的新型基础设施建设力度，推动新型基础设施建设和产业融合创新发展。朝阳区新基建发展将在六大领域持续发力。

一是建设扎实稳固的新型网络基础设施，协同推进社会公共设施资源向5G网络建设开放，加快工业互联网大数据中心建设。

二是建设先进引领的数据智能基础设施，落实大数据行动计划，搭建新型数据中心，构建区块链服务平台。

三是建设共享开放的生态系统基础设施，依托“鲲鹏联合创新中心”等重大项目技术优势，建设开放、开源的应用生态。

四是建设创新活跃的科创平台基础设施，搭建科技成果转化平台，支撑推动新型基础设施相关产业科技成果转化落地。

五是建设融合发展的智慧应用基础设施，搭建“城市大脑”智慧平台，提升智慧城市管理能力和智慧政务服务能力，以数字赋能传统产业和传统基础设施升级。

六是建设坚实完备的安全基础设施，聚焦朝阳区新型基础设施建设各细分领域、细分环节，构筑网络安全设施体系。着力构建网络基础完备、数据智能融合、产业生态优越、平台创新活跃、智慧应用丰富、安全可信可控、具有国际一流水平和朝阳特色的新型基础设施体系，力争到2022年基本建成。推动人工智能、大数据、云计算、工业互联网、区块链等领域前沿创新技术的科技成果落地与产业深度融合应用，推动传统行业网络化、数字化、智能化改造，精细化建设“城市大脑”智慧平台，让新型基础设施充分赋能数字朝阳、科技朝阳的建设，全面提升朝阳区经济发展质量，催生科技创新活力，提高公共服务水平，升级社会治理能力。

未来产业发展产业场景化、场景融合化趋势显著

问：朝阳区如何通过打造新场景优化布局未来产业？

暴剑：新场景是改变世界的新技术的新用法，在创造新供给、激发新需求、培育新动能方面优势显著，在新一轮信息技术变革背景下，朝阳区未来产业发展产业场景化、场景融合化趋势显著。近年来，新场景建设对朝阳区数字经济发展的支撑能力持续增强，朝阳区在充分调研、广泛征集全区各级单位意见的基础上，发布《朝阳区加快新场景建设行动方案（2020—2022年）》，聚焦产业发展，立足推动5G、人工智能、大数据、区块链等创新技术与城市管理、政务服务、智慧交通、线上教育、健康医疗、智慧人居等领域深度融合，构建数字经

济新生态、新根基。全力推动 CBD 智慧城市、智慧冬奥、“雪亮工程”三期、CBD 及望京交通综合治理等项目建设，打造数字消费商圈。同时，朝阳区加快产业数字化转型步伐，加大金融、文化、科技服务等产业领域应用场景开放力度，助推平台经济、共享经济、在线经济等新兴服务经济发展，提升数字化消费场景，激发数字消费潜力。力求到 2022 年，建设一批特色场景应用新示范，培育一批服务场景数字产业新生态，形成一批场景发展聚集推进新模式。

抓紧布局未来产业的三点建议

问：可否对抓紧布局未来产业，提出一些政策性建议？

暴剑：有三点建议：一是推动未来产业场景向社会深度开放。坚持“政府搭台、企业出题、企业答题”，在医疗、教育、交通、文化、金融等重点领域，大力构建与未来经济社会发展高度契合的多元应用场景，积极探索众筹、定制服务、新零售、“O2O+ 社区”等新模式，进一步推动城市机会向社会开放。推动创新创业场景建设，创新要素要实现全要素、跨国界、线上线下供给。加快人力资本协同场景的建设，推动人力资本结构优化、人力资本精准匹配、人力资本的跨界融合。

二是培育未来产业领域的高成长企业。充分尊重企业家和创新型人才的社会贡献，培养一批具有诚信意识、全球眼光、“工匠精神”、创新能力和社会责任感的优秀企业家。实施高成长性企业培育和引进计划。建立新经济企业库，对瞪羚企业、潜在独角兽企业、行业隐形冠军企业进行支持，催生独角兽企业与行业领军企业；大力开展科技招商、平台招商与独角兽招商，引进一批领军型、平台型、创新型企业，支持全球知名企业设立企业总部与研发中心。

三是增强新经济制度与服务供给。创新监管方式，防止简单化“一刀切”式监管，探索构建先行政策的“沙盒”试验田，包容处于发展初期的新生业态。积极创建新制度，加强地方立法保障和制度政策创新，及时修改与新经济发展不相适应的制度规定，制定新经济领域的负面清单、权力清单、责任清单。运用新技术、新平台提升政府服务效率和水平，全面实现政务服务的网络化、虚拟化、信息化。

人类社会加速进入智能时代

问：能否结合朝阳区实践，结合习近平总书记提出的“抓紧布局”数字经济、生命健康、新材料等三大领域谈谈您的体会和思考？

暴剑：当前，以数字经济、生命健康、新材料等技术为主要突破口的新科技革命爆发在即，推动人类社会加速进入智能时代，并呈现出与以往工业技术革命显著不同的特征。

一是产业形态打破分解融合模块，走向跨界融合。产业跨界融通将推动“N+X”新业态持续涌现，以大数据、人工智能、物联网、生物与健康等为核心的新兴产业将在全球创新高地爆发。

二是新经济时代来临，新旧生产方式面临换场。**以往产业技术革命是生产方式决定生活方式，如今产业技术革命是生活方式决定生产方式，并最终实现生产方式与生活方式的贯通，硬科技、独角兽、场景成为新时代新生产的主题词。**

三是人类社会发展范式迎来全面质变，全球开源生态将成为未来社会发展的最高范式。创意创新替代资本、劳动力、土地等传统要素成为经济发展的主要驱动力，创意生产、知识创造、技术创新的基本逻辑发生转变，新经济生态体系的构建成为重中之重。

伴随着知识经济、信息经济、网络经济、社交经济、体验经济、平台经济、数字经济、智能经济、分享经济、生态经济等经济形态、经济模式及产业业态的演进与交织，在技术和产业大发展、大变革的时代背景下，未来朝阳区发展的活力和竞争力将有赖于构建新经济的逻辑思维与架构。

以新赛道抢占发展先机。**当前，“颠覆性技术＋新市场需求”促使新兴产业不断涌现，区域之间、技术之间、产业领域之间相互渗透融合，以人工智能、物联网、大数据为代表的数字经济、智能经济是未来新经济主导。**经济发展更加关注生命健康、新能源等与人体健康、生态环境可持续相关的新兴产业领域。赛道成为从创业到产业的发展路径。朝阳区未来不仅需要关注人工智能垂直应用、IP 文创新体验、大数据行业新应用、大企业场景孵化等新赛道，还需要在互联网下半场，着力培育流量商务、智能制造、社群服务、智能终端、物联生态、垂直应用、场景体验、平台运营等创新前沿领域，加速培育形成世界级产业集群。

以新场景再造需求拉动。**场景具有改变世界、创意驱动、企业主导、产业共治的特征，是新技术的实验室**。朝阳区人口多、面积大，拥有近 40 万家市场主体，商务资源丰富、企业创新活跃，数字化应用的场景数量众多，特别是在传统产业赋能、打造数字新生活、转变政府治理方式等方面，可以提供充足的场景落地空间。重视城市场景清单发布，在城市管理、产业发展、民生保障、都市消费等领域“谋划一批、开放一批、建设一批、示范一批”，加快将潜在市场、潜在需求与数据算法、数字内容、服务体验、智能硬件等方面的结合，促进新企业、新技术、新服务、新产品推广应用，加快各个产业之间的跨界业态创新，进一步倒逼生活方式社交化、生产方式智能化、治理方式数字化。

以新经济生态塑造创新尖峰。突出朝阳区作为首都功能的重要承载区和国际交往的重要窗口功能，发挥国际化资源富集、市场化要素齐备、商务配套成熟、科技创新土壤深厚等优势，强化朝阳区包容的环境、开放的文化与完善的制度建设，打造全球生态要素汇集中心。稳步推进“三国际一未来”项目，吸引国际高端创新主体入驻，推动领军型人才、特异型人才、数字化人才加速汇聚，成为全球前沿科技创业热土、世界公民创业天堂。打造“国际创投集聚区”，推动基于责任理念的影响力投资体系成为社会共识，落户深耕一批具有影响力的投资机构，支撑朝阳区走向永续发展。

以新治理营造质优环境。适应新经济颠覆式创新、产业跨界发展、企业爆发式增长和改变世界的场景创新等特点，未来新经济治理将向包容审慎、敏捷灵活与生态共治的方向发展。多元共治塑造未来治理方式。新经济制度顺应产业跨界发展特点，强调多方参与、生态共治，探索构建由政府、产业界、科技界、专家和公众等多方参与共同治理新机制，“产业共治”“环境共治”将是未来治理主流方式，推动新经济市场主体从被管理、被服务的对象转变为自我管理、自我服务的主体。新技术全面赋能数字社会治理。**数字化技术将社会和个人高度解析至微粒化，精准预测、技术治理、包容创新、敏捷治理的数字社会微治理模式逐步形成，网络平台治理、大数据治理、人工智能治理、区块链治理等数字社会治理理念和方式将逐步完善。**

了解、监控和驾驭大量不断变化的趋势会给你带来巨大回报……只需要每天花一些时间跟踪不断变化的外部环境，我们就会得到截然不同的结果——要么驾驭趋势，要么被趋势吞噬。

——[美]理查德·多布斯、詹姆斯·马尼卡、华强森：《麦肯锡说，未来20年大机遇》

未来产业有四大特征

——与中关村管委会产业发展促进处处长张宇蕾面对面

张宇蕾，中关村科技园区管委会产业发展促进处处长、一级调研员。北京市三八红旗奖章获得者。

工作职责主要为研究和拟订中关村国家自主创新示范区产业规划和政策，并负责组织实施、督促落实发展园区高新技术企业的各项政策，促进重大科技成果产业化，扶持高新技术企业做强做大。先后负责研究制定《中关村国家自主创新示范区战略性新兴产业集群创新引领工程（2013—2015年）》、“十三五”中关村示范区产业发展规划，制定了大数据、人工智能、互联网跨界融合创新、智能机器人、虚拟现实、轨道交通等10余项产业政策或规划。

手记　站在中国高科技产业之“巅”感知“未来”

中关村或许就是眺望未来的前哨站。

当前，全球新一轮科技革命和产业革命进行得如火如荼，呈现多领域、跨学科、群体性突破新态势，云计算、大数据、物联网、人工智能、3D打印等技术广泛渗透于经济社会各领域，量子科学、基因编辑、航空航天、新材料、新能源等领域技术不断取得重大突破，新技术、新产品、新业态、新模式不断涌现，力度前所未有。

与此同时，新一轮经济增长周期的动力也正在加速更替、迭代、积聚。发达国家纷纷加强对未来产业领域的布局，国际竞争空前激烈。未来产业的发展俨然成为衡量一个国家、一个地区、一个城市科技创新和综合实力的重要标志。

中关村是我国创新发展的一面旗帜，形成于20世纪80年代初的“中关村电子一条街”，是中国第一个国家级高新技术产业开发区、第一个国家自主创新示范区、第一个国家级人才特区，堪称我国体制机制创新的试验田，被誉为“中国硅谷”。

站在这座中国高科技产业的“巅峰”，能眺望到远处地平线上的风帆吗？能感知到来自未来世界的脉动吗？

从2013年，习近平总书记对中关村寄予殷切期望，提出希望中关村“为在全国实施创新驱动发展战略更好发挥示范引领作用”[①]，到2020年，中关村国家自主创新示范区领导小组印发的《中关村国家自主创新示范区统筹发展规划(2020—2035年)》中提出“按照发挥优势、突出特色、聚焦重点的原则”，培育若干面向未来的战略性产业，中关村一直是我国创新发展的一面旗帜，肩负着科技改革和未来产业领域发展的使命。

---

① 《习近平：敏锐把握世界科技创新发展趋势 切实把创新驱动发展战略实施好》，《人民日报》2013年10月2日。

“中关村示范区要敏锐把握未来产业发展趋势，以全球视野前瞻布局原创性、颠覆性前沿技术研发，加快推动成果转化，全力构建基于新原理、新技术的产业链和价值链，不断催生新产业新业态，率先进入创新加速、智能提质、生态多元化的发展新阶段。”在中关村工作多年的张宇蕾这样说。

着眼于未来产业发展，中关村示范区正在大力培育发展以人机协作、深度学习、脑机接口等技术驱动的智能产业，以基因诊疗、再生医学、个体化治疗等前沿生命科学推动的生命健康产业，以及量子应用和民用空天产业，新型生物能源等未来能源产业。此外，数字经济、共享经济、智能经济、平台经济等未来产业发展新业态也在着力开拓中。

未来产业具有无限发展潜力，未来产业不可闭门造车，未来产业布局要立足大战略，新技术与经济社会加速融合……张宇蕾处长与我们面对面，讲述中关村科技园与未来产业发展的联系，讲述她眼中的那个“未来世界”……

发展未来产业：重举措、新动能、强支点

问：您如何看待习近平总书记提出的“未来产业”？为何总书记多次要求“抓紧布局”？

张宇蕾：我国经济发展已经由高速增长阶段转向高质量发展阶段。尤其，在中美经贸摩擦背景下，中美竞争的焦点在科技领域遇到的“卡脖子”的问题很多，比如，核心芯片、高端装备、底层算法、基础软件和设计工具等。所以，近年来我国面向“两个一百年”奋斗目标和我国经济社会发展特征，先后提出发展新一代人工智能、数字经济、新基础设施建设等战略规划和布局方向。

在我看来，发展未来产业是优化完善产业体系、促进经济提质增效的重要举措，是拓展产业发展新空间、培育经济发展新动能、支撑我国经济高质量发展的重要支点，是推动我国创新型经济发展、谋求竞争新

优势的重要战略方向。

未来产业具有无限发展潜力

问：您认为未来产业有哪些特征？

张宇蕾：我认为未来产业有四个特征。

第一，未来产业发展高度依赖基础理论研究和原始创新。习近平总书记在党的十九大报告中提出："瞄准世界科技前沿，强化基础研究，实现前瞻性基础研究、引领性原创成果重大突破。"①以原始创新导向的基础研究是经济高质量发展的重要基础和引擎。**基础研究向社会提供新知识、新原理、新方法，其效益不只限于某一领域的应用研究和产品开发，更重要的是能以不可预知的方式催生新产业，构建新的经济形态。**

第二，**未来产业往往是通过颠覆性技术创新从而引发新的产业变革。近年来，量子通信、自动驾驶、区块链、先进材料等一批颠覆性技术不断涌现，均不同程度地推动了新产业、新业态、新模式的迭代加速。往往越是颠覆性的技术创新，越能够引发新的产业变革。**

第三，未来产业的发展是通过带动一批企业、产业跨界整合，实现聚集式发展，重塑产业新生态。因此，行业与行业之间的边界将变得非常模糊，而且所有的行业都在发生改变，单一行业发生变革很少，除非发生决定性的技术变革，大规模的应用型变革是发生在行业与行业的边界之间。

第四，未来产业的发展是以新一代信息技术、新材料、新能源、生物技术等与工业技术交叉融合为驱动的，因此可以显著带动生产力发展、改善人们生活质量。**虽然目前未来产业尚处于孕育阶段，但它具有无限发展的潜力，是未来能够对经济社会发挥全局带动和重大引领作用的产业。**

---

① 《习近平在中国共产党第十九次全国代表大会上的报告》，《人民日报》2017年10月28日。

未来产业不可闭门造车

问：您认为未来我国在哪些领域可能诞生世界级领军企业？您看好哪些产业在未来的发展？

张宇蕾：我相信 5G、人工智能、轨道交通、医疗健康、金融科技等领域都可能诞生世界级领军企业。

对于哪些产业是我看好的“未来产业”这个问题，我认为所谓“未来产业”是一个关于未来发展方向的总体布局，不是单一的某一个企业、行业就能支撑起整个未来产业的发展，所以我们不能用“以偏概全”的眼光去看待未来产业的发展，一定要整体来看、系统把握。总体而言，**未来产业是关于一个企业、一个地区、一个国家乃至全球的发展、关于人类未来的整体产业思考与布局，闭门造车不行。**就我看好的未来产业而言，可以从三个方向来谈。

首先，从基础研究方向来看，**目前已有的人工智能、生命科学以及新材料、新能源领域的基础研究是我们需要大力发展、积极布局的。因为这些领域在切实地推进着生产力，是未来产业的基石。**除此之外，我们还要重点发展量子计算为代表的高性能计算科学、下一代集成电路、新型生物技术以及新能源等颠覆性技术创新，实现新突破。加强基础研究，推动颠覆性创新和交叉融合创新是未来产业发展的关键。

其次，从新兴产业方向来看，人工智能已经在近些年取得了长足进展，加之 2020 年新冠肺炎疫情施加的客观意义上的“推动力”，以人机协作、深度学习、脑机接口等技术驱动的智能产业，以及虚拟现实、脑控游戏、脑控机器人、医疗服务机器人等产品，都将不断地满足人们的生活娱乐需要。在医学领域，基因诊疗、再生医学等前沿生命科学也在强劲推动着生命健康产业发展，满足人们的健康生活需求。以新型清洁能源、光电子材料、石墨烯等推动的新型材料也是支撑未来产业的重要领域，没有新型材料，大部分的“未来产业”就仅仅是“纸上谈兵”。

最后，**从新经济业态方向来看，数字经济、共享经济、智能经济、**

平台经济等未来产业的发展新业态，以及以数字为基础的数字资产、数字交易等新业态都是需要大力加速培育的。加快形成一批垂直行业的产业大脑，以产业链和多维度产业大数据为核心，进行产业监测、研究分析以及趋势预测等，以数据具化产业画像，为政府、园区、企业、投资机构等提供产业洞察、辅助决策及资源对接等创新服务。

未来产业需要相互借力发展

问：在您看来，有哪些抓住未来产业而成就一个国家、一个企业的代表性案例？

张宇蕾：历史上，依照时间发展，代表着未来产业的领域大体经历了电力、汽车、芯片智能手机、AI 的时代。当然，它们并非割裂地依次发展，而是在某些时段重合、相互借力发展。在这里以电力为例，当电力在 19 世纪初期刚刚进入人类历史的时候，对当时的人们来说，电力就是“未来产业”——我们看到，那些率先在电力的发现、使用，以及电力设备、电信设备取得进展的地区和国家，如德国、英国、美国等国，纷纷引领着 20 世纪乃至 21 世纪的科学技术发展、引领着产业的发展，代表着当时最先进的生产力。提到汽车产业，福特、奔驰、法拉利、宝马等汽车品牌的名字时至今日都耳熟能详、分量十足，那些率先研发汽车的国家和地区，至今也都统领了世界汽车行业大半个世纪。

谈到企业的代表，以苹果公司为例，其推出的个人电脑改写了人们的办公习惯，提升了办公效率。2007 年，苹果公司推出 iPhone 智能手机，依托越来越成熟的数字化企业所开发的 App，用强大的端口服务于用户的工作、生活和通信，以划时代的革新方式改写了人类历史，也为人类未来展现了一张新的图景。

还有亚马逊公司，亚马逊的 AWS 云计算技术，全方位提供面向未来的服务，涵盖了弹性计算、大数据服务、物联网、人工智能、云解决方案。从虚拟世界开发到生命科学，再到以新消费为代表的数字营销，亚马逊公司由 1995 年创办之初的网络书籍销售商，到今天的人工智能领跑者，25 年间经历了重大的变化与转型。但仔细分析一下，亚马逊的转型又与其自身发展的特质以及人类的未来趋势息息相关，这是一部数据逐渐成为人类社会生产资料的变迁史，也意味着**人工智能如同电动汽车、宇宙探索一样，成了引领人类前进的一个强大动能。**

未来产业布局要立足大战略

问：您认为我国该如何形成未来产业的空间布局？中关村是如何在未来产业上布局的？

张宇蕾：我认为**我国未来产业的布局应突出“立足大战略、整合大空间、建立大体系”的理念。**

立足大战略，即服务国家创新驱动发展战略，服务京津冀协同发展、长三角一体化战略、粤港澳大湾区等战略需求，加强区域间创新协作与资源配置，带动我国自主创新能力整体升级。

整合大空间，即结合现阶段各类高新区、自贸区、开发区发展实际，在空间尺度上，当前重点聚集国内区域，在全国范围内实现各类生产、创新要素的循环交换与优化配置，未来发展中要力争在全球范围内配置要素资源，提升我国在全球生产与创新体系分工中的地位与竞争力。

建立大体系，需要依托中关村等国内顶尖高科技园区，强化技术联合攻关、产业链协作，加强园区之间、区域之间创新资源的整合，不断增强创新要素集聚、产业升级与高端化创新发展能力，推动产业基础高级化、产业链现代化。

在中关村未来产业布局方面，我们主要围绕落实“四个中心”战略定位及《北京城市总体规划（2016 年—2035 年）》，进一步聚集重点区域，整合发展组团，强化各分园统筹协同发展。其中，中知学（中关村大街、知春路、学院路）原始创新组团依托高校院所集聚的优势，聚焦人工智能、区块链、网络信息安全等领域；上地西三旗组团聚焦人工智能、大数据、云计算等领域；怀柔科学城组团聚焦科学仪器和传感器、高性能纳米材料、关键战略材料、研发服务等领域。

我们还优化了中关村示范区产业空间资源布局，搭建产业空间资源统筹平台，进一步盘活存量、做优增量、提高质量，精准对接企业空间需求，提升土地集中集约利用水平，促进各分园高质量发展。

还有一个，就是我们充分发挥京津冀高等院校和科研院所集中的优势，面向人工智能、量子科学等未来产业重点领域，协同争取国家重大科技项目布局，共同打造建设一批国家实验室、国家工程（技术）研究中心等，强化材料、工艺、零部件等多方面的协同研发能力，构建互利共赢的科技园区发展模式，对传统产业进行数字化、智能化、绿色化等升级改造，立足中关村优势产业集群配套需求，形成上下游联动、分工协同的新型产业布局。

最后一点，就是我们以全球视野推动国际化发展，紧密围绕“一带一路”等国家级顶层合作倡议和北京建设具有全球影响力的全国科技创新中心需求，加快高质量链接导入全球创新资源，吸引国际科技成果在中关村转移转化。推动高水平“出海”创新，支持龙头企业联合产业链上下游企业、高校院所、服务机构，聚焦落地国家或地区的主导产业，共同在海外布局建设跨国（境）创新中心、技术研发中心、产学研协同创新平台等。

对内循环赋能，加快形成国际经济大循环

问：构建国内国际双循环相互促进的新发展格局，将对未来产业的布局和发展产生哪些影响？

张宇蕾：习近平总书记指出：“面向未来，我们要把满足国内需求作为发展的出发点和落脚点，加快构建完整的内需体系，大力推进科技创新及其他各方面创新，加快推进数字经济、智能制造、生命健康、新材料等战略性新兴产业，形成更多新的增长点、增长极，着力打通生产、分配、流通、消费各个环节，逐步形成以国内大循环为主体、国内国际双循环相互促进的新发展格局，培育新形势下我国参与国际合作和竞争新优势。”[①]

① 《习近平在看望参加政协会议的经济界委员时强调：坚持用全面辩证长远眼光分析经济形势 努力在危机中育新机于变局中开新局》，《人民日报》2020 年 5 月 24 日。

构建完整的内需体系，需要牢牢抓住创新这个驱动发展的不竭动力，尽快打通支撑科技强国的全流程创新链条，以创新创业引领内循环；抢抓新一轮科技和产业革命新机遇，以新基建推动数字技术产业化、传统产业数字化，以数字经济赋能内循环。

所以我认为，**要坚持原始创新、基础创新、“无中生有”的科技创新，集中优势资源加大对基础研究投入，加强技术转化创新，面向企业和产业需求、组织和整合科技力量进行深度研发，通过将科学转化为技术、以中试验证和改进技术来为企业界提供先进的技术解决方案**。通过产业链水平整合、垂直整合，形成具有国际竞争力的产业集群。同时，要发挥资本市场的作用，以科创板为龙头激活全流程创新链条，加快推动全社会开展大规模科技创新活动，为未来产业创造良好的孕育环境。

以国内大循环为主体，科技创新与基础研究为两大能量，我们还需要以新基建作为支撑。**新基建是数字经济、智能经济、生命经济这些未来产业的技术支撑，其涉及的信息基础设施如5G网络投资、大数据、人工智能、物联网、云计算、区块链等本身将带来大量投资**。同时，通过数字技术产业化、传统产业数字化、研发创新规模化而产生不可估量的叠加效应、乘数效应，对内循环产生巨大的赋能作用。

从宏观层面，为了支撑起“未来产业”的总体布局和发展，我们要坚持进一步扩大开放，建设一批具有全球影响力的科技创新中心，吸引更多全球产业链相关企业落户中国，加入区域产业链集群，在全球产业竞争中力争抢占制高点，促进更合理地发挥市场对资源的优化配置作用，更好地形成全球各地、各国、各企业之间的分工配置，加快形成国际经济大循环。

新冠肺炎疫情的全球蔓延，对我们既是挑战，更是机遇

问：如何看待所在行业未来5至10年的发展趋势，您认为产业培育和发展有哪些重点领域和战略举措？您认为正在全球蔓延的新冠肺炎疫情是否会对此产生重大影响？新冠肺炎疫情可能会带来哪些趋势性变化？

张宇蕾：首先来谈一谈竞争最激烈的领域：先进制造业。当前，新一轮国际产业竞争和博弈的重点正日益聚焦在这个行业，**之所以称之为“先进制造业”，是因为“智能”正成为制造业的关键要素，以及制造大数据和平台成为高附加值增值服务的重要支撑**。机器人的研发、生产与应用水平代表了先进制造业的水平。现在，“机器人即服务”的理念迅速崛起，5G 和边缘计算等技术为智能工厂、供应链、智能终端等提供新的连接能力，加快推进制造业数字化、网络化、智能化。

新冠肺炎疫情从各方面深刻地改变了我们的世界。新冠肺炎疫情的全球蔓延，对智能制造产业发展带来的机遇大于挑战。首先，疫情防控对人力的限制，凸显了智能化技术的优势，加速传统制造企业的智能化进程，以协作机器人、物流机器人等为代表的智能装备产业迎来发展风口。其次，疫情防控工作的开展催生更多智能应用新需求，在线医疗、政府智慧管理等场景加速释放，为行业发展带来更多增长机会。

预计新冠肺炎疫情过后，智能制造产业发展增速将进一步加快，同时行业发展也将呈现出自动化、集成化、信息化、绿色化发展的趋势。自动化体现在装备能根据用户要求完成制造过程的自动化，并对制造对象和制造环境具有高度适应性，实现制造过程的优化；集成化体现在生产工艺技术、硬件、软件与应用技术的集成及设备的成套及纳米、新能源等跨学科高技术的集成，从而使设备不断升级；信息化体现在将传感技术、计算机技术、软件技术“嵌入”装备中，实现装备的性能提升和“智能”；绿色化主要体现在从设计、制造、包装、运输、使用到报废处理的全生命周期中，对环境负面影响极小，使企业经济效益和社会效益协调优化。

医药健康一直是最具发展潜力的朝阳产业，新冠肺炎疫情更是加速了医药健康产业的爆发，近几年随着一类原创新药的陆续获批，国家新药研发计划的陆续转化落地，信息技术、前沿材料和医药的融合，资本市场对医药健康的关注度持续上升，未来还将会迎来数十年的投资新高潮。这次新冠肺炎疫情，医药健康部分领域迎来重大发展机遇，如中医药研发及产业链、生物制药研发生态体系、医疗器械和诊断技术、基于

AI 和 5G 的医疗信息化技术等。

以新一代信息技术作为核心驱动力的数字经济，在未来将向智能经济过渡发展，并在更大范围内催生出新技术、新业态、新模式和新产业，促进传统的生产方式、生活方式、社会治理与服务方式全面向智能化方向转变。数据资源作为新一代生产要素，推动形成一批数据驱动型的巨头企业。同时，产业迭代不断加快，产业集群向产业生态转变，产业边界进一步被打破，产业价值链加速融合。平台化、生态化等新的企业生产组织方式不断兴起，垄断型平台与依托型群体的社会关系不断演化，形成新的组织关系。以 5G 、人工智能、物联网、云计算、边缘计算等为代表的新基建是数字转型、智能升级的核心动力。

在后疫情时代这样的大背景下，中关村将立足优势技术基础，围绕关键环节和核心技术，强化央企、国企、科研院所与中关村企业联动，打造协同创新平台和集成服务平台，推动人工智能、大数据、云计算、5G 等新一代信息技术与机器人技术的融合创新，培育发展新业态、新动能，不断完善产业配套体系，提升产业链控制力和竞争力。一是把握新经济、新业态的快速发展。以机器人为核心，重点关注云端机器人、机器人云端智能大脑等热点及医疗助老机器人、物流机器人等潜力领域。二是不断完善园区级产业生态。统筹“一区多园”空间资源，搭建多方参与、利益共享的成果转化平台、投融资服务平台，加速机器人技术的产业化落地，提高科技成果转化率。三是推动“卡脖子”技术联合突破。重点开展人机交互、柔顺控制、功能仿生、智能感知、系统集成与应用工艺等关键共性技术和前沿技术攻关，前瞻布局新一代机器人技术。四是着力实施行业示范应用及推广。深化京津冀产业配套和创新协同，实施一批效果突出、带动性强、关联度高的典型行业应用示范工程，如工业领域重点推进工业机器人与工业互联网融合发展，提升机器人设备之间的网络连接和数据互通能力。

我认为，新冠肺炎疫情的全球蔓延，对我们既是挑战，更是机遇。加上支撑数字经济的科技与运用快速融合，以数据为关键生产要素的数字经济迎来了新的发展契机，也对中国数字经济发展带来多个方面的深刻影响：第一，经济社会深度线上化成为新共识；第二，数字能力成为城市发展水平新衡量；第三，信息力成为企业转型和发展新关键；第四，数据成为城市治理能力的新核心；第五，无接触成为智能化应用新场景；第六，公民信息动态管理成为新命题；第七，灵活用工成为就业新模式；第八，制造业数字化急需新提速。

最后，我想预测一下未来的趋势。**新冠肺炎疫情常态化之后，未来经济发展将呈现加速发展的六大趋势：一是数字新基础设施将加速建设；二是传统产业将加速数字化转型；三是智慧城市建设模型将加速重构；四是新技术与经济社会将加速融合；五是城市治理模式将加速创新。六是创新创业将加速云端。**

未来产业发展潜力巨大

问：在您看来，战略性新兴产业和未来产业之间有哪些异同？

张宇蕾：我觉得两者的相同之处在于它们都代表着未来科技和产业发展的新方向。一是产品具有稳定且有发展前景的市场需求；二是有良好的经济技术效益；三是能带动一批产业的兴起。

而两者的区别在于，战略性新兴产业处于成长发展阶段，市场需求已经显现，技术发展已经成熟，而且具有一定的市场规模，发展的潜力是巨大的。**未来产业则尚处于孕育阶段，虽然关键核心技术发展方向明确，但技术体系还需要一段时间的培育发展。总的来说，未来发展潜力巨大。**

科技创新是治本之道

问：您认为新冠肺炎疫情后我国应如何聚焦未来产业发展，要进行哪些布局调整？

张宇蕾：在新冠肺炎疫情深度冲击全球经济的大背景下，我国唯有科技、唯有创新才是走出危机、赢得主动的治本之道。具体而言，我们要从五大方向着手发展。

一是要重视产业链安全。尤其是在中美贸易战背景下，一些关键核心技术遭遇美国封锁，关键核心技术受制于人的局面凸显，芯片、通信等关键产业安全遭遇威胁，不能完全全球化布局。所以我们应当重视关键核心技术的研发，加强在信息技术、生命科学、新材料、新能源等领域的基础研究和颠覆性技术创新，推动产生一批具有世界影响力的重大原创成果和关键核心技术突破。中关村近年来持续聚焦科学前沿、加强原始创新，于2018年11月印发了《中关村国家自主创新示范区关于支持颠覆性技术创新的指导意见》，支持自由探索的基础研究，推进颠覆性技术创新，培育和支持一批未来技术领域的新型研究机构。

二是要大力支持医药健康等战略性产业发展。一方面，新冠肺炎疫情加速了医疗器械与医疗服务领域内智能终端产品的快速发展，出现一批智能消毒、智能巡检、智能检测等新型医疗器械设备，对智能化无接触式的医药健康服务需求也将快速增长。另一方面，中美贸易战中，美国针对我国22项医疗器械类商品开始征收关税也说明美国旨在打压我国医疗器械产业的升级。因此，未来我国MRI、CT扫描仪、超声波仪器和膝盖植入物等多种我国重点扶持发展的高端医疗器械产业的发展或将受到制约。另外，中关村示范区也要发挥战略性新兴产业策源地作用，围绕医药健康关键核心技术和高端医疗设备加强支持和布局，引领医药健康等战略性新兴产业高质量发展。

三是要加快新型基础设施建设。2020年是中国新基建元年，特别是在国内国际双循环格局下，新基建作为引领经济转型升级的重要动力和新一代中国版信息高速公路的重要引擎，重要性不言而喻。新基建能够对数字经济发展起到很好的支撑作用，中关村是我国新一代信息技术发展高地，重点发挥科技和人才优势，围绕5G、工业互联网、人工智能基础设施、区块链服务平台等新型基础设施建设加强支持。此外，新冠肺炎疫情后中关村管委会为聚焦未来产业发展，出台《中关村国家自主创新示范区数字经济引领发展行动计划（2020—2022年）》，作为未来三年工作的主要抓手，将进一步发挥中关村技术优势服务国家新型基础设施建设战略布局，加强政府采购促进和应用示范项目建设，鼓励中关村企业参与 5G 专网、卫星互联网、新型数据中心、柔性制造等项目的投资建设和运营。

四是要加强智慧化应急体系建设。在此次新冠肺炎疫情的应对中，一方面，我国应急管理体系的特色与优势得以凸显；另一方面，公共卫生应急管理体系要补短板、堵漏洞、强弱项，对推进我国应急管理体系与能力现代化提出了新的要求。下一步，中关村将加快推动智慧医院建设，围绕医院智能管理、医务人员智慧医疗、患者的智慧服务等需求，推动一批新兴解决方案应用落地，支持中关村企业联合医疗机构、高校院所以及上下游企业，建设智慧化医疗信息共享服务平台。针对互联网医疗领域，中关村将加强 5G、云计算、大数据、物联网、区块链、身份认证等前沿技术应用创新。推动医疗信息查询、电子健康档案、疾病风险评估、在线疾病咨询、电子处方、远程会诊和远程治疗等服务。支持中关村企业抓住网上医疗咨询向互联网医院升级的契机，把技术投入到从京津冀到全国的医院场景。

五是要加强数据信息安全技术与产业发展，提升现代化治理能力和水平。信息安全产业的发展受信息化建设进程的驱动，未来 5 年至 10 年，信息安全产业仍将保持持续增长。中关村将发挥信息安全技术优势，强化数据安全，提升数据治理能力，进一步推动治理能力现代化。下一步，中关村将加快发展信息安全技术，建设数字安全保障体系，支持企业围绕信息安全前沿技术开展研发创新活动；培育网络安全领域平台型、领军型企业，引导发挥信息安全行业领军作用，带动上下游中小企业共同发展；发挥相关社会组织平台枢纽作用，加强中央企业、高校院所等与中关村企业深度合作，提高中关村信息安全产业技术创新能力。

未来产业的发展：仍面临挑战与风险

问：您认为我国在把握未来产业发展机遇中还面临哪些挑战、障碍和风险？尤其是面临哪些来自外部的挑战和风险？

张宇蕾：总的来说，我国未来产业发展机遇与风险并存。

首先，我国未来产业的统筹推进有待加强。**未来产业涉及多个领域，涉及的产业链条更长、产业融合更深入，所以这就需要针对性地谋划统筹资源配置和管理机制，进一步分清政府与市场的界限，避免政府职能的“越位、缺位、错位”**。

其次，我国当前的技术创新体系建设中还有许多问题亟待解决，技术创新支撑体系也有很多需要完善的地方。比如，我国现有的技术创新载体众多，像相关部委下属有数量众多的各种平台，创新资源较为分散。

最后，全球地缘政治竞争的加剧，也为我国未来产业发展带来了巨大风险。当前，全球保护主义和民粹主义逆流涌动，大国博弈明显升温，首当其冲的经贸领域更是摩擦不断。伴随贸易战的升级，争端已经开始向知识产权、数字经济、国家安全等诸多领域延伸。全球产业链因此变得支离破碎，导致全球科技和创新合作进一步受阻。除此之外，作为智能经济的关键要素，数据在地缘政治和地缘经济竞争方面的相关性日益增强。国家之间广泛存在的数据壁垒，全球数据治理体系的缺乏，都将会阻碍数据的共享和开放，构成制约智能经济长远发展的诸多挑战。

关于未来产业发展的五点建议

问：您对我国更好应对中美博弈升级等外部挑战，发展数字和信息技术，有哪些意见建议？

张宇蕾：数字经济是以数据为关键生产要素的经济形态，信息技术应用是数字经济的主要特征。**发展数字经济和信息技术是新一轮科技革命和产业变革的大势所趋，也是推动我国经济高质量发展的主要途径。**对此，我有四点建议：

一是大力推进科技创新特别是颠覆性技术创新。**支持自由探索的基础研究，培育和支持一批未来技术领域的新型研究机构，形成一批突破性研究成果，加强新时代未来研究成果对科技战略的决策支撑作用。**同时，我们也要充分发挥市场机制作用，以需求为导向，鼓励企业成为技术方向选择、关键技术攻关、资源配置和推广应用的主体，行业主管部门从政策、规划、公共资源与服务等方面加强引导、协调和支持，充分做到“卡脖子”技术攻坚与换道超车并行。通过深度融合的联合创新，解决共性问题和技术短板，建立资源共享、优势互补、紧密协作、互利共赢的创新联合体，共同构建以“研—产—用”为主干的矩阵核，以研发为动力驱动产品升级、以需求为牵引促进技术创新，重构生态组织模式促进创新融通。

二是大力支持开展各类先行先试。如在北京、上海等地建设未来产业示范基地，支持更多有条件的省市开展示范、试验应用，加强传统产业与未来产业融合发展，在制造、金融等行业开展示范试点，通过示范试点全面推广应用以智能、协同为特征的先进技术。同时，加强跨部门、跨地区的试点协调，强化互联网、大数据、物联网、智慧城市和云计算等相关领域的协同。

三是加快探索人才交叉培养和产教融合新机制。结合实体经济发展需求，鼓励高校、职业院校和企业合作，加强职业技能人才实践培养，积极培育前沿技术和应用创新型人才的同时，鼓励高校、科研院所智能经济专家到企业从事科研和科技成果转化活动。此外还要依托社会化教育资源，开展未来产业知识普及和教育培训，提高社会整体认知和应用水平，将相关创新人才政策与市场相结合。

四是确保信息数据安全。数据是数字经济最重要的资产和生产要素，信息安全是数字经济健康长远发展的基石和保障。随着我国智能经济的逐渐发展与壮大，安全威胁、高危漏洞、网络攻击也在日益增多，基础设施面临着严重的威胁，金融、能源行业更是成了重灾区。我国未来产业在信息安全方面面临着严峻的挑战。

第二篇

超越历史的思考

——专家沉思录

网络及其所创造的一切，都深刻地证明了一个道理：网络就是未来。

——[德] 克里斯缇安 · 施瓦格尔：《未来生机：自然、科技与人类的模拟与共生》

未来产业已初见端倪

——与中科院科技战略咨询研究院院长潘教峰面对面

潘教峰，中国科学院科技战略咨询研究院院长，国务院研究室—中国科学院共建的中国创新战略和政策研究中心共同主任，中国发展战略学研究会理事长、中国科学技术法学会副会长、中国科技评估与成果管理研究会副理事长。长期从事科技战略规划、创新政策和智库理论方法研究，具备深厚的理论基础、宽广的战略视野。

主持过50余项国家级决策咨询、政策研究和战略研究课题，取得了一批有影响的决策咨询成果和理论成果。

1998年以来，全程参与中国科学院知识创新工程重要战略研究报告起草和规划、方案、重大改革措施的研究制定与推动实施。主持起草大量政策性文件、发展规划、研究报告，参与多份重要战略研究报告起草和政策法规研究制定，主持或参与制定并组织实施若干重要改革方案。

合作出版多本著述，如《科技革命与中国的现代化》《中国与美日德法英五国科技的比较研究》《国家科技竞争力研究报告》《智库DIIS理论方法》等。

手记　他，一直在“眺望”未来

作为中科院科技战略咨询研究院院长，潘教峰的一项主要工作，就是和团队成员以及科学家们一起“眺望”未来——自1998年以来，他参与了大量政策性文件、发展规划以及战略研究报告的起草和制定，发表了40余篇与科技创新相关的论文，更具体组织了中国至2050年重要领域科技发展路线图研究，几年前组织出版的“创新2050：科学技术与中国的未来”系列战略研究报告，还荣获了中国政府新闻出版领域最高奖——第三届中国出版政府图书奖。

今天的发展，为未来奠定基础；未来的图景，来自今天的谋划、孕育。

眼下，以绿色、智能、可持续为代表的新一轮科技革命呼之欲出，新技术革命的突破口愈加清晰，新的产业革命将会深刻改变产业的形态、生产方式，新科技革命正在推动形成人、机、物三元融合社会，科技创新驱动成为各国战略选择。

为了促进中国新一轮科技革命和产业变革，国家早在2009年就把战略性新兴产业列为新的发展重点，并于2010年出台了《国务院关于加快培育和发展战略性新兴产业的决定》，推动战略性新兴产业有序、快速、高效发展。

作为处于萌芽阶段的战略性新兴产业，未来产业在一定程度上代表着未来经济的发展方向。培育和发展未来产业是缓解全球经济发展下行压力的有效途径，也是加快产业转型升级、推动经济高质量发展的迫切需要。近些年来，以人工智能、5G、云计算为主导的第四次工业革命所带来的未来产业发展已初显端倪，正在迸发创新和创造的活力。

“作为重大科技创新产业化后形成的、代表未来科技和产业发展新方向的前瞻性新兴产业，未来产业与战略性新兴产业对经济社会有着支撑带动和引领作用。”潘教峰说，准确洞悉世界经济和科技发展的前沿动态，前瞻研究未来经济、科技和产业发展趋势，我们才能抓住未来产业培育和发展的机遇，通过主动作为和超前布局实现产业的转型升级和国民经济的高质量发展。

眺望未来，围绕未来产业，他提出了自己的一系列思考和憧憬：

未来产业的特点可以总结为“四新”，即依托新科技、扩展新空间、满足新需求、创造新载体；

未来产业正在蓬勃兴起，主要集中在信息技术、生物科技、高端制造三大领域；

在未来社会，智能家居将会大大普及，半自动或全自动商用飞机、公共汽车、出租车将为人们提供更安全的出行方式，在线课程、居家办公将越来越流行；

…… ……

未来产业以“四新”引领发展

问：您如何理解习近平总书记提出的“未来产业”？未来产业有哪些突出特点？

潘教峰：未来产业是以满足未来人类和社会发展中涌现的新需求为目标，以新兴技术创新为驱动力，旨在扩展人类认识空间、提升人类自身能力、推动社会可持续发展的产业。作为面向未来的新兴产业，未来产业在孵化自身细分产业的同时，还能为传统产业和战略性新兴产业提供新机遇，赋予新动能。

未来产业的特点可以总结为“四新”，即依托新科技、扩展新空间、满足新需求、创造新载体。

第一，未来产业的“诞生”依托新科技突破带来的应用，生物技术、能源技术以及人工智能技术的跨界融合发展都促进了新产业的衍生。

第二，**未来产业的发展为人类社会的进步拓展了新空间，无论是涉及深海、深空、深地开发的实体空间还是包含5G、大数据以及人工智能技术的虚拟空间，两类空间的扩展和利用不仅是对我们认知极限的新挑战，也是未来我国抢占国际竞争制高点的重要战略领域。**

第三，基于“技术突破＋愿景假设”的未来产业可以满足人类和社会发展的新需求，未来产业是连接技术与市场的潜在产业，是依托商业化应用场景中技术应用与市场需求而形成的，以文化创意旅游为例，虚拟现实技术与专业设备的结合，充分满足了人类身临其境的需求。

第四，未来产业利用新科技，引入新要素、开发新设计、加工新材料、创造新工艺、形成新组织，突破传统产业形态，为经济发展创造了新的载体形式，有力推动经济高质量发展。

未来产业正在三大领域蓬勃兴起

问：您认为有哪些未来产业正在蓬勃兴起？主要集中在哪些领域？在不同领域分别有哪些具体的应用场景？

潘教峰：未来产业主要集中在信息技术、生物科技、高端制造三大领域。就目前的情况看，新一代数字信息、虚拟现实、生物科技和人体增强、低轨太空等未来产业正在蓬勃兴起。

在信息技术领域，新一代信息通信技术、人工智能技术、光电子技术所孵化的5G/6G、大数据、人工智能等产业，极大影响着科技、军事和生活等所有方面。

在生物科技领域，基因编辑、合成生物学等科技的发展，能够为人类生产出所需的新产品、满足人类需求。如人体增强产业通过对生物科技的利用，为我们提供了突破生物极限的人体改造机会，同时也为提高人类的生产能力、推动健康的普及化提供支撑。

在高端制造领域，可回收火箭、小型运载火箭等产业广泛服务于面向深海、深地、深空等极限环境的制造产业，创造出了巨大的军事价值、经济价值和科技价值。

三大因素给我国未来产业带来新机遇

问：您认为我国目前发展的未来产业面临哪些机遇？前景如何？

潘教峰：未来产业是当今我国能够和国际创新保持同步的、为数不多的重大创新机会之一。所以不言而喻，我国的未来产业面临着很多新的机遇与美好的发展前景。

审视全球产业和技术发展现状，新兴中产阶级的兴起、颠覆性技术的出现以及后疫情时代的不确定性，给我国未来产业的发展带来新的机遇。

从需求创造的角度来看，全球中产阶层的崛起为未来产业带来了重大的发展机遇。根据美国陆军副助理部长办公室发布的报告来看，未来 15 年全球中产阶层的数量预计将从 18 亿人增加到近 50 亿人。随着收入的提高，世界人口将在新一代数字信息产业等未来产业提供的产品与服务中投入更多，这样将会进一步促进大范围的技术创新，如推动智能家居产品的升级换代以及推进可穿戴设备等低成本人类增强技术的发展。

从技术供给的角度来看，**颠覆性技术层出不穷，将有可能从根本上改变技术路径、产品形态以及产业模式，创造出新产品、新需求、新业态，推动产业生态和经济格局重大深刻调整**。比如，具有超强计算能力的量子计算机，彻底改变了计算的概念。经典计算机分解 300 位大数需 15 万年，量子计算机只需 1 秒。量子计算机一旦突破，将推动人工智能、大数据等多个未来产业实现飞跃性发展。

还有就是，2020 年新冠肺炎疫情的应对从客观上也为未来产业带来加速发展的新机遇。新冠肺炎疫情期间，云计算、大数据、人工智能等先进技术与产业的结合，催生了各大“云平台”的创新，实现了对政务、金融、工业、教育、医疗等领域的全面升级。未来产业对各行业带来的颠覆性改变，代表着智能社会、数字经济时代的快速发展趋势，新一代数字信息产业、虚拟现实产业等无接触的未来产业也将得到催化、强化并长期受益。

当然，我国布局发展的以 5G 网络、数据中心、云计算平台、工业互联网、融合和创新基础设施为代表的“新基建”以及相应的人才梯队，也都为我国培育未来产业提供了难得的重要机遇，描绘了美好的发展前景。

未来产业将深深影响“未来社会”

问：您认为未来产业将如何影响我们的工作与生活？

潘教峰：长远来看，未来产业将会深入到我们的个人生活和公共生活领域，使我们的工作与生活方式呈现出崭新的形式。

在这里，我举一些小例子，如在日常居家生活中，智能家居将会大大普及。制造商可以借助传感器远程了解机器运转状态、排除故障部件、远程安装升级、进一步分析消费者的潜在需求、塑造新的商业机会。消费者可以通过智能家居与 App 相连，实现随时随地自主控制家居电器，提高生活舒适度；可以借助可穿戴技术实时监测身体状况、预知疾患风险、维护健康；可以体验到更便捷、更贴心的网上购物。各类型机器人可以承揽从育儿到清扫的所有家务、陪伴人类、帮助人类沟通。

在日常出行时，自主运输技术的应用将会催生出半自动或全自动商用飞机、公共汽车、出租车，为我们提供更安全的出行方式的同时，减少拥堵和污染；开放共享调度数据有助于我们计划行程、了解交通拥堵和延误情况；自动驾驶系统和全方位、无死角的道路影像预警系统相结合，及时发现诸如“行人突然插入”等危险情况并做出反应，将道路交通事故率降到最低。

在教育领域，在线课程为基础教育、高等院校和培训机构提供了教学新途径，也为自适应数字教师提供了交付教学资料的新方式。学校越来越多地将平板电脑、增强现实、虚拟现实等技术整合到教学中，提升了学生的就读体验。

在工作领域，网络市场和协作工具的发展可以让我们选择居家办公、卫星办公室等工作方式，这些方式不仅能提高工作效率，还能降低出行时间、距离等工作成本，有助于建设低碳社会。此外，建筑物内的智能科技应用也会方便来访人员的管理，以及工作环境的控制与调节。

未来产业诞生之初就可能面临严峻挑战

问：我国的未来产业将会面临怎样的挑战？

潘教峰：新一轮的产业变革正在重塑全球经济结构，技术封锁和贸易保护主义对全球产业链构成严重威胁，因此，未来产业在诞生之初就可能面临严峻的挑战。近年来，我国的产业基础能力和产业链水平虽然有了很大提高，但在技术水平的先进性、性能的稳定性和可靠性等方面与世界先进水平仍存在差距。

未来产业行稳致远的关键

问：我国将如何提升产业高级化、产业链现代化水平，才能促进未来产业行稳致远？

潘教峰：2018 年，中央基于我国经济发展形势和发展阶段性特征作出的重要部署中，提出了“巩固、增强、提升、畅通”的方针，深化供给侧结构性改革，提升产业基础能力和产业链水平。产业基础能力强、产业链水平高，经济的韧性和活力就会更充足，因此，我觉得，高水平、现代化的产业链体系是未来产业行稳致远的关键。

实现产业高级化、产业链现代化水平，就需要提升“从零到一”的自主创新能力，快速形成从“基础研究 + 技术攻关 + 成果产业化 + 科技金融”的完整未来产业培育链，加快建设一批专业水平高、服务能力强、产业支撑力大的公共服务平台以及构建包括要素供给、制度环境、企业组织和需求条件等在内的完整产业生态系统。

未来产业将突破“需求引导新技术”的局限

问：如何理解“未来产业已成为经济发展新引擎”？

潘教峰：未来产业是缓解全球经济发展下行压力的有效途径，也是加快产业转型升级、推动经济高质量发展的迫切需要。因此我认为，可以通过创造新增量、带动新就业、挖掘新潜力，推动形成新一轮经济发展的新引擎。

首先，**未来产业的发展，将会突破“需求引导新技术”的局限，开启“技术引致新需求”的双向通道，成为下一步创新动能的新增量。**比如，以 5G、AR/VR、机器学习等新技术带来的超级视野，将帮助我们突破空间、表象、时间的局限，赋予人类新的能力。光子技术领域的“新增量”将引发下一轮技术的变革，成为通用技术，推动未来产业升级与可持续社会的发展。

其次，未来产业的发展可以带动新就业。随着制造业领域的技术革新和智能制造、工业互联网的发展，智能制造工程技术人员、工业互联网工程技术人员等新职业随之出现。这些新兴技术本身带来的新职业——“新领”，将和我们耳熟能详的“蓝领”“白领”一起组成职业队伍。

最后，未来产业的发展可以挖掘新潜力。**新一轮科技革命带动下的产业革命，需要在创造新增量的同时，通过准确洞悉世界经济和科技发展的前沿动态，前瞻研究未来经济、科技和产业发展趋势，抓住未来产业培育和发展的机遇，通过主动作为和超前布局，实现产业的转型升级和国民经济的高质量发展。**

未来产业将大有可为

问：未来产业将在我国经济发展中发挥怎样的作用？

潘教峰：我国经济发展目前正处于新旧动能转换的时期，需要科技创新和产业高端化来提升经济发展质量，未来产业的发展将大有可为。

首先，未来产业的发展将会惠及经济欠发达地区，通过“技术 + 场景 + 传统”的方式，改变我国现有区域经济发展不平衡的局面。

其次，未来产业中机器人的开发与设计，将有助于解决老龄化带来的劳动力减少问题，提升劳动生产率。

最后，未来产业的发展将通过优化迭代，加速中国制造升级，实现新旧动能转换，推动中国人民率先享受智能经济和智慧社会的福利，从而带动我国产业整体高质量发展。

未来的变革远超乎我们的想象，过去基本上是以知识驱动科技革命，我想未来的变革将不仅仅是以知识驱动，还要以智慧驱动，以数据驱动。

——阿里巴巴集团编：《马云：未来已来——阿里巴巴的商业逻辑和纵深布局》

未来产业一旦突破，将实现爆发式增长

——与北京市长城企业战略研究所所长王德禄面对面

王德禄，北京市长城企业战略研究所所长。担任北京市政府顾问，清华大学中国科学技术政策研究中心资深顾问研究员、中国商业联合会专家委员。区域创新、产业规划、企业战略、科技政策、知识管理领域专家。1982年毕业于中国石油大学物理系。1985—1992年，任《自然辩证法通讯》杂志社编辑；在中国科学院科技政策与管理科学研究所从事科学社会学、科技政策研究。1993年8月，创办北京市长城企业战略研究所并任所长。与人合著或编著有：《硅谷中关村人脉网络》《中国增长极——高新区产业组织创新》、“创新中国丛书”、《知识管理的IT实现——朴素的知识管理》《创业是中国的希望——我在中关村做新经济咨询》等书。

手记　创业者代表了未来产业的方向

作为数十年专注于研究科技创新、区域创新、创业企业等多领域的专家，王德禄几乎每次都有说不完的见解和令人耳目一新的视角。

无论是独角兽、平台经济，还是未来产业、科技创新，王德禄总能从全国、全球的视野出发侃侃而谈，提出的观点、给到的数据，往往给人以启发。

长城企业战略研究所地处中关村附近，但王德禄常年奔走于全国乃至全球各地做调研，在他看来，全球科技革命如火如荼，科技创新给经济社会、人类生活带来的变化日新月异，如果调研的脚步跟不上，就落后了。如果仅满足于国内调研而忽视全球市场和创新环境的研究，那也不能窥探全球科技变革的全貌，更不用说提出什么具有洞察力和前瞻性的研究成果和政策建议了。

作为观察者，他建议开展“未来学研究”，洞见前沿，培育中国自己的未来学家。

就如同他所看到的，作为全球创新高地之一的中关村已完全可以和美国硅谷比肩，无论是创新要素的聚集、创业企业的活力、创业者的创新力等都不再只是跟跑了。为此，他总是乐此不疲地提及这些，也在加紧自己调研的步伐。

创新的力量在于人。王德禄对“人”尤为关注。早在数年前，他就提出，在我国、在中关村，新时期的创业者对未来产业变革的洞见能力很强，且敢于引领产业变革，有伟大的使命感和改变世界的梦想。这些怀着对未来美好愿景而不懈往前走的创业者，代表了未来产业的方向。

未来产业是未来学的重要研究内容

问：如何看待习近平总书记提出的“未来产业”？为何总书记多次要求“抓紧布局”？

王德禄：我个人认为，未来产业的提出，是基于未来学，基于中华民族伟大复兴的中国梦即将实现等大背景大格局。

未来学对国家实现并保持领先性至关重要，未来产业是未来学的核心体现。未来学及未来研究是对未来世界的预判，**一个国家重视未来学研究，才能够准确预测未来生产生活和技术产业变革，才能掌握技术和产业发言权，取得引领地位。**

以美国为例，重视未来学研究且拥有大量优秀的未来学家，凯文·凯利、雷·库兹韦尔等最先洞察科技对人类生活与命运的影响，他们对未来的预测在很大程度上影响了美国科技创新的方向与科技战略的制定，对未来的预测与探索使美国在人工智能、深空探测等前沿科技领域保持洞见力，持续全球引领。

习近平总书记多次要求“抓紧布局”未来产业，主要基于我国科技创新进入“无人之境”以及 2030 年入列创新强国的迫切需求。

一是我国诸多科技创新领域进入“无人之境”，需加强未来研究与提前布局。**未来产业是未来学的重要研究内容，我国亟须开展未来学研究，洞见前沿，抢占战略制高点，这是实现中华民族伟大复兴的前提之一。**我国越来越多的科技创新达到世界领先水平，逐步进入“无人之境”，不似过去 40 多年处于技术追赶阶段，有标杆和样本可以参照，人工智能、区块链、信息技术等领域的一些细分技术已经处于全球前沿，中国进入无人引领而完全需要自己摸索前行、自行探路的阶段，尤其需要加强对于未来科技、产业的研究与谋划，以相对精准地判定未来技术、未来产业、未来社会经济形态。

二是率先洞见未来、率先布局，就能把握未来发展的主动权，因此要抓紧布局。**未来哪个国家掌握了极具影响力的未来技术、突破未来产业，那么就掌握了未来几十年的技术话语权和经济发展的主动权。**我国

2020年迈入创新型国家行列后，2030年建设世界创新强国的要求更高更迫切，要求抓紧布局未来产业，以技术引领坚持创新驱动，服务中华民族的伟大复兴。

未来产业有四方面主要特征

问：未来产业有哪些特征？

王德禄：未来产业具有四方面主要特征。

一是原创科技引领。有别于在既有技术路线下的模式创新，基于硬科技、深科技等技术牵引，突破原有范式，对经济社会发展以及生产生活有巨大的颠覆性、重构性。比如，量子通信将颠覆现有通信技术，未来量子计算机相比传统计算机在计算能力方面有指数级提升，这种强大的算力配合一定算法可以直接破解目前世界上通信系统中广泛使用的传统公钥算法。量子通信中，基于量子物理基本原理的量子密钥分发技术，可实现理论上的“绝对安全”。

二是生态属性较强。遵循突变、涌现等生长机制，硬科技、深科技一旦突破转化，未来产业将快速发展，在创业活跃、专业化服务有效供给、要素自由流动的良好生态中，相关新业态将加速涌现，快速形成产业集群。比如，量子计算实现突破，极有可能引发其他许多技术领域的关键技术的变革，如气候模拟、药物研究、材料科学以及最令人期待的密码学变革。在这些领域的未来产业，将会超越量子计算产业本身，重塑全新产业生态。

三是挑战现有规制。**未来产业在形成过程中会面临技术、市场、制度等多重阻碍和风险，能否最终形成成熟的产业形态仍然存在不确定性。**如利用合成生物学能制造出可以探测毒素、利用工业废料制造生物柴油以及通过共栖为人类寄主提供药物的生物，但基因编辑伦理学、政治管理、风险平衡等多重因素将使合成生物学产业化之路具有不确定性。当前对合成生物学的管理规章仍处起步阶段，很少有国家制定出关于合成有机体的研究和开发的现成法律。政府可能需要努力平衡合成生物学的社会和经济效益与环境和其他风险。

四是爆发式增长。**未来产业一旦突破和形成，往往会引发相关生产生活领域的根本性变革，带动产业各个环节，实现爆发式增长。**比如，网络安全全面赋能科学和技术，用户身份验证技术将使用生物识别、个人密钥生成器等其他技术，提供比现在的密码更强更简化的保护，并将搭建具有自配置、自治愈、自优化和自保护功能的弹性网络和网络黑客难以侵入的未来加密技术等。此外网络安全亦将进一步增强政府和企业的信心，全面保障金融、国防、个人隐私、国家安全等方面的安全，对社会经济国防及生产生活等带来深刻影响。

推动未来产业发展，需自上而下与自下而上相结合

问：战略性新兴产业和未来产业之间有哪些异同？

王德禄：未来产业与战略性新兴产业的相同之处，主要在于两者都对经济社会发展有巨大带动作用。不同之处在于两点。

一是本质属性不同。战略性新兴产业体现政府在一个阶段内对产业引导性的观念，未来产业是基于科学、技术发展的客观规律将形成爆发式发展的产业领域。

二是发展机制不同。战略性新兴产业体现国家意志，遵循自上而下的发展路径。**未来产业诞生与发展于创新生态以及产业生态之中，天生遵循自下而上的生长机制。推动未来产业发展，需要自上而下与自下而上二者相结合。**

一个企业甚至一个国家可通过布局未来产业，在世界范围内建立先发优势

问：有哪些抓住未来产业而成就一个国家、一个企业的代表性案例？

王德禄：抓住未来产业成就一个企业的案例不少，如华为依靠远见、定力在5G领域领先世界。在4G时代，高通、联发科等芯片，谷歌、微软等操作系统，站在技术链的上游，形成了强大的垄断地位、制

约能力，华为很难参与到技术与标准的决策、制定中。但在未来5G时代，华为弯道超车，超前布局，在2004年就成立了海思半导体，十几年如一日地坚持每年超过10%的研发投入，华为操作系统也是在2012年就已开始布局。因此，华为现在能够在5G网络方面取得如此巨大而长足的突破，并在全球居于领先地位。

再如，今日头条前瞻性地进行生产要素的重新组合，实现产品创新、技术创新、市场创新、资源配置创新和组织创新。产品方面瞄准当时消费者尚不熟悉的短视频，持续强化人工智能、音视频技术等彼时尚新的技术，成立媒体实验室积极开发大数据，从而在产品、商业模式、技术生发等全方位布局与迭代创新而赢得市场。

抓住未来产业成就一个国家的案例有不少，如美国，集中发展集成电路，引领创新方向，在全世界范围内建立了先发优势。如韩国，集中发展新型显示产业，倾力扶植三星、LG等领军企业，持续布局规模化生产，保证了韩国一直走在液晶面板制造的最前沿。当然，**要做一个有强大国际影响力的大国，仅仅抓住某一两个领域的未来产业是不够的，要尊重来自市场的力量，实现多点开花、结果。**

未来产业重点领域涉及三个层次

问：您看好未来哪些行业的发展？

王德禄：我认为，未来产业重点领域涉及三个层面。

第一层是信息、生物、材料三大科学技术最为基础的领域。三大领域是人类发展的根本，人类科技创新与产业发展围绕这三大领域不断迭代升级。如“电子管—晶体管—集成电路—大规模集成电路”就是不同时期信息领域创新的重点。未来，区块链、量子通信、6G、边缘计算、云边端协同等将成为信息领域创新的重点。

第二层是深空、深海、深地、深蓝等前沿探索的领域。这些领域是科技创新与产业发展的战略制高点，首先突破和掌握这些领域技术的国家，将会掌握人类未来空间利用的话语权，极大拓展人类活动空间。

第三层是涉及社会形态、生产生活变革的相关领域。人类社会组织形态、生产生活方式变革与科技创新和产业发展息息相关。如此，历次科技革命与产业变革都会引发生产手段、生产要素变化，重构人类社会形态，变革生产生活方式。

诞生世界级领军企业需要两个条件

问：我国未来哪些领域可能诞生世界级领军企业？

王德禄：诞生世界级领军企业需要两个条件：一是生产生活相关领域的改变，已经可以预见且非常紧迫，社会各个层面已经认识到改变的紧迫性。二是具有巨大的应用市场、产业基础以及相关基础设施支撑。如当前工业生产、服务、特种环境等领域对机器人的需求日益凸显，机器人已在安保、物流、零售、无人售货、医疗等领域得到应用，代表高端水平的云端智能机器人将在 5G 、IoT 、工业互联网、物联网、数据中心等新型基础设施的良好支撑下加速落地产业化和规模化拓展，预计 30 年后将达到 10 万亿元到 30 万亿元年产值规模，预期 2030 年云端智能机器人全球总量将超过全球人口数，应用市场极其庞大。云端智能机器人及其核心软件系统——“云端大脑”基于通信的逻辑和机器人控制单元 RCU 等赋能机器人智能。

基于上述两点，**5G 、大数据、云计算、人工智能、工业互联网、数字文娱、智慧出行、机器人等领域较有可能诞生世界级领军企业。**北京或其他地区具有这种潜质的企业，包括小米、今日头条、达闼科技、商汤科技、旷视科技等。

新冠肺炎疫情带来两个层次的趋势性变化

问：您认为新冠肺炎疫情可能对产业发展带来哪些趋势性变化？

王德禄：新冠肺炎疫情对产业发展带来的趋势性变化，体现在两个层次。

从直接影响来看，生物医药以及信息两大领域加速发展。新冠肺炎疫情全球大规模扩散加速了检测试剂、疫苗、抗体等生物医药产业领域的发展；"无接触、少接触"的要求则加速了工业互联网、互联网教育等生产生活各个领域"智能+"相关产业的发展。

从更深层次的影响来看，新冠肺炎疫情反映出城市管理、社会治理、生活方式、国际合作等各方面需要进一步优化。基于上述方面的相关产业领域将成为探索的重点。新冠肺炎疫情带来的影响本质上是整个社会形态、社会治理、生活运行的逻辑在新形势下发生了变化。新冠肺炎疫情的暴发，进一步促进了非接触性的生活生产与工作方式的变革，如疫情期间非接触零售、线上办公、线上教育等如火如荼地开展，保证了生产生活等相对正常运行。疫情防控常态化背景下将需要进一步挖掘一些可能的生活形态和需要培育的领域，如通过科技赋能实现城市治理体系现代化、精细化的相关产业，以及构建平时与特殊时期相结合的公共卫生安全科研攻关体系等。

技术上的差距和挑战是长期性的

问：我国在把握未来产业发展机遇中还面临哪些挑战、障碍和风险？尤其是面临哪些来自外部的挑战和风险？

王德禄：主要风险在于对未来产业的规律趋势认识不透彻而采用了错误的治理方式。**要避免政府介入经济发展太深、干预太多情况的发生，以免大量资源砸进去但是因没有遵循规律而导致产业发展消极的局面发生。**治理性风险主要源自自上而下的治理性风险，即按照传统的研发管理体制和方式方法以线性推动的方式试图推进产业发展。**推进未来产业发展，应遵循自下而上的创新规律和生态，找到规律去打造生态，才能规避风险。**

主要挑战在于与国际领先的技术创新水平的差距将长期存在。国外很多领域的发展具有前沿引领优势，尤其是技术方面。我们包含信息技术在内的技术领域还是基于国外的工具和方法进行再创新和提升。就集成电路而言，主流技术国内水平落后国际先进水平 2 到 3 代；相关产业对外依存度仍较高，在存储器、CPU 、GPU 等高端芯片领域，28 纳米及以下的先进工艺，制造材料、EDA 等方面，全球市场占有率均不足

1%，全球集成电路产业由美、日、韩、欧洲等寡头垄断。要完全自主或者重新搭建这些国际领先的技术体系，需要相当长时间才能实现追赶和自主可控。技术上的差距和挑战是长期性的，但有的可以靠颠覆性技术避开。我们有特长的技术如人工智能、区块链以及量子信息科学，那么我们就要另辟蹊径。但针对那些不能避开的技术路线，确实存在长期的挑战。

深入剖析未来技术、未来产业发展规律

问：您认为新冠肺炎疫情后我国应如何聚焦未来产业发展？对产业布局应作出怎样的调整？

王德禄：一是强化未来学思想。**深入剖析过往历史中一定时期带来颠覆性影响的未来技术、未来产业的发展规律与趋势，深刻洞悉未来极大可能会对生产生活等各方面带来颠覆的技术和产业领域，前瞻布局、实现突破并取得引领地位。**构建思想市场，强化未来学研究意识，开展针对经济、社会、产业等全方位的未来研究，增强对未来社会结构、经济模式、未来技术与产业爆发点的洞见。

二是加强创新与产业生态营造。**遵循未来产业自下而上的生长机制，政府注重服务以及在底层技术、颠覆性技术等环节加以引导，营造包括数据等在内的要素自由流动的生态环境，**在科技创新与产业发展方面更加注重和彰显企业等市场化主体作用，形成有利于未来产业涌现的自下而上的环境，以及有利于未来产业快速成长的自上而下的支持和引导机制。

三是注重以场景牵引科技创新以及未来产业发展。依托5G通信、数据中心、工业互联网等新型基础设施布局与建设机遇，加强政府相关资源开放，衔接企业创新的需求、创意，谋划建设场景，依托场景开展技术、产品、模式打磨，促进前沿技术与产业化环节融通融合。

四是支持开展多元主体参与的新研发。针对颠覆性以及前沿技术创新，支持开展以科学家、企业家、创业投资者共同参与的新研发模式。依托企业家，在科技创新早期识别技术的市场化前景，依托创业投资

者，在技术创新早期给予资金和资本支持。

五是大力发展硬科技创业。**把握未来产业硬科技、深科技引领的特征，大力支持硬科技创业。重点鼓励科学家、连续创业者开展硬科技创业。**适应硬科技创业投入高、回报周期长、成果前沿具有战略性等特征，加强小批量试制、中试熟化、检验检测等针对硬科技的专业化科技服务以及对耐心资本的培育。

依托不同生态的特点引导未来产业发展

问：您认为我国该如何形成未来产业的空间布局？

王德禄：未来产业布局，应依据生态层次进行引导。未来产业诞生于创新创业生态和产业生态好的高地。当前，在我国总体发展战略指导下，依托京津冀、长三角、粤港澳、珠三角等地区，根据城市群、中心城市、区域内自创区、高新区等各个层级的创新创业高地的生态系统，引导未来产业发展。

创新创业基础较好的国家级高新区、自创区：未来产业诞生于创新创业生态和产业生态好的高地，因此未来产业发展空间布局应重点聚焦国家高新区等。

具有应用场景、多元要素汇聚的中心城市：未来产业具有科技与产业、金融深度融合互动的特点，因此应重视在中心城市布局各类应用场景创新高地。

依托城市群形成产业链、供应链配套：未来产业要依托城市群形成价值链创新协同和供应链协同，因此应注重中心城市、创新创业高地与周边中小城市的关系。

北京"要发挥对未来产业的带动性作用"

问：北京如何在未来产业布局？

王德禄：北京作为首都以及京津冀城市群中心城市、具有全球影响力的全国科技创新中心，要发挥对未来产业的带动性作用。在中关村国家自主创新示范区和北京城市副中心应率先布局未来产业。

双循环将对未来产业形成两方面影响

问：构建国内国际双循环相互促进的新发展格局，将对未来产业的布局和发展产生哪些影响？

王德禄：我们分析，要从三方面考虑这一问题。

一是要充分把握国内多年发展所积累的良好的内循环所激发的未来产业发展机遇。经过40多年改革开放和技术赶超，我国在经济规模总量、科技创新与产业发展水平等方面都形成了很好的发展基础，在人工智能、区块链、新一代信息技术等方面具有优势，在某些细分领域处于前沿引领，内需也因为消费能力的提高而有充分的市场。这使得内循环具有了良好的技术和产业链条件。在此背景下，特别在当前新旧动能转换推进下，将会涌现若干未来产业的新赛道、新物种。

二是抓住国际产业链重新构建所带来的国产替代品更迭的历史机遇，提升产业竞争力。通过国产替代相应产品，不断激活国内企业和高校院所等创新主体活力，推进技术和产品迭代升级，进一步提升技术、产品的核心竞争力，进而促进未来产业涌现。

三是双循环发展格局会形成“一带一路”的新空间。未来中国参与国际循环，除了继续参与传统国际分工和生产的南北流向循环外，也可以另辟蹊径，如“一带一路”建设就是一条开辟东西流向的新国际循环，它并不排斥原有的南北流向的循环，而是对原有体系的补充，在“一带一路”区域形成新的科技与产业合作空间。在这样的国际大背景下，我国可以通过若干已经领先于全球的未来产业发展领域，与“一带一路”沿线国家共同制定国际标准，同时促进标准互认领域不断扩大，逐步推动中国标准形成全球标准，力争在全球未来产业发展中掌握主动权。

最重要的一点，所有领导者都必须学会抵制一种诱惑，即过于关注未来的风险而不是机遇。

——[美]理查德·多布斯、詹姆斯·马尼卡、华强森：《麦肯锡说，未来20年大机遇》

未来产业重在培育

——与深圳市人民政府发展研究中心主任吴思康面对面

吴思康，深圳市人民政府发展研究中心（市政府政策研究室）主任、党组书记。

1984 年 7 月参加工作，1996 年 5 月加入中国共产党，毕业于深圳大学，研究生学历，硕士。曾任深圳市委政研室副主任科员、主任科员、副处长、调研员、处长，深圳市人民政府发展研究中心党组成员、副主任。

手记　不抓紧布局未来产业，就会失去“未来”

“十三五”以来，深圳已经形成了“四大支柱、七大战兴、六大未来”为架构的产业格局。

高新技术、金融、物流、文化等四大支柱产业。

信息技术、互联网、新材料、生物、新能源、节能环保、文化创意等七大战略性新兴产业。

生命健康、可穿戴设备、机器人、智能装备制造、海洋经济、航空航天等六大未来产业。

在深圳，一系列“真金白银”的举措，砸向未来产业。

从2014年起至2020年，连续7年每年从市财政中拿出10亿元人民币，设立市未来产业发展专项资金，用于支持产业核心技术攻关、创新能力提升、产业链关键环节培育和引进、重点企业发展、产业化项目建设。

加大市科技研发资金、民营与中小企业发展资金、会展资金、拓展海外市场专项资金及其他专项资金对未来产业的支持力度。

知识产权专项资金和标准化专项资金重点向未来产业倾斜，支持未来产业领域专利池建设、专利申报、基础性专利研究与分析、专利预警报告发布等，重点支持企事业单位申报国内外发明专利……

作为一位长期在改革开放最前沿的深圳的观察者，关于未来产业，吴思康是有发言权的。这种发言权，来源于他的长期观察，更来自于他对“深圳实践”乃至中国实践的思考……

对未来产业的定义，他认为“未来产业目前没有一条确定的技术路径，政策重点在于培育”，也许是“广种薄收”；“看到一些苗头，存在无限可能，就要抓紧干，一步一步去验证”，他甚至认为“‘胡思乱想’，可能就是一种创新”……

对未来产业的意义，吴思康十分清醒：“如果不发展未来产业，如果不抓紧布局，就可能失去在未来经济、未来发展中的主导权、话语权。”“我国作为一个大国，尤其在国际关系新格局下，抓紧布局未来产业，具有战略意义。”

对如何培育，吴思康的主张是：“布局和培育发展未来产业，要有三种眼光即长远眼光、前瞻眼光、战略眼光。”“抓紧布局未来产业，很重要的一条，就是要加大对基础研究的投入……要鼓励缺乏共识的研究。”

吴思康建议“建立科研创新失败案例数据库”，提醒“不宜提倡各地方都去搞未来产业”……

结合深圳实践，吴思康主张“基础研究一定要确定产业化导向”“未来产业方向选择的机制上，要引入科技型企业家和投资家”……

看到一些苗头，存在无限可能，就要抓紧干

问：您如何看待习近平总书记提出的“未来产业”？为何总书记多次要求“抓紧布局”？

吴思康：未来产业涉及的技术属于前沿技术，未来产业目前的市场需求很小，但在未来可能会引起大的产业爆发。

未来产业，就要立足未来。**未来产业目前没有一条确定的技术路径，政策重点在于培育。如果不发展未来产业，如果不抓紧布局，就可能失去在未来经济、未来发展中的主导权、话语权。**布局和培育发展未来产业，要有三种眼光即长远眼光、前瞻眼光、战略眼光，我国作为一个大国，尤其在国际关系新格局下，抓紧布局未来产业，具有战略意义。

未来产业的技术路径与当前技术不同，我们看到一些苗头，存在无限可能，就要抓紧干，一步一步去验证，这需要时间和积累。如新材料，要立足长远进行考虑，10 年、20 年、30 年，一旦发现有冒头的高性能新材料，就要抓紧干，抓紧布局。我们与发达国家的差距恰恰就是积累不够、基础不牢。

加大基础研究投入，鼓励缺乏共识的研究

问： 那您觉得应该怎样去布局？

吴思康： 现在就要利用大国优势，提前布局这些领域。这一点很重要。

战略性新兴产业是未来产业的基础。比如说，新材料既是现实需求，也要面向未来。在电子领域，现在是硅的时代，有人说以后会是碳的时代，有没有可能超越硅的时代？这个我们不知道。但我们必须研究这些，就是要研究代表科技发展方向的领域。信息经济、智能经济就是方向，现在的智能经济是现在这样子，未来的智能经济是什么样子？肯定不同，但是它也叫智能经济、数字经济，虽然名字没有变，但在概念里面的内容在不断迭代。

所以，**抓紧布局未来产业，很重要的一条，就是要加大对基础研究的投入，我们过去这方面比较薄弱，实际上夯实基础研究很重要。此外还要鼓励缺乏共识的研究，这一点很重要，**有的人看见了未来，就好比开了“天眼”，眼光就是独到，但是他的认识别人不认可，大家都不认可，觉得就是胡扯。也许就是这种缺乏共识，恰恰被视为胡扯、不可能的东西，要扶它上马、上车。

未来产业：现在市场并不大，但未来可能爆发

问： 什么是未来产业？

吴思康： 到现在为止，未来产业还没有统一的标准和定义。不过我的理解，第一，培育未来产业的技术应属于前沿技术，有前瞻性、前沿性，但在市场上还不是特别成熟，目前的市场并不大。第二，培育未来产业，目前也许还谈不上有市场需求，或者市场需求很小，但是在未来可能会引起大的产业爆发，未来市场会有巨大的需求。未来产业应该是这样的一些产业。

未来产业一定要培育，它是一种“广种薄收”

问：未来产业究竟应该怎样“培育”？

吴思康：未来产业立足未来进行布局，技术、市场都还比较弱小，那么对未来产业的政策，应该主要就是培育。因为现在所说的未来产业是我们的主观判断，判断它未来有很大的市场需求，但是也许就在发展过程中，有的未来产业会转型转向，或者被替代了，有的甚至就“死掉”了、没了。

所以说，**未来产业一定要培育，它是一种“广种薄收”。你不能寄希望说，我培养一家企业，这家企业一定要长成华为那样的参天大树。**也许我培养了 1000 家企业，其中近 900 家都“死了”、没了，因为未来产业往往没有一条确定的路径，市场需求也是一种模糊判断，判断未来肯定会有很大市场，但是技术发展是会拐弯的，这是我对未来产业的一点认识。

但是话又说回来，**如果你不培育、不发展未来产业，你就可能失去在未来产业发展乃至经济、科技发展格局中的主导权。**

未来产业着眼于满足未来需求

问：未来产业与战略性新兴产业有哪些异同？

吴思康：未来产业在某种程度上与战略性新兴产业具有一定的重合性，但也有区别。比如说，数字经济既是战略性新兴产业，同时也是未来产业。

战略性新兴产业更有确定性，市场需求是很现实的。而未来产业主要着眼于满足未来需求，**未来产业的投资是一种长线投资，体现为这些产业的未来成长，某些未来产业领域要能坐得住冷板凳，有的要埋头研究二三十年。等到大家都“热”起来的时候，你会忽然发现只有你走在前面了，这种产业就是未来产业。**

比如说，新材料代表现代科技发展的方向，既有有现实需求的新材料，也有面向未来的新材料，未来会不断迭代。这样的迭代，同样也会出现在数字经济、智能经济等其他领域。

没有对未来产业的布局，是非常危险的

问：对一个国家来说，未来产业意味着什么？

吴思康：未来产业是一个国家产业发展的未来。对未来进行布局和规划，这对一个国家来说是更重要的事。企业要更在乎或者更追求现实需求，如果只顾未来产业，用不了多久企业可能就“死”了。**未来产业是培育苗子，不断投入，说不定哪一天就爆发了。**

就像字面意义一样，未来产业更注重未来的市场需求、注重未来科技发展的大趋势，必须立足未来，着眼未来。对于一个国家的发展来说，未来产业体现了一种战略性和前瞻性。如电脑、游戏和打字机，现在大家都离不开。如果一个国家在这些领域没有投入、没有准备的话，就会在这些领域的竞争中被淘汰掉。**从长远来看，如果没有对未来产业的布局，特别是对我们这么一个大国来说，那是非常危险的。**

“胡思乱想”，可能就是一种创新

问：您认为我国该如何形成未来产业的空间布局？

吴思康：美国为什么会出现很多引领性的东西？就是因为它允许“胡思乱想”。从传统观念来说，“胡思乱想”很可能就是一种创新。如果一项技术的成功率是百分之百，那是不是意味着这项技术就不够有创新性呢？

未来产业不一定大规模投入，而是先广领域、小规模地投入，把“胡思乱想”变成奇思妙想。有些东西最后搞下来，确实证明是“胡思乱想”的结果。这样做有没有价值？我认为有价值，价值就在于告诉人们哪个创新的方向走不通。就像在沙漠里一样，有人说往南不行，你往南走了1000公里，确实不行，搞不下去，就证明了这个方向不行。

知道什么不行，也是一种科学知识、一种科学探索

问：您是说失败是成功之母？

吴思康：这是一个发掘、自我淘汰和筛选的过程，也许他自己搞着搞着就发现搞不下去了，发现确实是胡思乱想。

未来产业的培育过程，是市场化过程，也是社会化过程、自我淘汰的过程，更强调市场化、社会化。

鼓励创新、宽容失败，要有一个相对宽松的环境。这个很重要。深圳的文化里面就有这种“鼓励创新，宽容失败”，还不仅仅是宽容失败，人类对科技的发展，知道什么不行，也是一种科学知识、一种科学探索，这种失败告诉人们“不可行”的知识，证明了这种方式是走不通的，后来者就不需要走这条路了，你们要换一条路走。

所以关于失败案例的整理、归档很重要，可以建立“科研创新失败案例数据库”，它也有经济价值，它的经济价值在于能够减少创新从零开始的试错成本。你把失败公布在那里，实际上是减少了很多再次失败的可能，一般情况下后来的人就可以不重复走前人已证明失败的弯路、错路。这项工作是很重要的，这也是一种新的进步，就是培育发展未来产业。光鼓励创新、宽容失败还不够，在培育的路上，失败也是一种探索。

我为什么讲这些话？现在别说国企投资了，连失败的责任都追究不过来，你可能投着投着就没了。但实际上在硅谷，科技创业的成功率是6%，换句话说，失败率是94%。

不宜提倡各地方都去搞未来产业

问：您所在的地区，是否已在未来产业领域布局？

吴思康：深圳最大的创举在于前几年就提出了“未来产业”这个概念，着眼布局未来产业和项目。深圳在航天、生命科学等未来产业领域的布局是基于当地自身发展特点和产业基础提出的，这是一种基于现实基础的延伸，也就是所谓的路径依赖。

我觉得，**所有的新经济领域都有一个“未来产业”的问题，这些领域未来的发展就是未来产业，它们的未来肯定是不同的。生命经济，包括健康产业，都是未来产业**，再过30年，人类对健康的追求，和现在的追求肯定不同。所以我理解未来产业的内涵可以更广，就是每一个新的领域都有未来产业的存在，所谓未来，至少立足未来20年到30年这么一个概念。

我觉得**不宜提倡各地方都去搞未来产业，应该由国家不惜重金进行规划布局，这需要与基础研究结合起来，强调基础研究的产业化导向，以产业需求为引导设置基础研究议题**。为什么叫基础研究的产业化导向？就是说基础研究也许现在不能产生成果，不能立即形成产业化，但它对未来产业的发展分量是很重的，从国家布局来说，就是要发展这样的基础研究。**基础研究的产业化导向，是一个很重要的课题和概念。**

各地搞未来产业，要结合其自身的特点、资源和产业优势，不能引导偏了，引导偏了就会带来问题，带来灾难。

基础研究一定要确定产业化导向

问：按照您的理论，以产业需求来引导的话，我们应该设置什么样的基础研究课题？

吴思康：产业的战略需求，要立足于未来产业的需求，进行技术研究的布局时要考虑这一点。因为基础研究的领域是很广泛的。比如说，考古也是一种科学发现，帮助人类科学认识古代，但是从大概念上来说，考古不代表未来。

我们的大学、科研机构做了很多基础研究，一定要进一步确定这些基础研究的产业化导向，我觉得这一点很重要。比如说，数学计算，肯定有属于科学发明的东西，也就是知识，数学计算是有产业需求的，将来条件一旦成熟，它就可以成为产业，我们要强调基础研究一定要和产业化结合，要强调产业化导向，要在立足未来的同时，打好基础研究这个基础。不能为产业化搞“急就章”，要为产业化打好基础。

在未来产业方向选择的机制上，要引入科技型企业家和投资家

问：我国在把握未来产业发展机遇中还面临哪些优势、挑战和风险？有哪些相关发展建议？

吴思康：我国发展未来产业具有后发优势。美国、欧洲每年都要公

布技术发展趋势和方向，里面有很多是方向性的，我们可以参考，再加上我们自己的分析。除此之外，我们也要探索出新的方向。欧美等发达国家和地区的整体基础比我们强，我们存在一定差距。

我们在未来产业方向选择的机制上，要引入科技型企业家和风险投资家，他们更接近市场，更了解产业需求，对投资价值、市场趋势、未来发展是比较有见解的。科技型企业家中有一些既是科学家，同时又是企业家，这样的人对于技术及将来的市场价值可能认识更准确。像美、英、日等国在制定科研政策和科研项目遴选时也是这样的，除了学术界专家以外，他们很注重吸纳工业界、金融界等行业人士的加入，这样能加强对未来市场价值趋势的预见和管控。我们过去都是依托高校、研究院所，这是完全不够的，或者说这本身就是科技体制的一大缺陷。我们应该建立常态化的政企科技创新咨询制度。

马斯克就是这样，他搞的火箭什么的，比 NASA（美国国家航空航天局）搞得还好，成本还低。**我们要鼓励像马斯克那样的创业者、企业家。我们一开始制定科学项目计划时，就应该引入科技型企业家、风险投资家，这一点很重要！因为他们更敏锐。**

在人才培养方面，要形成一种培养天才的机制，要提倡精英教育。我们要强调教育平等，但不能过于强调，有的国家的教育体系就分精英教育、平民教育两种，平民教育强调公正性，强调精英教育的一些大学，图书馆都是 24 小时开放的，我们有些人老觉得人家是在玩，那是一种错误的理解。

发展未来产业，要有相对宽松的环境，要着眼未来进行布局，广种薄收。当然，有一些战略项目，如国家进行的航天工程是战略项目，投资很多亿元人民币，就是要集中力量发展。未来产业强调广种薄收，因为未来产业都是逐步发展壮大的。**比如说，你有一个创意，要有人帮助论证，然后逐步投入资金，广种薄收。发展未来产业关键是要有战略性的布局。**

风会熄灭蜡烛，却能使火越烧越旺。

——[美]纳西姆·尼古拉斯·塔勒布：

《反脆弱：从不确定性中获益》

打造未来产业孵化平台

——与清华大学经济管理学院教授陈劲面对面

陈劲，清华大学经济管理学院教授，教育部人文社会科学重点研究基地“清华大学技术创新研究中心”主任。

1989年获浙江大学化工系生产过程自动化学士学位。1994年获浙江大学管理学院管理工程博士学位。1998年美国麻省理工学院斯隆管理学院访问学者。2000年英国苏塞克斯大学科技政策研究中心访问研究员。国家哲学社会科学重大项目首席专家，北京市社科重大项目“新时代我国科技创新的理论和实践研究”负责人，国家杰出青年科学基金和国务院政府特殊津贴获得者，教育部“长江学者”特聘教授，入选国家“百千万人才工程”。*International Journal of Innovation Studies* 主编，兼任教育部科技委管理学部委员、中国管理科学学会副会长，国际熊彼特学会管理委员会委员等职。

手记　为发展培育增长基因

因为我长期关注科技领域，也因为关注清华，发现清华大学竟然有一个技术创新研究中心，而中心主任陈劲教授发表了不少关于技术创新的文章，提出“融通创新”“整合式创新”等不少新理念、新观点，颇有见地，让人眼前一亮，受益匪浅。清华技术创新研究中心还以培育世界一流创新企业为目标，构建了“创新型企业”“创新型领军企业”“世界一流创新型企业”评价指标体系……

第二次知道陈劲教授，是一位年轻同事前往加州大学伯克利分校访学一年，深入采访数百名硅谷建设者、学习者和研究者，写了一本《解码硅谷：创新的生态及对中国的启示》，陈劲教授写了推荐序言，颇有自信地提出——“中国的‘多区域创新中心’发展模式，将极大地带动中国的创新驱动发展战略，必将引领世界科技创新的潮流”。

陈劲教授先后获得教育部霍英东教育基金会第八届青年教师奖、教育部第三届“高校青年教师奖”。在加入清华大学经管学院前，他是浙江大学本科生院和竺可桢学院常务副院长，主要从事技术创新管理领域的研究与教学工作。

洞察未来，才有可能领跑未来。清华经管学院曾开设“未来科技 EMBA”项目，以清华经管 EMBA 核心的“天、地、人、通”课程为管理内核，聚集科技、管理、经济乃至未来学等领域的国内外权威专家，和学员一起解码未来制造、未来材料、未来生命、未来航天，重塑企业家对宇宙、未来、自然的三重认知，打造科技人文跨界学习、前沿科技赋能商业发展、科研成果转化的全生态链，培养产业领跑者。

作为“未来科技 EMBA”项目的重要授课教师，长期在技术创新、管理科学等领域从事研究的陈劲教授在新冠肺炎疫情期间就提醒企业家们，企业不仅要在疫情期间努力实现有韧性的增长，在任何时候都应该有意识地培养增长基因，从增长来源来看，可以概括为以下四个方面：一是保持良性增长；二是实现卓越经营；三是适时转型变革；四是关注未来产业发展，关注创新的力量，通过探索新的产业获得持续发展。

陈劲教授还提出，要实现领跑，就必须不断提高核心技术能力，为发展培育增长基因，只有这样，企业才能成长为长寿型企业。而国家何尝不是如此呢？

谈及未来产业，他不禁坦言：对照习近平总书记“走在前列”的要求，我国产业布局还不够超前，表现出对战略性新兴产业和未来产业的探索的信心和决心还远远不够，产业选择雷同、产业引领不足的问题十分突出，急需加快解决这一重大问题。

在他看来，未来产业首先是基于前沿、重大科技创新而形成的，虽然尚处于孕育阶段或成长初期，但在未来最具活力与发展潜力，是对生产生活影响巨大、对经济社会具有全局带动和重大引领作用的产业。

进一步发展战略科技力量在未来产业发展的作用、设置未来产业基金支持、打造未来产业孵化平台……言简意赅，陈劲教授对国家和各地布局未来产业提出了真知灼见。

不久前，喜讯传来，2020 年 10 月起，陈劲教授受邀担任创新领域全球顶级期刊 *Technovation* 副主编，标志着中国学者在全球创新领域学术界的国际影响力得到进一步认可和肯定……

建设社会主义现代化强国的必然选择

问：您如何看待习近平总书记提出的“战略性新兴产业”“未来产业”？

陈劲：这是建设社会主义现代化强国的必然选择，是经济高质量发展的关键，也是面对新型国际关系把握产业发展主动权的战略举措。

我国产业布局还不够超前

问：您觉得，习近平总书记为什么会多次要求“抓紧布局”？有什么战略意义？

陈劲：2020 年 3 月 29 日至 4 月 1 日，习近平总书记在浙江考察时强调要：“干在实处、走在前列、勇立潮头。”[①] 改革开放 40 多年以来，我国产业发展在“干在实处”方面取得显著的成就，建立了完整的现代化产业体系，为世界经济做出了卓越的贡献。但对照总书记“走在前列”的要求，我国产业布局还不够超前，表现出对战略性新兴产业和未来产业的探索的信心和决心还远远不够，产业选择雷同、产业引领不足的问题十分突出，急需加快解决这一重大问题。

党的十九届五中全会进一步提出要“坚持创新在我国现代化建设全局中的核心地位”，这就要充分发挥科技创新在百年未有之大变局中的关键变量作用、在中华民族伟大复兴战略全局中的支撑引领作用，把科技自立自强作为国家发展的战略支撑，积极发挥科技创新在促进经济高质量发展特别是产业转型发展中的重要作用，各级政府以及优秀的企业家应更为积极地响应习近平总书记的号召，不断提出未来产业的发展思路和超前布局，才能显著提升我国产业在全球价值链上的地位。

未来产业是基于前沿、重大科技创新而形成的

问：您认为未来产业有哪些特征、内涵？

陈劲：未来产业是基于前沿、重大科技创新而形成的，虽然尚处于孕育阶段或成长初期，但未来最具活力与发展潜力，是对生产生活影响巨大、对经济社会具有全局带动和重大引领作用的产业；是面向未来并决定未来产业竞争力和区域经济实力的前瞻性产业；是影响未来发展方向的先导性产业、支撑未来经济发展的主导产业。

未来产业具有较大的科技前瞻性、较高的技术密集度，集战略创

---

① 《习近平在浙江考察时强调：统筹推进疫情防控和经济社会发展工作 奋力实现今年经济社会发展目标任务》，《人民日报》2020 年 4 月 2 日。

新、技术创新、产品创新、模式创新于一体，其生产、管理过程以及产品均具有信息化深度融合特征。如能提前布局，将能够产生边际收益递增效应，产生强大的进入壁垒。未来产业在成长为主导产业以后具有较强的关联效应，能够带动和引领相关产业发展，形成产业生态系统和较大市场规模。

未来产业还应包括新能源产业等

问：习近平总书记将数字经济、生命健康、新材料作为战略性新兴产业、未来产业三个代表性领域，意味着什么？除了这三个领域，您看好哪些“未来产业”的发展？

陈劲：未来产业还应包括：

第一，新能源产业。这个领域有一批拥有前景广阔的关键技术、有望占领能源技术创新制高点的产业，如依靠暗能量开发、下一代核聚变技术、可燃冰等新型能源类型或技术所产生的产业形态。2020 年 9 月 22 日，国家主席习近平在第七十五届联合国大会一般性辩论上发表讲话时表示：“中国将提高国家自主贡献力度，采取更加有力的政策和措施，二氧化碳排放力争于 2030 年前达到峰值，努力争取 2060 年前实现碳中和。”[①] 这意味着我国能源结构应逐步摆脱以化石能源为主的发展格局，进一步推动核能产业和科技发展的顶层设计，探索以核能为核心的大型综合能源基地建设，推动能源互联网多能互补、多源互动，合理配置核、风、光、水、火等多能互补的储能系统，支持开放共享的分布式能源大数据平台和能量服务平台的建设，鼓励家庭、园区、区域等不同层次的终端用户互补利用各类能源和储能资源，实现多能协同和能源综合梯级利用，不断提高基于核能的综合能源体系的安全性和稳定性。

第二，中国是农业大国，今后必须走向农业强国。发展未来农业，是进一步解决“三农”问题的根本保证，也是全面实现脱贫致富、走向乡村振兴的最佳路径。为此，应突破合成生物学、基因编辑等核心技

① 《习近平在第七十五届联合国大会一般性辩论上的讲话》，《人民日报》2020 年 9 月 23 日。

术，结合数字化智能育种辅助平台，挖掘基因组学、蛋白组学、表型组学等数据，制定针对定向目标性状优化育种方案，加快“经验育种”向“精确育种”转变，逐步实现定制设计育种。通过研发培育新型转基因食品提升杂粮业、果业等原有优势特色农业，并培育新型特色农业。数字农业产业也是大有前途的未来产业，数字农业将大数据、云计算、物联网、移动互联、遥感等现代信息技术应用在农业中，提高产前、产中和产后效率，实现农业生产智能化、经营信息化、管理数据化、服务在线化，从而全面提高农业现代化水平。实施智慧农业工程和“互联网+”现代农业行动，鼓励对农业生产进行数字化改造，加强农业遥感、物联网应用，提高农业精准化水平。发展智慧气象，提升气象为农服务能力。

第三，卫星及航空航天产业。加快形成航空装备制造业产业链，以航空新材料、新能源航空发动机、自动化机舱研发生产为突破口，以航空装备制造龙头企业为核心构建通用航空装备制造业产业链，重点发展超长航时太阳能无人机为主的通航装备，构建航空新材料研发生产、专用无人机制造、无人机货运试点示范的通用航空装备完整产业链。同时，进一步加强新一代运载火箭、重型运载器研制，进一步提升卫星导航芯片、北斗卫星导航系统与其他卫星导航系统的商业化，形成我国强大的空天产业新格局。

探索建立未来产业投资基金

问：我国在把握未来产业发展机遇中面临哪些挑战、障碍和风险？尤其是面临哪些来自外部的挑战和风险？对国家和各地布局未来产业，您有哪些政策性建议？

陈劲：我有几点建议：

一是打造未来产业策源地。积极发挥央企、一流大学、新型机构、中小企业等四类未来产业创新主体以及各地的科创中心在未来产业的原始创新、颠覆性创新研究方面的重要作用。组建未来产业创新联合体，为未来产业发展的前沿引领技术、关键共性技术等研发方面提供有力支持。

二是注重培育未来产业的人才队伍，特别是注重发挥战略科学家和战略型企业家在未来产业发展中的重要作用，发挥战略科学家在未来产业的谋划作用，鼓励战略型企业家在未来产业的探索实践。

三是设置未来产业基金支持。探索建立未来产业投资基金，积极探索设立未来产业的天使投资基金、创业投资基金，引导产业资本、金融资本、社会资本支持未来产业发展。

四是打造未来产业孵化平台。围绕未来产业重点领域的创新创业需求，建设未来产业孵化器、加速器等各类众创空间，通过全方位的创新服务，形成未来产业的培育和服务平台。

五是制定未来产业的政策体系。通过进行整合、统筹，统筹加强财政资金对未来产业重点领域的支持，进一步加大对未来产业创新活动的支持力度，研究制定支持未来产业的政府新产品、新技术、新服务采购政策，健全完善知识产权保护机制，集中资源扶持未来产业发展。

六是完善未来产业的政府服务。政府的职责主要是强化未来产业顶层设计，通过编制未来产业发展专项规划，理性选择优先发展的重点领域，通过研究制定未来产业招商引智清单、重点项目清单、服务需求清单、产业布局清单，制定时间表和路线图，加速各项工作落实。

闪现的远见力能让未来变得显而易见。它是一种直观把握，可以预见未来。

——[美]丹尼尔·伯勒斯、约翰·戴维·曼：《理解未来的7个原则：如何看到不可见，做到不可能》

未来产业是技术驱动、创新驱动、用户驱动、协同驱动的

——与“互联网＋百人会”发起人张晓峰对话录

张晓峰，管理学博士。“互联网＋百人会”发起人，大协同理论方法提出者、研究与践行者，资深咨询顾问。

腾讯腾云智库专家、新华社瞭望智库特约研究员，中国互联网协会“互联网＋”研究咨询中心发起专家，中国互联网协会分享经济工作委员会专家委员，中国人工智能学会智慧能源专委会常务委员，中国交通运输协会共享出行分会专家委员会委员，清华大学、中国人民大学、上海交通大学创业导师。

拥有资深咨询、培训、顾问经验，在战略、互联网＋数字化转型、共享经济、智力资本与创新管理、产业互联网与数字生态、新型智慧城市、大协同模式等方面有一定专长。曾为腾讯、滴滴、蚂蚁集团、百度、小米、小猪短租、国家电网、南方电网、中国石化等多家机构提供服务。

手记　下一个50年，最大的变量是AI

“互联网＋百人会”发起人张晓峰博士，曾在2006年出版个人专著《关键：智力资本与战略性重构》；2015年与腾讯公司董事会主席兼CEO马化腾合作，主编《互联网＋：国家战略行动路线图》；2016年，与滴滴出行创始人、董事长兼CEO程维，滴滴出行总裁柳青合作，主编《滴滴：分享经济改变中国》；2020年11月，他与百度董事长兼CEO李彦宏合作，主编的新书《智能经济：高质量发展的新形态》上架。

谈及我国从“互联网+”到“智能+”，张晓峰认为，从新一代网络信息技术到新一代人工智能技术，从“互联网+”到“智能+”，从数字经济到智能经济，这是一个融合、协同、跃迁的过程。由此，从互联网到智联网，从云到智能云，从数字化到智能化，从工业社会向智能社会，这个转型、演进正在发生。如果说IT是上一个30年最大的变量，中国确立了技术优势与应用优势，并带来人与人、人与服务的重新连接，资源与信息的对称，线上和线下的结合，加速了中国的网络化、数字化进程。那么，下一个50年，最大的变量是AI，量级、深度、广度完全不同的万物互联、全新交互、大规模协同，将推动各个产业、各个领域、各种场景全面的数字化、网络化，进行浩浩荡荡的智能化、智慧化的转型与升级。

张晓峰说，在这样一个多重变革交织的重要节点，作为国家经济命脉，产业的转型、升级、演进十分重要，必须做出面向高质量发展的回答，其中，起到支撑、引领作用的未来产业更被寄予厚望。

长期从事战略咨询，长期研究观察头部企业尤其是数字经济、智能经济，作为观察者、瞭望者，张晓峰的思考是复合、前瞻、数字化的，甚至是超前的……

未来产业是技术驱动、创新驱动、用户驱动、协同驱动的

问：究竟什么是未来产业？和战略性新兴产业有何关系？为何习近平总书记多次要求“抓紧布局”？我国各地各部门在未来产业上有何布局？只有抓住未来产业，才会赢得未来吗？

张晓峰：未来产业是技术驱动、创新驱动、用户驱动、协同驱动的，是以人为中心的，是共建共享、生态协同的，是能够推动中国发展走上“第二曲线”的，是全要素生产率充分释放的，还是有机会建构未来持续竞争优势、符合高质量发展要求的，有利于推动经济发展的质量变革、效率变革、动力变革的，是环境友好、生态友好、助人成长的。

未来产业既是存量的升级、跃迁，又是增量的破局

问：您怎么看习近平总书记多次要求抓紧布局“未来产业”？

张晓峰：国家最高领导人多次要求抓紧布局“未来产业”，我的理解是：这是由当前发展的内外环境决定的。**当前，发展面临的不确定性前所未有，如何在这些不确定性中寻求可能的确定性线索，不能依靠别人，重在面向未来的思维重启与卓越的洞察、深化的改革、韧性的探索和动态性跃迁。**

这个时期的内外环境，我定义为“五期”叠加，表现为：第一，这是新一轮科技革命和新一轮产业革命的交叉期。第二，这是新一代信息技术和新一代人工智能技术交相发展的关键时期。第三，这是算力、算法、大数据发展形成叠加与拱卫效应的重要节点。正是因为这三者发展形成了交集，并且相互加持，推动了人工智能技术应用的发展与场景落地。第四，这是世界经济社会发展需要排开重重迷雾、共同推动全球化向下一程进化的非常时期。新的科技革命和产业革命现在走到了非常重要的节点，全球化出现的新的动向，未来会由哪些逻辑、结构、方法、

机制主导？第五，就中国来说，是由过去要素驱动的高速发展向创新驱动的高质量发展的重要转型期。

首先，这是中国高质量发展内在需要决定的。**坚持技术创新、制度变革、模式创新，才有未来。**高质量发展是创新驱动为主导的，是更为重视大周期的长期主义，是以人为中心的发展，是重视全要素生产率的发展。发展的高质量需要寻求倒逼机制、新的激励机制、新的引领方向。知进知止知退，这既是技术，也是艺术。单从激励机制看，已经超越了过去唯 GDP 论的改革开放初级阶段，进入更高水平对外开放面向可持续的新时代。**未来产业既是存量的升级、跃迁，又是增量的破局。**

其次，产业的持续转型、演进是不变的逻辑。

再次，为进入后小康时代与国家“十四五”规划、2035 远景目标定下基调。

对于未来产业，可以借助智能经济的认知框架进行分析

问：您认为未来产业有哪些特征、内涵？

张晓峰：《智能经济：高质量发展的新形态》一书试图通过大周期、大底座、大连接、大交互、大中台、大生态、大生产、大分发、大接口、大协同、大成长这 11 个本质属性来描述智能经济、智能社会的特征与内涵。对未来经济社会、区域可以用这个认知框架，对于未来产业依然可以借助这个认知框架进行分析。

大周期

大周期就是时间跨度长、影响大的周期。智者虑远。盯的是发展、产业、技术、应用的周期长短，决定了做什么不做什么，先做什么后做什么，也攸关战略资源安排。

经济学上，有一个“康德拉季耶夫周期”，是 20 世纪 20 年代由苏

联经济学家尼古拉·康德拉季耶夫提出的观点，指一种为期 40 年至 60 年的经济周期，所以是长周期或长波，也称为“康波”。

新一代人工智能、5G 与新一代信息技术相结合，发挥我国的规模优势、数据优势、场景优势、体制优势、产业优势，有很大可能引发中国发展的新长波。

作一个类比更易于理解。开始于 18 世纪 60 年代的工业革命，是以机器取代人力、以大规模工厂化生产取代个体工场手工生产的一场生产与科技革命。纺织机、蒸汽机等一系列技术革命引起了从手工劳动向动力机器生产转变的重大飞跃。这个周期一直延续到 19 世纪 40 年代。

《新一代人工智能发展规划》指出：“通过壮大智能产业、培育智能经济，为我国未来十几年乃至几十年经济繁荣创造一个新的增长周期”。

中国看到了智能革命后，“人工智能持续发展 + 人的智能发展融合”这个长周期的机会与影响力，只要把握好这个“第二曲线”，将推动中国向智能经济、智能社会转型，向高质量发展演进，避开中等收入陷阱，并迎来下一个长景气周期。**中国左手 5G，右手 AI，5G 和 AI 将成为中国高质量发展的双引擎。所以，智能经济时代将是“中国时代”。**

大底座

理解大底座有三个维度：一是新一代人工智能之于社会；二是人工智能平台型公司之于中国；三是中国之于世界。

第一，先说中国之于世界。从经济上，改革开放的中国成为世界经济发展的火车头和助推器，为世界提供了共享发展的机会。拿芯片来说，据 IC Insights（美国市场研究公司）的数据，2018 年中国芯片消费量占全球总消费量的 33%，是全球最大的芯片消费国，超过位居第二、第三的美洲和欧洲消费量的总和。

第二，中国是人类命运共同体的一个样本。中国倡导人类命运共同体，也将为人类命运共同体输出底座价值。中国连同众多国家推动的“一带一路”，就是一种新的连接，呈现新的空间，必将产生新的协同，中国也是做底座。中国的底座能力、底座样板足够有说服力，世界的底座才会有章可循。

从基础设施角度，再看中国的大底座。中国拥抱网络信息技术、推动数字中国建设，底座的网络化、数字化得以发展。而新一代人工智能是“新基建”的核心；**假以时日，随着智能化基础设施、基础设施智能化的发展，将为网络化、数字化、智能化提供浑厚的基础。智能时代当然更强调算力、算法、大数据的大底座。**

第三，人工智能平台型公司之于社会。底座能力是评价任何一家公司的重要量纲。**正是越来越多的公司持续研发，平台化、创新性基础设施化才支撑起“新基建”的大底座、中国的大底座。**华为就拥有强大的底座能力，5G 本身就为面向智能制造、智能教育、智能医疗、智能车联提供了基础。百度一直坚持先做后说，持续发力 AI 技术研发重点突破，又在特定领域培育全栈能力，并且开放开源，从而提高社会底座化的能力。

大连接

5G 下行 GBPS（交换带宽）具有大带宽和大连接的能力。**智能时代，连接的方式、连接的物种、连接的广度深度密度、连接的智能化程度都与信息时代有大跃升，连接、物联、万物互联，向万物智联迈进。**

大交互

大连接带来大交互。交互日益表现为智能连接下的智能交互。大交互产生的新业态、新模式、大数据都是新要素的一部分。

大中台

中台和前台、后台对应，指的是在一些系统中被共用的中间件的集合，如安全中台、数据中台、深度学习中台、智能驾驶中台等。许多技术性的开放平台具有中台的性质，具有公共、公益属性。智能时代强调大中台，也就是社会的中台足够丰富、结构逐步合理、具备越来越强的中台能力，大家既不需要重复研发，也会产生协同创新，必将推动智能经济、智能社会的发展与进步。举例说，不可能每一家企业都去养一批人工智能人才、建立人工智能部门，它们完全可以借助大中台与大生态实现产业智能化转型的目标。

大生态

现在没有一家互联网公司、平台型公司不重视生态。智能经济下的大生态就是习近平总书记所阐释“智能经济形态”的“数据驱动、人机协同、跨界融合、共创分享”。[①] 百度在人工智能领域花了大量的研发投入和人力资本投入，所形成的创新成果通过平台、生态进行开放开源和共享，就是想大大节约社会资本，同时在产业智能化大生态上起到推动作用。

大生产

这里讲的大生产，不是回到第一次工业革命所讲的机器大生产，而是 AI 大生产。**大底座、大中台、大生态为 AI 大生产提供了强大支撑，推动生产模式、生产方式、生产关系的变革。**大生产讲的不纯粹是制造语境下的生产。比如 AI 支持用户创造内容（UGC），就会出现内容“大生产”。

---

① 《习近平：把稳方向突出实效全力攻坚 坚定不移推动落实重大改革举措》，《人民日报》2019 年 3 月 20 日。

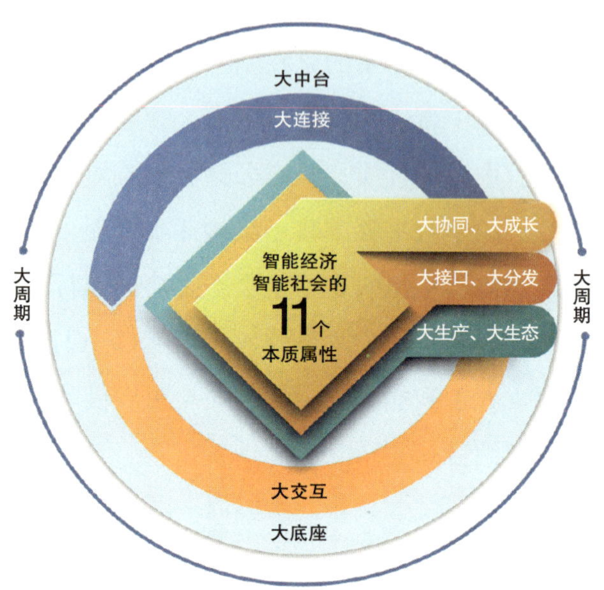

刻画智能经济、智能社会与未来产业的 11 个本质属性

来源：李彦宏著，张晓峰、杜军主编：《智能经济：高质量发展的新形态》，中信出版集团 2020 年版。

大分发

互联网存在的价值之一就是某种程度上解决了信息不对称、供需连接不畅、不垂直的问题。对称、垂直之后，就是分发，包括信息的分发、内容的分发、服务的分发等等。**智能时代背景下，分发的性质、形态都会大不相同，体验、效率都会大大提升。**

大接口

这个理解起来可能抽象一点。先举例说明，我们认为每一个人都是一个接口人，别人通过你可以了解到你了解的资讯、连接到你熟悉的人。而大底座、大中台、大生态、开放平台就扮演大接口的角色，百度搜索就扮演超级接口的角色。其实，不论是人还是组织、平台的接口能力并未充分激活。**从信息、数据的角度看，移动互联网特别为人诟病的一个方面就是它阻碍了接口、连接与分发，变成一个个数据“烟囱”。**

另外再举一个开发者、运营者比较熟悉的例子，使用 API（Application Programming Interface，应用程序编程接口），可以调用其他程序的资源、数据、服务，而又无须访问源码，或理解内部工作机制的细节。其实，API 就承担一个接口的角色。百度智能小程序就全网通用。

大协同

对经济与产业而言，**连接革命、数据革命、智能革命、共享革命将联合开启协同革命。大连接、大交互、大生态、大接口会推动大协同，人工智能技术会助力大协同。**边界清晰、相互割裂、排斥开放、缺乏生态思维不会产生大协同。大协同将重新定义诸多行业、产业，将对传统管理体系、治理规则带来挑战。无论是国家、区域还是组织、个体，都值得拥抱大协同，由此才能产生创新协同、生态协同、人机协同、车路协同、产业协同乃至区域协同，收获协同的红利。

自带生态基因、协同基因的新兴公司将获得青睐，“传统的”大公司也开始呈现出对大协同的依托。

大成长

成长对国家、区域而言是经济的发展、社会的进步，对产业、企业而言是增长与可持续，对个人而言是进步与发展。大成长是智能经济、智能社会的目标，也是考虑一切问题、进行智能化决策的基点。

这里重点从人的角度阐释大成长。《新一代人工智能发展规划》中有一句表述特别令人认可，即“推动以人类可持续发展为中心的智能化”。**人工智能不是冷冰冰的，而是有温度、懂感知的。前面提到的大底座、大连接、大分发也好，大中台、大生态、大协同也好，其直接受益者与最终受益者都是每一个普普通通的个体，他们的大成长才是智能**

经济、智能社会的归宿。

生态基因鲜明、生态能力强大的公司与产业才有未来

问：对国家和各地布局未来产业，您有哪些政策性建议？

张晓峰：有三点特别要强调：

一是优先发展科技驱动、创新驱动的产业。优先级上，科技部曾经提出“科技创新 2030 —重大项目”——以 2030 年为时间节点，体现国家战略意图的重大科技项目和重大工程。根据实际需求，科技部会同相关部门结合国家发展的战略需求，**在原先提出的 15 项重大科技项目和重大工程的基础上增加了 1 项，目前为“15+1”。其中，涉及高新领域的分别为：航空发动机及燃气轮机、国家网络安全空间、深空探测及空间飞行器在轨服务与维护系统、煤炭清洁高效利用、智能电网、天地一体化信息网络、大数据、智能制造和机器人、重点新材料研发及应用，以及“新一代人工智能”**。此外，政务服务、公共服务、新型智慧城市建设、社会治理与应急管理等，都需要体现前瞻与未来。如智能交通就涉及车路协同、智能车联、智能信控、无人驾驶等，智慧医疗、智慧教育、智慧政务等都要体现面向未来的智能化安排与统筹，让其可感知、可信赖、可获得，让公共资源与公共服务普惠化、呈现高效能。

二是既强调产业，也要重视生态与智力资本。**以 2030 年为基点，下一个 10 年，是面向智能经济时代，构建新基建大底座的 10 年；是释放智力资本动能，创新驱动发展的 10 年；是引领新一代人工智能技术，确立全球人工智能创新中心的 10 年；是以人民为中心，推进新治理的 10 年；是更高水平对外开放，奠定高质量发展底盘的 10 年**。由此，知识管理、知识封装、知识复用，知识的函数化、App 化才能沉淀知识，让知识资本化，并进一步延伸为智力资本。明者见于无形，智者虑于未萌。长远来看，技术创新与进步、人力资本成长、制度文化流程、共生

与协同生态、知识与知识产权，都是智力资本的范畴，具有软和硬两个方面的特征。其实所谓的创新驱动本质上就是智力资本（包括人力资本、结构资本、关系资本）驱动。

三是强调生态的力量，在生态建构上加大引导与投入。**生态基因鲜明、生态能力强大的公司与产业才有未来。未来这样的企业、产业会形成非常强的领袖力。**大家对于 to C 、to B 还有 to G 都很熟悉，在《智能经济：高质量发展的新形态》这本书中重点强调了 to E（生态）的能力。**未来竞争的最高境界是生态对生态的竞争，to E 能力将是决定竞争格局的胜负手。产业对产业如此，区域对区域、国家对国家，莫不如此。**

10 年前，很难想象移动互联网会发展到现在这样，颠覆了那么多个行业，又催生了那么多个行业。未来，在云计算、人工智能、大数据、量子计算等技术得到普遍应用的情况下，又有多少行业会被重塑呢？

——秦朔、陈天翔：《无止之境——中国平安成长之路》

未来产业正在走向全面数字化

——与腾讯研究院智慧产业研究中心主任吴朋阳面对面

吴朋阳，腾讯研究院智慧产业研究中心主任。

12 年 TMT 行业研究和管理咨询经验，曾就职于华为、爱立信等知名 IT 企业，长期跟踪和研究 TMT 行业发展、技术应用创新和企业数字化转型趋势，为国内外多家运营商和知名企业提供战略规划和顾问服务。

2017 年加入腾讯，主要负责产业互联网相关战略和行业研究工作，成果涉及未来经济、数字中国指数、产业互联网体系等方面。

手记　站在数字化浪潮最前沿眺望

腾讯，无疑是共创数字化世界的代表性企业之一，也是走在数字化应用最前列的企业之一。

正因为站在最前列，腾讯研究院的研究人员得以更早、更快感知数字化浪潮的汹涌澎湃，以及感知逐浪者的责任与风险……

作为在TMT行业有着十多年研究和管理咨询经验的一位年轻的“老兵”，吴朋阳对未来的眺望、展望极其有代表性，他代表的，不仅是腾讯，更是站在数字化浪潮最前沿的实践者、思考者们。

这是他的思考——现代社会发展过程是人类科技树不断被点亮的过程；2020年受新冠肺炎疫情冲击，将是未来产业形成以至重构全球价值链的拐点……

这是他的呼吁——推动数据要素“石油化”；未来的产业互联网，底盘要够“厚”……

这是他的建议——关键任务之一就在于全面推进数字化；发展未来产业需要因地制宜、形成联动；要开放合作，未来产业是全球层面的产业变革，需要国内国际双循环的支持……

这是他的畅想——更具韧性的数字经济体系，更健康强壮的人类，以及更高性能的新材料，三者协同并进将促成产能的再次飞跃。

现代社会发展过程是人类科技树不断被点亮的过程

问：在您看来，习近平总书记为什么多次强调“未来产业”？

吴朋阳：2020年新冠肺炎疫情给全球经济造成巨大冲击，众多传统产业因而收缩甚至“停摆”，经济危机的阴霾弥漫。如何变革产业以获得持续发展的新动能，成为所有国家和经济体面临的最紧迫问题。

“未来产业”的提出，是我们国家领导人对大时代变革的重要判断和期许，是适配国民经济从“高速度”到“高质量”发展阶段转换的必然需要。

经济增长需要未来产业带动。典型的如新冠肺炎疫情期间受隔离和封禁的影响，实体活动大幅受限，但由于数字技术快速打造出了各种数字空间和服务，使得众多产业和企业能够继续经营，有效保障了经济的恢复乃至再增长。

未来产业是科技发展规律所致。**现代社会发展过程是人类科技树不断被点亮的过程，科技创新突破所需要的投入持续增大，如现在的互联网、人工智能，未来的量子计算、脑机接口等。**这些新技术要真正发挥作用，越来越有赖于产、学、研深度结合加快产业化，实现规模经济效应。

未来产业将牵引全球价值链重构。从历史规律看，全球化以来每次经济危机都会伴随产业革命，影响全球产业分工和价值链的变动。在经济危机中抓住科技发展机遇，占据新兴产业、高端产业位置的国家，都率先走出危机成为全球经济的新领航者。**2020 年新冠肺炎疫情的冲击，也将是未来产业形成以至重构全球价值链的拐点。**

关键任务之一就在于全面推进数字化

问：未来产业的内涵、外延与核心是什么？

吴朋阳：未来产业是一个开放性的议题，很难有一个明确的定义。把握“未来”概念可以从相对的角度来看。相对“过去”或者传统产业，未来产业应该至少包括两方面：一是新兴的产业，指过去没有、正在涌现、未来可能成为主流的新产业，如量子计算等技术革命孕育的新产业，又如共享经济、协同办公等新应用和商业模式形成的新产业；二是传统产业的革新，指借助新技术和新模式对传统产业进行改造升级，使其适应未来环境与市场需要，像智慧零售、智能制造等产业数字化转型，都应该属于未来产业的大范畴。

由此可见，未来产业和战略性新兴产业的关系已然明晰。战略性新兴产业属于新兴产业的战略重点部分，也就是未来产业的一部分。习近平总书记将两个概念放在一起提出，实际上是既提出了大方向要发展未来产业，又提出了其中重点是战略性新兴产业。战略性新兴产业是未来产业的核心部分，将为未来产业提供关键技术和前沿技术的关键动力。

未来产业覆盖面广泛，具体重点是什么？从习近平总书记相关讲话中可以看到，**数字经济、生命健康、新材料是提及最多三个代表性产业，提示了未来产业发展的三个重要维度。更具韧性的数字经济体系，更健康强壮的人类，以及更高性能的新材料，三者协同并进将促成产能的再次飞跃。**

数字经济在三个代表性产业中排名首位，凸显了其重要性。**发展未来产业，关键任务之一就在于全面推进数字化，实现各行各业的数实融合，提升效率、降低成本，**并孕育出新模式和新业态，从而创造新价值。

推动数据要素“石油化”

问：如何孕育和发展未来产业？

吴朋阳：新冠肺炎疫情全面淬炼了各行各业，能有效应用数字化持续经营的企业成为幸存者，勾勒出未来产业的基本样貌。**从基础设施、生产要素到各行各业的商业和运营模式，未来产业正在走向全面数字化。**

从数字化的角度打造未来产业，可以做一个形象化的比喻。新基建是路，数据要素是油，产业互联网是车，这个数字化的“路—油—车”体系就是未来产业的核心结构，运转起来将为经济发展注入新动能。

首先，要修实新基建“高速路”。

新基建不仅是数字基建，更是全社会基础设施的数字化。相对于传统基建来讲，新基建的最大特点是数字化带来的实时弹性。如新冠肺炎疫情期间，远程办公需求激增，腾讯会议为了有效保障需求，仅用 8 天时间就扩容 10 万台云主机、100 万核计算资源。具备这种高效的弹性调整能力，才能实现对各种突发情况的及时应对。

建设落实新基建，需要转换与传统基建不同的思路。**“铁公机”为代表的传统基建，最大的特征就是重“硬件”。而新基建的核心是数字，硬件是外壳，发挥作用的根本部分在软件。因此，投资建设新基建时应避免重“硬”轻“软”**。以云计算为例，数据中心的机房和服务器是新基建，上面承载的 IaaS 和 PaaS 也属于新基建。典型的像工业领域，腾讯云与烟台、张家港等地合作，落地工业云基地，通过搭建工业云和工业互联网平台等，帮助各地吸引和推动工业企业实现上云转型。这些都是新基建能够成功投建和应用的关键。

新基建要充分发挥作用，未来更重要的在于对传统基建的数字化改造升级。当前传统基建在社会投资中仍占据主体，但随着我国城镇化建设水平的逐步提升，其投资的边际效益已经持续降低。新基建的建设能够为传统基建注入数字韧性，带来产业经济的数字增量，有效优化投资结构。

其次，要推动数据要素“石油化”。

未来产业要获得价值增量，关键在于有效淬炼数据要素“石油”，为各行各业的“车辆”提供动力。数据已成为国家认定的新型生产要素，数字化的世界每个角落都会产生数据，数据也将反过来为世界提供多方面的价值。对个人而言，数据将带来更高效、更精准的服务；对企业而言，数据将有效支持业务创新，并帮助企业提升生产运营效率；对国家而言，数据将成为新型资源，为国家经济发展提供增量和增效空间。推动数据要素化，既要“促进流通”又要“保障安全”。

促进数据流通方面，需要采取审慎包容的监管，为数据创新留有充分空间。推动社会公共数据的开放共享，为产业创新提供丰富的数据资源。像医疗、教育、交通等公共服务领域，很多数字应用的开发创新，都需要基于足够的公共数据来建模和训练。促进政府数据和社会数据的结合使用，有利于加快智慧医疗、智慧教育、智慧交通等产业培育和升级。

保障数据安全方面，法律法规的建设完善是基础，同时更要充分发挥技术的作用。数据安全的保护不是静态的，要考虑从生成、流通到存储、使用的全过程。腾讯安全制定的零信任能力图谱，从身份可信的识别、无边界应用访问控制、安全可视化、无边界网络访问控制、持续信任评估等多方面，组成了系统化工具全方位保障数据安全。新冠肺炎疫情期间腾讯天衍实验室与微众银行合作，共同研发医疗联邦学习框架，成功实现在保护不同医院数据隐私下的疾病预测模型，为慢病防控、疾病早筛、医保控费等多个探索方向提供了有力支持。

最后，要造好产业互联网“智能车”。

产业互联网是跑在新基建上的各种“车”，是产业和互联网的深度融合，代表了各行各业的数字化“运载能力”。跑好这辆“车”并不容易，不仅需要“车”本身——商品和服务的数字化，更需要“造车”“用车”——生产运营、管理决策等的全面数字化。最早上路的“车”是第三产业，因为需求相对简单。如依靠微信小程序，大量企业能够很方便开展线上服务运营，2019 年累计创造了 8000 亿元交易总额。

现在到了第一、第二产业需要加速“造车上路”的时期，难度提高了。像制造、能源、建筑等行业普遍都比较复杂，生产运营链条长、有自身的专业技术标准和基础设施。这需要数字化综合解决方案，既要有上层应用工具，也要有中间的平台和底层的数字化基础设施。例如，腾讯云与长沙合作，对公交进行了全线数字化升级，在道路、交通灯、公交车等数字化改造基础上，推出微信小程序“潇湘出行”，实时提供车辆位置、到站时间、搭载人数、行驶速度及路口信号灯状态等信息，实现了“路—车—人”的有效协同。

未来产业互联网：底盘要够“厚”

问：未来产业互联网的发展重点是什么？

吴朋阳：未来产业互联网的推进，重点体现在三方面：一是底盘要够“厚”，基础技术要足够丰富和有效，才能撑得住上层的各种需求。腾讯基于 20 多年的技术积累，已整合云、AI、5G、IoT、大数据、安全等关键技术能力，组成工具箱开放给各行各业加速升级。二是中台要够“智”，通过智慧中台打通企业的各领域，帮助企业更智能地开展生产经营。腾讯将大规模用户运营和服务中积累的中台能力对外输出，已帮助很多地方和企业成功打造了中台化的智慧运营体系。三是生态要够“活”，未来各行各业都会在数字化过程中形成新生态，也需要通过生态共赢的方式实现可持续发展。腾讯一直是生态开放合作的提倡者，积极推动生态建设全方位助力企业数字化转型。目前腾讯的产业生态合作伙伴数量已突破 7000 家，提供渠道、服务、咨询、研发等各领域支持，覆盖政务、医疗、工业、零售、交通、金融等众多行业。

发展未来产业需要因地制宜、形成联动

问：未来哪些区域、哪些产业是重点？

吴朋阳：未来产业的空间布局，需要对全国产业发展尤其数字经济发展情况有整体视图。腾讯研究院从 2015 年开始推出数字中国指数，从消费、产业、政务等维度综合测算全国 351 个城市的数字化发展程度，为业界提供大数据全景观察视角。根据 2020 年我们最新一期报告，随着全国数字化持续提升，**不同区域、城市和行业数字化情况差异明显，发展未来产业需要理解数字化的分布特征，因地制宜、形成联动。**

一是要以数字化强化核心城市群建设。目前我国主要有 11 大城市群，数量约占全国城市一半，但其数字中国总指数占比高达 70%，表明核心城市群数字化动力更强、孕育未来产业的潜力更大。**其中，珠三角、长三角和京津冀的数字化体量名列前三，是未来产业变革的中流砥柱，应以数字化进一步强化城市间联动、形成跨区域的产业协同布局与创新体系。**

二是要突出各地产业特色实现产城融合发展。城市方面，北上广深数字化规模领先，成都和重庆西南双核紧随其后，加上东莞、郑州、长沙和西安组成全国前 10，是未来产业变革的领头羊。具体以“用云量”来观察各城市不同产业数字化体量，发现特色明显。如上海和杭州最突出是电商，北京和广州最突出是数字内容，深圳和东莞最突出则是手机，都与各地的资源、人才乃至文化密切相关，需要因地制宜发展合适

的产业。

三是要把握重点产业分布情况打造未来产业带。产业带是产业活跃和规模化的标志，是未来产业发展需要迈向的目标。以数字内容为例，其产业规模分布已形成横跨南北方、东中西部的“十”字形高地，串联珠三角、京津冀、长三角、成渝和长江中下游等五个城市群，数字化规模占全国总体超过一半。从增速上看，还呈现出东部沿海、长江沿线两大高速增长带，形成了未来数字内容产业的主动力。

要激发创新，不唯技术论

问：您在发展未来产业方面有哪些政策建议？

吴朋阳：未来产业的发展，必然会引起传统产业的变化，需要政策相应调整，给予充分的创新空间。

首先，要激发创新，不唯技术论，而是从满足市场需求角度欢迎技术、产品到商业模式各种层面的创新，同时进一步完善知识产权保护。

其次，要支持跨界，尽量减少对产业和市场设边界、划禁区，允许和鼓励不同产业企业的跨界合作创新，共建新生态、共创新产业。

再次，要开放合作，未来产业是全球层面的产业变革，需要国内国际双循环的支持，促进并加强国内和国际产业链的对接合作。

最后，要包容试错，未来产业的变革面临高投入和高风险，需要良好的营商环境允许试错，坚持以市场作为创新的“试金石”。

第三篇

做瞭望者，更做践行者

——创新型企业家沉思录

信息时代同时也将是生物学时代。

——[美]约翰·奈斯比特、帕特丽夏·阿伯丹:《2000年大趋势——90年代十大新趋向》

事关一个国家在未来世界竞争格局中的位置

——与深圳赛动生物自动化有限公司总经理刘沐芸面对面

刘沐芸，理学博士，个体化细胞治疗技术国家地方联合工程实验室主任，深圳科诺医学检验实验室创始人，深圳赛动生物自动化有限公司董事、总经理。国家高端智库—中国（深圳）综合开发研究院特约研究员，中国妇幼保健协会——妇儿生物样本及生物信息数据研究与应用分会秘书长，中文核心期刊《中华细胞与干细胞》副总编，深圳市决策咨询委员会、先行示范区专家库专家。

从事生物医药、细胞治疗技术等相关行业的技术研发、管理等十余年，完成多种来源干细胞规模化制备工艺、长距离运输和保存、干细胞分化调控等技术研发，研究成果“异体间充质干细胞治疗难治性红斑狼疮的关键技术创新与临床应用研究”荣获2019年度国家技术发明奖；目前已在生物医疗领域申请了相关专利180项，其中59项获得授权；致力于干细胞再生医学技术从实验室到临床应用的一系列标准、规范和体系的建立与完善等。

作为发起人之一，创办《中华细胞与干细胞》期刊。作为产业政策研究专家，主笔参与深圳市政府战略性新兴产业以及未来产业中长期发展规划纲要，参与了《深圳国际生物谷总体发展规划（2013—2020年）》的编制。主导编写发布了《细胞储存产业发展研究报告（2018）》。

手记　分享未来产业发展的美好前景

和刘沐芸博士相识几乎有10年了，那是国际金融危机之后一次中央领导到深圳考察，第一站就是胡祥博士和她创办的北科生物，当时只知道他们在做干细胞研究，而且是干细胞临床应用研究。作为随行记者，我第一次知道了北科生物，知道了刘博士……

一晃就是10多年，我发现，这位中山大学毕业的博士一直极其执着地耕耘在细胞领域——不仅参与创办北科生物，创办中国首个独立第三方细胞质量检定平台——深圳科诺医学检验实验室，还率先专注研发“大规模、全自动、封闭式”细胞制备装备，成为个体化细胞治疗技术国家地方联合工程实验室主任，并且积极跟踪国际前沿，参与智库研究和政府决策咨询，成为中国（深圳）综合开发研究院特约研究员、深圳市决策咨询委员会委员以及首批先行示范区专家组成员。

深圳这片土地，为生物医药产业的发展乃至先行先试提供了可能。

从2019年8月9日中共中央、国务院下发的《关于支持深圳建设中国特色社会主义先行示范区的意见》中提出“先行先试国际前沿医疗技术”，到2020年10月11日中共中央办公厅、国务院办公厅印发的《深圳建设中国特色社会主义先行示范区综合改革试点实施方案（2020—2025年）》赋予深圳在人工智能、无人驾驶、大数据、生物医药、医疗健康、信息服务、个人破产等领域的先行先试权，支持深圳开展“国际前沿药品临床应用”，两个文件提出了一系列改革措施。刘沐芸提出了两个建议——建议加快先行示范区生物医学大数据设施建设，建立相关数据管理标准、规范和交互机制。因为深圳不仅有基因库，也有细胞库，还有公立医院信息系统，具有在先行区建设融合“基因水平、细胞水平和临床水平”的生物医学大数据设施的基础。

但如何发挥效用，并避免当前消费互联网领域对个人行为产生的数据进行“掠夺性滥用”在生物医学大数据领域重蹈覆辙，保障生物医学大数据取之于民、用之于民、造福于民，则亟须制定不同数据源的确权标准和交易、流通机制。如生物医学大数据中个人相关数据的权属、标准、交易规范和定价等，在保障个人隐私、个人数据效用和个人健康促进之间的均衡，至少在大湾区内开放共享，对深圳乃至大湾区的医学人才培养、医学研究水平、临床救治能力等起到积极作用。

截至 2020 年 11 月，全球已批复上市的细胞产品（包括基因治疗产品）共 55 个，包含免疫细胞产品 7 个、基因治疗产品 7 个、细胞产品 20 个、组织工程产品 21 个，但中国到目前为止，由于种种原因，细胞产品上市尚未实现零的突破。

“我们曾经在干细胞技术的临床转化方面走到过世界前列。2008 年，美国《商业周刊》评论‘寻找干细胞科技的前沿不在剑桥，不在斯坦福，也不在新加坡，而在中国深圳’；《华盛顿邮报》也曾以‘干细胞赛跑美国会输给中国？’报道敦促美国国家部署干细胞产业发展战略。但为什么我们‘起了大早，却连晚集都没赶上呢？’这说明战略性新兴产业的发展需要国家统一战略部署，配套实施路径。其实美国也一样。”刘沐芸在各种论坛和培训班上呼吁……

2014 年设立的“深圳市未来产业发展专项资金”实施“个体化细胞治疗‘创新链＋产业链’融合专项”，部署设立了区域性的第三方细胞质量检测机构——科诺医学，夯实产业链水平，并可以为细胞从业公司提供细胞质量检测。

“合法、合规、稳定地供应细胞，干细胞企业的发展机遇蕴藏在责任履行中，履好责才有发展机遇。我们必须遵从行业的科学规律，从产业链上的关键环节进行把关，即便是包容审慎的监管环境，也是要在保障安全性的前提条件下再去验证有效性，这样才不会再出现像魏则西这样的事件，导致整个行业停滞。”刘沐芸说，尊重干细胞临床研究的基本规律，夯实看不见的软实力，履好从业基本责任，我国干细胞临床研究转化才会充满机遇，我们也才有机会分享未来产业发展的美好前景。

作为“生命健康”这一未来产业的组成部分，听说我们进行调研，她极其认真地进行思考和回答……

未来产业至少有两个层面，并且无法分割

问：您如何看待习近平总书记提出的“未来产业”？为何总书记多次要求“抓紧布局”？

刘沐芸：未来产业事关一个国家应对突发公共危机的能力和从重大危机中恢复的弹性；事关一个国家在未来世界竞争格局中的位置；事关一个国家对未来引领世界发展方向关键核心科学技术的掌控能力，以及对未来科技成果转化的变现能力。因此，主动部署基于前沿科技研究成果转化的未来产业，有利于我国第二个百年目标的实现，也有利于推动人类命运共同体的构建。

未来产业至少有两个层面，并且无法分割，第一是未来技术方向的把握和掌控，第二是能将这些未来尖端技术成果量产的能力，也就是“技术方向＋量产能力”才等于未来产业，二者缺一不可。只有技术方向而没有量产能力是无法形成产业的。2020 年美国“部署未来产业的优先事项”中，列入了先进制造能力，不仅把握了方向，而且具备将科技创新转化为改变规则的具体产品和服务的能力。因此，先进制造能力就是一种保障力，这里就包括了新技术量产需要的复杂工艺、特殊材料、尖端人才、高端装备等。

这里有一个例子，大家都知道摩尔定律，但在早期的时候，Intel 虽然研发芯片的能力超强，但其要实现“摩尔定律”获得竞争优势，却是依靠日本对其研发最新芯片的量产能力。也就是说，虽然 Intel 的研发

团队能研发出最新的芯片，却得要花钱买日本研发出的最新芯片。因此，前沿技术和量产能力缺一不可。

哪个国家在这些领域形成竞争优势，就将成为未来世界的规则制定者

问：您认为未来产业有哪些特征？为什么习近平总书记将数字经济、生命健康、新材料等作为战略性新兴产业、未来产业的代表？有何深意？您看好未来哪些行业的发展？

刘沐芸：未来产业的主要特征其实就是习近平总书记讲的“四个面向”，既有“0 到 1”的“面向世界科技前沿”，也有“1 到 100”“面向经济主战场”的工程创新，也有“面向国家重大需求”的产业基础设施和科学技术设施，还有“面向人民生命健康”的生命健康领域。

未来产业主要指的是支持数字经济实现的人工智能、量子信息科学、5G 等先进通信技术，有新材料的先进制造技术和实现生命健康的尖端生物科技等。这些都能极大地改变当前经济社会运行模式、规则和通信、交互方式，也就是“游戏规则的改变者”。甚至可以这么说，**哪个国家在这些领域形成了竞争优势，这些国家将成为未来世界的规则制定者。**

期盼在未来产业的形成过程中有“中国力量”

问：在您看来，有哪些抓住未来产业而成就一个国家、一个企业的代表性案例？

刘沐芸：从近现代来讲，最明显的例子就是美国在信息经济中主导地位的形成，信息经济中占主导地位的高科技公司也基本都是美国公司。通过分析发现，**这些厉害的高科技公司的产生都是有根源的，都是来源于伟大的科技工程计划，也就是我们通常讲的大科学计划催生的具有爆发性的产业。**我们知道，20 世纪初期的理论突破，推动了三大科技计划的发生，曼哈顿原子弹计划、阿波罗计划和人类基因组计划，直

接奠定了电子信息产业的硬件、软件基础。晶体管的出现促发了计算机由商用到个人电脑的普及进程；阿帕网实现首次远程通信，标志着互联网的诞生，开启了信息经济时代。人类基因组计划催生了高通量测序仪的出现，世界最大的测序仪公司也出现在美国，引发了生命密码解读的革命。这些大的科技工程推动了人类社会获取数据的能力不断进步，以及获取数据的成本持续下降。

而这些重大的科技工程均是由美国发起，大量的知识成果、人才和供应链外溢，科技工程的红利也基本由美国享有。其间，美国出现了一些信息经济时代的领头企业，有硬件公司，如 Intel、IBM，有软系统公司如 Windows，有平台公司如 Google、Facebook，还有“软、硬 + 服务”一体的苹果等，还有一些“隐形”能手，如高通公司等。人类基因组计划出现了测序仪研发生产企业，占据了测序服务链的顶端。这些不同领域中的领头企业均是出自美国，也就形成了美国在信息经济的优势地位，掌握着话语权与标准制定权，并且这些企业间相互交织、软硬兼容，在供应链互为上下游，形成了良好的协同创新网络，在一定程度上具有相互促进的效用。

当然，我国也有类似的例子，就是华为公司，因为抢先部署了 5G 技术、专利和标准，在 5G 领域形成了相对领先优势，这是非常不容易的。但可惜的是，5G 时代中国只有华为一家公司，走出去站在了 5G 之巅，未免显得有些势单力薄，而不像美国那样，走出去的是一群企业，这一群美国企业在多个产业领域占据了不同的环节和卡位，有点儿“集团作战”的意思。

因此当下，习近平总书记多次要求抓紧布局，培育发展产业，**就是希望有一系列的中国科技公司，形成创新协同网络，形成企业集群走出，在未来产业的形成过程中涌现“中国力量”，届时的“中国力量”将是一批企业，并具有互补性、兼容性、梯次性，构筑中国企业未来产业创新联盟走向世界。**

未来产业：只有为数不多国家能获得先机并占据主流

问：战略性新兴产业和未来产业之间有哪些异同？

刘沐芸：某种程度上，战略性新兴产业是一类以重大技术突破和重大发展需求为基础，对经济社会全局和长远发展具有重大引领带动作用的、成长潜力巨大的新兴产业。

但战略性新兴产业与未来产业有一个不同，前者能有效地帮助低劳动成本地区大幅度脱贫，战略性新兴产业通过效率的提升对40年前经济社会的运行方式带来变化，带来资源的全球配置和部署，很有资源再配置的意思。**而资源的再配置则为发展中国家提供了赶超发展的机会，尽管需要时间，但后发国家在资源的再配置、价值再创造和再分配的过程中仍有赶超的机会。**

而未来产业则不同，自现在开始，我们谈论的未来产业，改变的将是经济社会运行规律、规则。下一波，最先驱的产业成为主流后，改变的可能是当前的社会结构，可能只有为数不多的国家能获得先机并占据主流，经济社会层面可能也只有少数群体能晋升为主流。**而未来科技和产业带来的国与国之间的差距、社会阶层之间的差距可能难以追赶和弥合，有可能落后就是永远落后。**

因此，超前主动部署未来产业既是战略性的选择和部署，也是经济社会发展到现在的一个必然选择。

从国家层面进行整体规划

问：您认为我国该如何形成未来产业的空间布局？深圳赛动生物自动化有限公司所在地区是如何在未来产业布局的？

刘沐芸：当前，我国已经进入“十四五”时期，发展未来产业，区域间应该是协同、互补，而不应该是同质化的竞争关系。即便是竞争也是高水平的竞争、促进，比如供应链的竞争，或就链条上的关键问题进行竞争，谁率先突破、谁率先量产等，而不是简单的“一窝蜂”重复。

因此，我觉得，首先在国家层面应该沿着习近平总书记的思路整体规划未来产业的内涵，并尽可能梳理什么样的科技创新能“引爆”未来产业并在我国出现，也就是我国能成为至少 1–2 个未来产业的策源地，这样未来发生现在这种“国际形势”或者重大公共事件时，我国有足够的科技和产业实力开展谈判而且能实现互换、互惠。可以根据不同城市的产业历史沿革、当前产业基础、人才供给情况、不同地方资本的偏好，关键是龙头企业或核心企业的存在状态，遵循产业爆发性成长的规律部署未来产业，完善链条，并夯实产业基础。

每个产业在链条上都有高显示度的环节和显示度没那么高的环节以及“隐形”卡点，对于未来产业的部署、发展应该考虑产业配套、上下游供应链的完善，而这一点核心企业或龙头企业比任何规划者都清楚。可能不需要全链条每一个节点都要规划部署，但关键核心环节不能空着，也就是资源要根据产业链的需求和产业发展进行相应配置，不能空。尤其是关键核心节点，显示度不高，复杂性强，研发难度大但又必不可少的，如细胞产业中的关键设备和培养基、关键耗材等细胞技术和产品所需的关键物料等，要结合产业需求，主动部署，精准发力。但目前，不论是企业本身还是政府规划都过度关注技术或产品本身了，而不关注这些“厉害”的细胞产品和细胞技术怎么来的。这种“厉害”如何能成为一个常态化的产品进入临床使用，而不是一次性的“传说”。这就需要关键产业的底层基础以及支撑底层基础的核心部件。而只有这样打实基础后，产业链上的产品、服务和生态才会稳健，才有可能出现走出去的大企业，并且不会出现当前的“大企业走出去后，走着走着脖子就被卡住了”的现象。

基因测序行业也是，人类基因组计划开展以来，美国率先大规模量产了高通量测序仪，然后世界上不管哪个国家发展基因测序服务，归根结底都是在支持美国的测序仪公司。细胞产业也是如此，中国不管哪个城市发展细胞产业，哪个医院提供细胞技术，归根结底都是在支持美国的设备公司、试剂耗材公司等。我们铆足劲要摆脱“世界工厂”这一被动“定位”，但基因测序服务、细胞产业以及我们论文越来越多的生命科学领域，无一不是在替这些设备、试剂、耗材企业“打工”。未来产业，我们要变被动为主动，让国际上这些公司为我们国家的发展“打工”。因此，每个产业所需要的关键核心底层的部署非常关键，不能忽略。

中国这么大，**不同的城市有其特色的大学基础、人才基础、产业基础和优势企业等。因此，不同的城市应基于这些基础部署不同的未来产业重点**，依照产业的共性规律，结合自身的基础条件，从现在开始，稳步推进，到2030年，或2039年，我们会没有收获吗？也就是用“有形的手”进行规划设计部署，通过“无形的手”进行市场竞争，在不同的城市形成不同的产业群落，这样相应的人才、资金和对应的政策、法规自然就会流向其该去的地方。

其实，政策的争取也是如此。以深圳为例，深圳的许多看似特殊的政策需求是在发展过程中表现出来的，并不是先有政策再发展的，而是先发展，在发展中遇到了困难和问题，然后就某一类具体的困难和问题的解决提出政策需求，向中央申请，如国际前沿技术的先行先试、大数据标准立法等，因而这样的政策也就有特别意义。

建议围绕核心企业成为行业龙头进行链条配置

问：作为深圳人，您认为深圳这片“热土”应该如何发展未来产业？

刘沐芸：我是深圳人。深圳的产业基础是电子信息产业，部署的未来产业包括生命健康和生物科技等。这些领域对应的行业龙头企业或核心企业都是深圳的本土企业。也可以反过来讲，龙头企业或核心企业在本地的，类似的产业链和人才也会相应地配套较为完善，如智能手机、细胞治疗、基因测序等。

因此，我认为，需要在优势产业的基础上发挥行业龙头企业、核心企业的推动引领作用，围绕着行业龙头企业，尤其是还没有成为龙头企业的行业核心企业的发展需求进行部署、配置。这样说的意思，并不是说支持某一个具体的企业，而是围绕着核心企业做大做强，发展成为行业龙头进行链条配置和资源流向引导，至于具体哪个企业能发展起来就看市场竞争了。

以细胞产业为例，作为行业核心企业，从北科生物在发展的过程中看到，当前手工生产线上的一系列的进口设备、专用耗材、关键物料等的进口依赖严重，如果全部、逐一进行国产替代，难度非常大。但有一个关键机会在于，目前人工制备线上的关键进口仪器、设备都是为人工操作配置的。

细胞产业的发展，对大规模自动化细胞制备装备的硬需求非常迫切，因此我们在细胞产业中的关键仪器、设备就有了“换道超车”的国产替代机会！于是，我们就迅速成立了赛动生物自动化公司，专注于“大规模、全自动、封闭式”细胞制备装备的研发。细胞制备工艺研发团队是北科生物现成的，不同细胞产品的工艺在北科也是现成的，并且都是在临床研究实践中通过临床应用反馈的优化工艺。于是，我们确立了工作目标和技术路线：首先将北科现有的、行业应用最广、批复产品最多的间充质干细胞的大规模的手工工艺自动化，率先实现人工工艺的自动化替代、质量的均一、成本优化和质量提升，然后通过实践中“生产端——临床研究端”反馈升级实现“自动化制备”，即实现自动化工艺，完全取代人，实现细胞制造自动化、智能化、数字化和柔性化，推动细胞产业的工业化进程。

经常有人问“赛动这么小的公司，怎么能做这么大的事儿？”这是因为，我们在细胞工艺研究和合格生产细胞方面具有深厚的积累和知识，我们只是需要将现有成熟的人工生产线转成机器的操作指令，这里涉及电气、机械、软件、光学等自动化细分领域。

因此，赛动生物用成立后的两年时间，最快实现国际“细胞行业中大规模、全自动、封闭式”装备的从无到有，推出干细胞自动化制备全球首台套：CellAuto-Stemcell，并通过自动化装备这一新赛道突破现有“人工制备赛道”中国际巨头的垄断，重构细胞产业供应链。这些到现在，都被视作是“不可思议”的。

直到 2019 年 12 月，美国发布了“细胞制造国家路线图 2030”，路线和我们具有惊人的相似，证明行业核心企业对产业发展的需求是来自于对产业的深度参与进化，并且在自身的发展与进化中形成了发现需求以及解决问题的能力，不是凭空而来。

讲这个例子是想说明，**地方政府发展一个新兴产业或者“引进来”时，要关注的是当地核心企业的发展需求**。通俗地讲就是如何通过建设一些新兴产业发展的共性需求和能力，推动核心企业迅速做强做大，并且在新兴产业供应链构建的过程中，不断涌现新的细分领域的核心企业。比如，过去细胞领域只有细胞技术公司北科生物较为突出，随着行业发展的需要，逐步涌现了行业发展所必需的质量检测机构科诺医学、细分产业人才培训和能力认定机构，还有细胞“智造”的赛动生物自动化等。因为有了这两个行业关键共性的“智造、质量”公司，反过来又增加了深圳对细胞技术团队的“磁铁吸引”效应。最近就有几个外省的细胞技术团队到深圳落户，不是因为深圳有“钱”的吸引力，若比“钱”的话，他们当地政府的支持力度远超深圳。为什么他们会来到深圳这样一个“不熟悉”的城市呢?

这些落户的团队告诉我，就是因为深圳的细胞产业基础相对其他城市完善，科诺医学可以提供送到中检院质量复核前的质量检测工作，可以为企业节省大量的时间成本。而赛动生物自动化可以支持其产品申报前的工艺自动化，因为现在开始规划设计细胞产品申报，到向国家药监部门提交产品申报数据时，一定是自动化工艺时代了，目前只有在深圳能找到较为完善的配套。当然，还有深圳对新兴的细胞产业采取的“科技成果 + 地方标准”的监管与发展并举的良好营商环境和产业细分人才培养供给体系。

因此，我们可以看到，一个城市发展新兴产业，仅仅“给钱”可能行不通，而是要从产业链条尤其是关键共性的链条卡点去考虑。这样，**一个地区可通过完善供应链条关键卡位做实产业基础而发展成为一个最有希望的新兴产业或未来产业的策源地，由单纯的“物理积聚”转向产业生态协同的“聚变效应”，由初期的一个或不多的核心企业发展出链条上多个关键环节的领头企业，而形成产业集群，并成为产业策源地。**这对地方政府和核心企业来讲是一个相互协调、相互促进的动态发展、成长的过程。

这个领域将大有希望

问：您认为我国未来哪些领域可能诞生世界级领军企业？

刘沐芸：未来可能有两种：

一是现有的优势领域，结合当前的国际形势，查缺补漏，借助“内循环”这一特殊的发展契机，基于需求出发，面向未来，精准发力，提升数字技术领域的软硬件研究水平和实力，加之我国的超大人口基数以及对未来美好生活向往而来的巨大需求，我国有可能在以数据驱动的不同产业领域都出现世界级的领军企业。因此，以下几种能力可以关注：基于检测技术对数据的获取能力，基于算法、算力对数据的理解能力，基于先进制造对数据的制造能力，基于移动互联对数据的传递能力。

二是国际上处于同一起跑线但还未形成不可逾越差距的新领域。大的科技工程如人类基因组计划演变而来的新领域。人类基因组计划并不是只有基因测序，而是**通过人类基因组计划为我们提供了一个更准确、更低成本、更精细认知生命的工具和方法，改变了我们对生命发育，生物农业，疾病发生、发展和治疗，药物研发等的认知路径和研究范式。**我国在人类基因组计划这个领域的起跑时间、成果以及企业布局与国际都是同步的。假以时日，我们发挥“有形的手”对产业基础的规划组织能力，结合“无形的手”的市场筛选机制，现有的行业核心企业会发展成为世界级领军企业，未知的领域会涌现出新的世界级领军企业，如赛动生物自动化这样具备数据制造能力的企业。**关键在于我们是否足够开放、是否具有对现有行业和未知行业发展的动态适应性和前瞻理解力，尤其是要有创新自信，不能再唯美国的马首是瞻。**

内循环为企业、产业提供了难得的追赶契机

问：您如何看待习近平总书记提出的构建国内国际双循环相互促进的新发展格局？这将对未来产业的布局和发展产生哪些影响？

刘沐芸：通过特定历史阶段的内循环构建国内国际双循环相互促进的新发展格局，可以说既是战略选择，也是大国向强国迈进的必经阶段。

他国的发展史可以佐证。第二次世界大战期间，由于美国制造业内循环的充分，极大提振了美国经济，提供了就业岗位，提升了美国国内的经济收入和水平，因而从精神上充分动员美国民众愿意加班加点、夜以继日地生产制造战争所需要的武器装备，具备了民众愿意参与生产的正当性。另外，美国国内的相关行业的“创新链—产业链—量产所需的供应链”非常完善，产业基础非常扎实，在实力上保障了武器装备在国内能生产并保质保量按时生产。特殊时期“打赢这场战争”的国际动员创造出巨大的需求来消化其巨大的产能，这就锻造了美国制造的基础、能力和质量，也为美国战后能迅速借着“战后恢复”的巨大国际需求这一契机输出国内的超量产能、制造能力和管理知识奠定了基础。这是一种通过内循环重塑国际循环最后形成国内国际双循环的实例。

而这一点在我们此次迅速对新冠肺炎疫情做出防控反应，并率全球之先复工复产方面也得到充分的印证。我们的口罩和防护服能从 2020 年 2 月初的短缺到在之后一个月的时间内就供应充足，核酸检测从刚开始每天不足 200 份到 4 月份国内已经可以全民筛查、追踪、迅速推出感染源追踪的健康码等，这些都是得益于这些领域的产业链和供应链在国内非常完善，人才储备充分，可以迅速地组织生产，提升产能，在认识到疫情防控的常态化后，这些迅速组织起来的产能为疫情防控常态化的复工复产提供了必备物资的保障基础。并且，这些疫情防控所必需的防护物资和检测能力优先保障了国内复工复产的需求后，也及时向世界其他国家和地区输出。其实，这就是一种基于内循环重塑国际循环最终实现国内国际双循环相互促进的具体实例。现在需要将这种循环应用到更多领域、更广的行业。

从华为的芯片和操作系统发展来看，内循环为华为的芯片和操作系统在终端实际应用、反馈迭代提供了难得的战略机遇期。国内很多部件并不是研发不出来，而是没有机会在实践中反馈迭代出“大规模、高性能、低成本”的好产品，内循环实际就是为企业、产业提供了难得的产品“好不好”的追赶契机。

内循环也为赛动生物自动化这一类的公司提供了“赛道抢跑”的机遇期，目前国内已有70多项干细胞临床研究项目通过备案，但由于制备、冷链运输、监管审查等方面原因，只有少数临床研究项目得以开展，赛动生物自动化的CellAuto-Stemcell可以为这个困局提供解决方案。在为细胞公司、医院和监管提供便利的同时，CellAuto-Stemcell获得实践反馈快速迭代的大好时机，这样即便美国2030年实现其国家路线图的既定计划，那时，我们已经形成经过实践持续反馈的动态优势了，他们就很难追赶。因为**“信息结合生物”的时代，先发优势将是一个动态的迭代优势，而不像农业时代或工业时代的先发优势相对静态，不再为后来者提供追赶的时间窗**。就如同此次的新冠肺炎疫情核酸检测，由于是全新的病毒，各家研发的试剂、方法等在灵敏度、特异性、准确性等方面都存在欠缺，但现在就可以看出，检着检着差异就出来了，谁检的样本多、积累的数据多，谁就从实践中获得了反馈迭代，谁的水平就上去了。外国的再好，没有实际检测过，灵敏度和特异性很难优化。这是一个由新冠肺炎疫情创造的“赛道抢跑”的特殊例子。

新冠肺炎疫情为供给侧结构性改革的深化提供了大好时机

问：您认为正在全球蔓延的新冠肺炎疫情，是否会对未来产业产生重大影响？

刘沐芸：当然会了。“三个面向”转变为“四个面向”，为我国供给侧结构性改革，提升实体经济能力和制造基础提供了难得的外部条件。这表明，新冠肺炎疫情大流行激发了世界对尖端生物科技研发突破的重大需求，要尽快夯实本国的公共卫生系统的预测、预警和应对能力，如重大恶性传染病的早期预测能力、快速诊断能力、快速遏制能力、病原溯源能力和长久预防能力等方面的研究开发。2020年8月14日，美国政府签署的《2022财年美国研发预算优先事项及交叉行动》备忘录中就将尖端生物科技的突破促进公共卫生能力和创新提升摆在了优先事项的第一项。

中国是个大市场，40 多年的改革开放为释放内需的中国人打下了个人消费和家庭消费的经济基础，激发了中国人民对美好生活的向往，供给侧结构性改革就是要保障中国老百姓“殷实”的消费力能留在国内，这就要求国内多样化、高质量的产品和服务能切实满足老百姓对美好生活的向往。而伴随新冠肺炎疫情流行，各地为防控疫情出台隔离政策，对人、物等的流通进行限制，这些都为供给侧结构性改革的深化提供了契机，为激发企业走向“好不好”的高质量发展阶段，为“个性化、高质量、成本优化”的产品和服务提供了可能。

找到每个领域“创新链和产业链”上的关键卡点重点部署

问：您认为新冠肺炎疫情后我国应如何聚焦未来产业发展，要进行哪些布局调整?

刘沐芸：我们应该明确具有基础和优势的方向，对选定的方向和领域进行链条分析，查缺补漏，或者找到每个领域“创新链和产业链”上的关键卡点，提前规划，重点部署，精准发力。这样即便未来产业的终端产品多元化，也可以确保每个终端产品中都有出自中国的核心部件和高端材料，而不只是“廉价、污染严重的生产装配”。

对颠覆性创新的想法应给予宽容、理解与支持

问：我国在把握未来产业发展机遇中还面临哪些挑战、障碍和风险？尤其是面临哪些来自外部的挑战和风险？和美国等发达国家比，我们在未来产业布局上面临哪些优势、劣势?

刘沐芸：部署未来产业，不同的国家面临的挑战和风险具有相似性，如技术方向、提前部署以及与可能应用场景的结合等等。相较行业共性的挑战和风险，我们还存在一些隐性的风险，就是对新生技术和新方向的开放、包容和前瞻还是存在很大差距。因为，具有引领性的科学发现、尖端科技和未来产业的发生需要一个开放、包容的社会氛围和体

制机制的适配和支持。现在经常讲“卡脖子”，但在全新的领域，我们是不是可以率先开展？尤其是我们已经形成领先的领域，**要抓住“赛道抢跑”的机遇期，率先跑出赛道并制定新赛道规则。而不是先伸出脖子等着被“卡”，然后再以“举国”之力去松绑。**

徐匡迪院士在2016年就提过：“对颠覆性创新的想法应给予宽容、理解与支持”。因为，颠覆性技术的本质特征是：在新想法、新技术冒尖的时候，大多数人一般都不看好、不赞同，甚至无法理解。对于这个，我自己就有一个亲身经历。

赛动生物自动化是基于先进制造的细胞数据制造公司，由行业核心企业北科生物在2016年底提出设立构想，2017年3月孵化成立，到目前已经发展到二代机，完全实现了干细胞全流程、大规模、封闭式自动化生产。美国在2019年底才以“细胞制造国家路线图2030”的形式发布，不过美国一发布就以涉及“国家安全”为由列入美国政府2020年8月14日签署的《2022财年研发预算优先事项及交叉行动》备忘录。

在发展过程中，我们也申报了一些项目，但经常被问到的问题是“其他国家怎么样”“你这公司成立时间太短，规模太小”“你们不是行业龙头”等非技术性问题。我想，出现这种情形，除了我们的审评队伍的开放、包容和前瞻不够，还有一个可能跟我们现行的“专家审评制”这一种特定的机制有关。有点类似银行，规避风险一条高效的路径就是，支持已经成长起来的企业或者已经明确的龙头企业，也就是有点“嫌贫爱富”的意思，缺乏培育新兴产业或未来产业所需的“雪中送炭”的天使职能。这可能和我们部门运行机制和背后的考核机制有关。

此外，我们评审专家的知识结构、知识储备有时并不能支持全新的科技创新的评价。与此同时，还需要配套利益回避机制，利益回避并不是说，这次你报了项目你就不能参加评审，而是要建立一种项目回溯分析，跟踪每批审评专家“评上”的项目以及“没评上”的项目的后续发展，评估“评上”项目的成长性和“没评上”项目的成长性。一定时间再回过头来看，当时审评专家的选择是否具有科学性、前瞻性以及精确的判断。**也就是建立一个与具体审评专家评审能力联系的项目数据库，**

定期追溯这些审评专家的“眼光”，然后再根据这个数据库来更新专家库。这样做并不是追究责任，而是要建立一个机制回答“徐匡迪院士之忧”。

机制调整也很重要，是不是可以针对全新科技创新领域，参照NASA资助SpaceX那样，由主管部门依据自己的职能、预算和目标自行判断和决策，并给予一定的“看错”比例包容失误？尤其是决胜未来的全新科技和未来产业的规划部署，如果再按照过去那套“专家审评”可能真的会错失发展良机。颠覆性技术，这种创新在目前的行政审批和评审制度下，是难以实现的。因为，作为一种“改变游戏规则”的前沿技术，真正的颠覆性技术具有两个共性：一是基于坚实的科学原理，它不是神话或幻想，而是对科学原理的创新性应用；二是跨学科、跨领域的集成创新，并非设计、材料、工艺领域的线性创新。考验的是人的开放性、包容度和前瞻性。

还有，关于行业领军企业的判断，是否也需要更新一下？有些行业本身就是一个新行业，这个行业的领军企业如何判断？有些公司是为了满足新兴行业形成发展的过程中出现的新需求而成立的，如赛动生物自动化，虽然才成立不久，但在细胞制造这个细胞领域，赛动生物自动化就是“领军”企业，如同SpaceX。如果讲体量、讲历史，赛动生物自动化、Space X和波音公司都不在一个量级，但SpaceX就是带着“制造出比别人更便宜的火箭，还可以回收更多”这个任务和使命出生的，在这样一个细分领域里，SpaceX就是领军企业。因此，在其发展过程中出现困难时，NASA不仅入股该公司，还通过商业订单和开放专利的形式帮助该公司发展进化，并将其与波音公司一起放到了同一个竞技场上，最终SpaceX摘取了NASA挂在美国国家空间站的本国国旗。这样，美国在商业航天领域中又多了一个公司SpaceX，而不是只有一个波音公司。

因此，**我们是否要问，当我们评审项目时，遇到和业界主流的想法相悖的、一个行业里的人从来没有考虑过的新问题时，我们是不是能够保持足够的开放？**

四点建议

问：能否结合您所在行业，对抓紧布局未来产业，提出一些政策性建议？

刘沐芸：我有四点建议：

第一，政府承担“天使”的职能，做好有利于科技创新的平台化资源的配置，扶持小的科技公司，而不是已经发展起来的公司。政府的天使职能，可以有多种形式，如政府采购、项目支持的委托开发、政府引导资金股债结合等。

第二，改革国有银行的考核机制。国有银行是否应该具有扶持科技创新和未来产业的职能？引导国有银行低成本的贷款流向未来有爆发性潜能的科技创新领域和具有“特精尖”特征的小公司的成长。

第三，建设良好的市场环境，引导社会资本梯次分布，如早期天使、创业投资、股权融资等等。这样梯次的分布也有利于早期天使的退出，一轮一轮开展科技创新接力赛。现在明显是后期比较密集，早期和前期比较少。**未来产业的形成需要科技创新 + 量产能力（先机制造），而科技创新和量产能力的实现则需要科学家 + 银行家（资本）的各司其职，各自把各自应该做的事情干好干精。这些可以通过政府的环境创造、机制引导、资源配置等推动和实现。**

第四，开放、包容、前瞻性的创新氛围，学习型的监管体系。具体到细胞产业，鉴于目前行业的研究进展和过去 10 多年我国行业发展的真实经历，建议深圳发挥“中国特色社会主义先行示范区”的地方立法权，参照我国“义务献血”发展历程，地方立法鼓励捐献“新生儿脐带血”，真正落实我国“脐带血造血干细胞库”的公益性，也就是“脐带血造血干细胞库公共库的建设”。不再鼓励家庭付费存储“个人脐带血造血干细胞”。

深圳抓未来产业：整体不错，局部需要优化

问：对您所在地区，在抓未来产业上如何评价？

刘沐芸：整体不错，局部需要优化。比如，对真正的“未来产业”的评价标准和体系能否创新，评价制度和扶持政策能否针对“成熟产业，战略性新兴产业和未来产业”加以区分，建立不同的评价和扶持机制，政府天使职能制度化，科技金融与科技创新相互促进制度化。政府建设的大科学装置、产业设施等公共创新载体可以开放给社会使用并制度化，尤其是开放给初创的小科技公司。

国家与国家之间进行的也是一场关于未来产业的竞赛

问：能说一个国家的未来，“决胜于未来产业”吗？

刘沐芸：当然。美国的过去就是一部国际“科学研究—实验开发—推广应用”竞赛的发展历史，因此，从现在开始到未来，国家与国家之间进行的也是一场关于未来产业的竞赛。

与历史不同的是，过去科技竞赛的先发国家与后发国家的差距可以用足够的时间来追赶弥合，中国用了 70 年的时间。已有的科技创新促进产业发展很重要的一个因素是“科技创新和产业活动会向低成本劳动力区域转移”，这一点给后发国家提供了发展和追赶机会。

但未来产业一旦拉开差距，后发国家再迎头赶上的机会就很小了。因为，未来产业的重要要素不再是“大量的成本低廉的劳动力供给”，也不再是 0 和 1 的代码组成，而将会与我们的基因代码关联、结合。当大量的经济社会活动都自动化、数字化和智能化后，只需要少量的高素质、复合型、创新型人才。**数据将是未来产业的核心要素，并且大量的经济社会活动由人工智能、人机结合取代后产生的数据聚集，将会产生一种雪球效应，后来者追赶的门槛将会极高。因为，追赶者的行为和活动形成的数据不再像农业时代或工业时代那样为追赶者自身所有和成长积累，而是反过来对领头企业或国家的成长发挥聚集叠加效应，让领头的国家或企业与后面的国家或企业的差距越来越大。因此，现在就是决胜未来的关键时期。**

将人数字化，创造了史上第一次改变人类存在形式的新能力。

——[美]阿尔·戈尔：《未来：改变全球的六大驱动力》

占领未来产业制高点的核心还是科技创新

——与华大基因 CEO 尹烨博士面对面

尹烨，华大基因 CEO。哥本哈根大学博士，基因组学研究员，大连理工大学兼职教授，第三届中国人类遗传资源管理专家组成员，中国计量测试学会生物计量专业委员会委员，第四批国家“万人计划”科技创业领军人才，深圳市标准化协会第七届理事会会长。

他是“抗击非典”科技攻关主要参与者、华大“新冠肺炎疫情全球防控”总指挥，曾当选“中国杰出质量人”，华大基因全球化布局推动者、华大基因收购 CG 项目核心成员，率领华大基因——全球最大的基因检测公司于 2017 年成功登陆创业板。

手记　迎接未来的应有心态

2020 年 12 月 2 日下午，由中国科学院遗传与发育生物学研究所和深圳华大生命科学研究院共建的多维组学联合中心启用仪式暨时空组学专题研讨会，在北京朝阳区北辰西路中科院遗传与发育生物所 1 号楼举行。

时光回到 22 年前——1998 年 8 月，就在同样一个地方，国际遗传学大会举办期间，这里举行了一个小小的基因组中心——中国科学院遗传所人类基因组中心揭牌成立仪式，从国外回来的杨焕明、于军、汪建、刘思奇等人共同发起了冲刺人类基因组计划的项目：1% 人类基因组计划……

20 多年过去，伴随基因组学、转录组学等多组学的深入，伴随测序仪等工具“超摩尔定律”般的进步，人类对生命的认识不断加深，而一个以精准医学为代表的产业日益影响检验、医疗等领域，影响人类社会……

华大基因的实验室内，摆放着一台台拥有自主知识产权的测序仪设备，几台仪器上还贴有“中国之光”字样的标签。中国从原来完全靠进口仪器，到现在成为全球第二个掌握商品化高通量测序仪的国家。在这一历史进程中，华大基因团队一次次“看到”未来，然后勇于迎接挑战，站在了奔向未来的最前沿……

“我幸运地参与了中国生命科学，特别是基因组学大发展的黄金 20 年，见证了中国生物科技和产业从追赶到同步甚至在某些方面有超越之势的历程，也有幸在推动生命科学时代提前到来的过程中，贡献着自己的绵薄之力。”作为这个团队的重要一员，作为上市公司华大基因的 CEO，尹烨博士的好学和科普热情，是出了名的。他不仅与伙伴开设了“尹哥聊基因”微信公众号，创办了网上音频节目“天方烨谈”，持续讲述和基因、生命有关的科普故事，而且连续出版了两本《生命密码》，“如果我们看到了这个世纪的竞争制高点一定发生在生命科学和生物技术产业，那么，我们就有责任从娃娃抓起，启发他们的想象”。

当下，生命科学的发展，堪称日新月异、突飞猛进。成果之多，就有点类似“寒武纪生命大爆炸”。

未来，“基因常规”会像血常规、尿常规等一样成为每个人必备的检查事项；

未来，组学数据，会成为每一个人的基本数据，“人人基因组时代”日趋逼近；

未来，就像新冠肺炎带来的启示那样，各个国家和地区，都需要构建包含测序仪、质谱仪等在内的生命科学基础设施系统……

展望未来，需要想象力，更需要能力，需要立足于科学的最前沿。

基因即因，未来已来，只是绝大多数人没有前瞻到，没有感悟到，从这个角度讲，从基因组学到多维组学，不仅精准医学，甚至生命科学的时代才刚刚开始……

正如尹烨在第二本《生命密码》前言中所说：“已知圈越大，未知圈也越大，对于自然与未知，我们应保有敬畏之心。未来是不确定的，也正因此充满无限可能。对未知怀有敬畏之心，守住底线推动技术进步，是迎接未来的应有心态……”

新一轮科技革命和产业变革正重构全球创新版图

问：您如何看待习近平总书记提出的“战略性新兴产业”“未来产业”？您觉得，总书记为什么会多次要求“抓紧布局”？

尹烨：抓紧布局、加速发展战略性新兴产业、未来产业，不仅是促进我国经济增长与可持续发展的关键举措，更是建设现代化强国、应对全球变革与挑战的重大战略抉择。

近现代史表明：全球每一次科技突破均会催生大量新兴产业，形成新的经济增长点。**一个国家能否在新一轮竞争中胜出，取决于能否充分挖掘和发挥新兴技术的作用，是否培育和发展了战略性新兴产业、未来产业。特别是进入21世纪以来，全球科技创新进入空前密集活跃的时期，新一轮科技革命和产业变革正在重构全球创新版图、重塑全球经济结构。**

新冠肺炎疫情大流行产生的快速而巨大的冲击以及防控措施造成的经济"停摆"，使世界经济陷入严重收缩。根据世界银行2020年6月8日估算，全球经济2020年将收缩5.2%，这将是第二次世界大战以来程度最深的经济衰退。以中国为中心的全球供应链也在此次疫情中受到了强烈的负面冲击，在这个时候，习近平总书记提出抓紧布局战略性新兴产业、未来产业，加快推进数字经济、智能制造、生命健康、新材料等方面形成更多新的增长点、增长极，是促进创新、应对经济急剧放缓的重要手段之一，不仅可以在一定程度上拉动经济发展，弥补新冠肺炎疫情造成的损失，而且能有力推动中国经济高质量转型，更将成为中国在未来引领智能经济时代的新动力、新引擎。所以说，在新的历史时期，加速发展战略性新兴产业、未来产业，具有特别重要的意义。

未来产业需超前部署，深圳率先应用"未来产业"概念

问：您认为未来产业有哪些特征、内涵？

尹烨：未来产业其实是当前还不成形、处于发展潜伏期、市场需求被政策主导，但发展潜力巨大、能够推动未来20年全球经济社会变迁的关键产业，具有战略性、外部性、不确定性和创新性等特征，对社会和国家的可持续发展具有重要的战略意义，且未来极有可能会转化出丰厚的市场收益。**未来产业虽潜力无限，但受政策、市场、经济、环境等各方影响，其中存在着许多不确定因素。这就需要超前部署，对资源进行有效整合，才能使其健康、持续地发展。**

多年前，深圳市就已率先运用"未来产业"这一概念，出台了《深圳市未来产业发展政策》，结合区域自身产业结构情况，将生命健康、

海洋、航空航天等产业，列为重点发展的未来产业。依托新科技、扩展新空间、满足新需求、创造新载体，是未来产业的突出特点。

未来产业是指代表未来科技和产业发展新方向、不断渗透重大前沿科技、尚处于孕育阶段或成长初期但未来最具活力与发展潜力、对生产生活影响巨大、对经济社会具有全局带动和重大引领作用的产业，具有高技术性、高知识性、高融合性、高智能性等特征，是中国产业结构调整和转型升级的重要途径和主要方向。

把新冠肺炎疫情防控中催生的新业态新模式加快壮大起来

问：习近平总书记将数字经济、生命健康、新材料作为战略性新兴产业、未来产业三个代表性领域，意味着什么？

尹烨：2020 年 3 月 29 日至 4 月 1 日，习近平总书记在浙江考察时强调："要抓住产业数字化、数字产业化赋予的机遇，加快 5G 网络、数据中心等新型基础设施建设，抓紧布局数字经济、生命健康、新材料等战略性新兴产业、未来产业，大力推进科技创新，着力壮大新增长点、形成发展新动能。"

这是习近平总书记首次把数字经济、生命健康、新材料作为战略性新兴产业、未来产业提出，这也意味着，在境外新冠肺炎疫情加速扩散蔓延、国际经贸活动受到严重影响的同时，我们要善于从眼前的危机、困难中捕捉和创造机遇，把这次新冠肺炎疫情防控中暴露出来的短板和弱项加快补起来，把疫情防控中催生的新业态新模式加快壮大起来，逐步在这几个领域形成以国内大循环为主体、国内国际双循环相互促进的新发展格局，培育新形势下我国参与国际合作和竞争新优势。

以生命健康产业为例，华大基因在新冠肺炎疫情期间援助了近 190 个国家，在全球 30 多个国家帮助他们建立了逾百个"火眼"实验室，在青岛四天完成了 100 多万份样本的检测。这是中国的创新，中国创造了一个人类公共卫生史上的奇迹，这也是此次新冠肺炎疫情为生命健康产业带来的机遇。

要求抓紧布局未来产业，绝非偶然

问：您觉得，总书记为何在2020年这个时间段、在新冠肺炎疫情发生后，多次提出“未来产业”？是偶然吗？为什么？

尹烨：并非偶然。2020年以来，中央各类会议多次提到布局“战略性新兴产业”“未来产业”，其实是释放了强烈的积极信号。

新冠肺炎疫情的暴发使全球经济陷入了自经济大萧条以来最严重的下滑，但正如习近平总书记所说：“危和机总是同生并存的，克服了危即是机。”[①] 面对突如其来的新冠肺炎疫情冲击，中央在各个方面积极部署，我国成为唯一一个实现正增长的世界主要经济体。此外，中国与世界的关系也在发生变化，我国正由被动接受国际经济波动、被动接受全球治理体系和治理规则，向主动参与国际宏观经济政策协调，主动参与全球治理体系变革转变。在此过程中，科技创新成为支撑经济社会发展的路径之一。如何在后疫情时代化危为机，是我国产业结构转型面临的重要关口。数字经济、生命健康、新材料等战略性新兴产业、未来产业在我国产业布局中具有举足轻重的作用，我们要尽早布局，以新产业生成新动能，以新动能赋予经济新发展。

非常看好生命健康领域早筛、早防、早治部分

问：您最看好生命健康领域的哪些部分？有人说，生命健康领域尤其是精准医学的发展“故事才刚刚开始”，您同意吗？为什么？

尹烨：预防是最经济最有效的健康策略。“预防为主，防大于治”，我对这个观点非常认同，也非常看好生命健康领域早筛、早防、早治的部分。在此次新冠肺炎疫情中，中国政府和人民所采取的群防群控已经取得很明显的效果。

华大要做的是以公共卫生为切入口的精准医疗，以公共卫生为切入点为人民服务，例如做好宫颈癌、乳腺癌、结直肠癌等常见癌种的普及

---

① 《习近平在浙江考察时强调：统筹推进疫情防控和经济社会发展工作 奋力实现今年经济社会发展目标任务》，《人民日报》2020年4月2日。

筛查，通过自动化降低成本、提高效率，从而创造更大的价值，解决公共卫生问题。在此过程中，**我们致力于通过成本可控、渠道可及、认知正确，把精准医学做到普惠、做到老百姓人人用得起，从而避免“精准医学”畸变为“精英医学”。**

精准医学发展在我国才刚刚起步

问：能不能举个例子？

尹烨：举个例子，我们都知道现在的孕妇在怀孕三个月左右都要做“无创产前基因检测”，像这样的项目在美国要 1000 美金，而在中国河北目前的价格是 360 元人民币，而且还是通过政府全买单实现民生全覆盖。“无创产前基因检测”我们已经做了快 700 万例，至少占全球总检测量的 25%，也就是说，每 4 例“无创产前基因检测”中就有 1 例可能是在华大基因做的。通过这些项目，整合了中国的体制优势和科技优势，让老百姓实实在在地享受到了因为科技进步和普及所带来的福祉。

精准医学发展在我国才刚刚起步，机遇与挑战并存，如果想在精准医学方面关口前移，从看病转向关注人民健康，就势必要把早筛、早防、早治等作为重点。而通过“基因”这个点切入，应该能收到事半功倍的效果。

我还看好海洋经济、航空航天等产业

问：除了数字经济、生命健康、新材料这三个领域，您还看好哪些未来产业的发展？

尹烨：我还看好海洋经济、航空航天等产业。

每一次科技革命都成就了抓住机遇的国家

问：放眼人类历史，有哪些抓住未来产业而成就一个国家、一个企业的代表性案例？

尹烨：人类产业近现代史表明：未来产业等新兴产业是伴随着工业

革命兴起的，近代以来的每一次产业革命和科技突破均会催生大量新兴产业，形成新的经济增长点，促使一个或几个大国的崛起。科技革命推动产业革命，产业革命催生新兴产业，新兴产业发展起来后确立或强化特定国家的国际竞争优势，从而成就一个国家。

所以，**一个国家的崛起关键在于能否把握住发起或主导科技革命的历史机遇。人类文明发展至今，已经发生五次科技革命，科技革命包含科学革命和技术革命。每一次科技革命都成就了抓住机遇的国家。**

英国引领了16至17世纪以牛顿力学为核心的第一次科学革命，以及18世纪中叶开始的以蒸汽机技术为标志的第一次技术革命；法国、德国和美国引领了19世纪中后期以电力和电信技术为标志的第二次技术革命；美国同时还引领了20世纪中叶以相对论和量子论为核心的第二次科学革命，又与苏联和日本一起抓住了20世纪中后期以计算机、互联网和航天技术为标志的第三次技术革命的机遇。

进入21世纪后，多位科学大家都预言第六次科技革命可能在21世纪20至30年代出现，对于中国而言也是关键的“十四五”到“十五五”的时间段，我们必须充分准备并力争引领第六次科技革命，抓住这次科技革命所催生的未来新兴产业，构筑第六次科技革命时代的国家竞争优势。

对于一个企业而言也是同样的道理，就如华大正是因为参加“人类基因组计划”而成立。而在20世纪90年代，“人类基因组计划”还是作为一项未来科学的研究项目被美国、英国等发达国家率先提出，以华大为代表的中国科学家有幸参与到这项对生命科学研究和产业发展有着重大历史意义的项目中，并顺利完成所承担的研究内容。这对我国的生命科学研究以及相关的产业发展，都是一次关键的机遇，我们也正是因为抓住了这样的机遇，才能在生命科学领域紧跟世界先进国家的脚步，进而不断在科学研究和产业两方面发展和超越，做到如今的世界领先。

未来产业主要是以满足未来人类和社会发展中涌现的新需求为目标

问：战略性新兴产业和未来产业之间有哪些异同？

尹烨：“战略性新兴产业”一词是中国在2009年首次提出的，它的关键在于战略，是与中国当前的前沿科技突破情况相结合、着眼长远水平的重大战略选择，要以国际视野和战略思维来选择和发展的产业。战略性新兴产业代表着未来科技和产业发展新方向，虽然尚处于成长初期，但未来发展潜力巨大，对经济社会具有全局带动和重大引领作用，最终的目标是要成为国民经济的先导产业和支柱产业。

而未来产业主要是以满足未来人类和社会发展中涌现的新需求为目标，中国科学院科技战略咨询研究院院长潘教峰曾说过，未来产业是以新兴技术创新为驱动力，旨在扩展人类认识空间、提升人类自身能力、推动社会可持续发展的产业。一般来说，未来产业当前还不成形、处于发展潜伏期，市场需求被政策主导，是地方根据自身产业提点、培育发展新动能、推动经济高质量发展、获取未来竞争新优势的关键所在。

相信会有越来越多的地方意识到提前部署未来产业的重要性

问：在您的观察中，迄今为止具备未来产业意识的地方、部门或企业多吗？

尹烨：近年来，我国不断加大对技术创新的投入支持力度，为未来产业提供持续的支撑力量。据世界知识产权组织（WIPO）评估显示，我国创新指数已居世界第14位。**在科技创新的持续加码下，未来产业也迎来了快速发展的机遇期和窗口期，越来越多的地方已经在超前规划和布局未来产业，抢占未来产业制高点，把握高质量发展先机。**

据了解，北京、上海、深圳、广州、杭州、宁波、沈阳等多地都已在主动谋划、提前布局未来产业。比如，深圳早在2013年就提出将生命健康、海洋、航空航天等产业列为重点发展的未来产业。杭州提出聚焦人工智能、虚拟现实、区块链、量子技术、增材制造、商用航空航天、生物技术和生命科学等七大重点前沿领域，并率先探索布局。沈阳也在打造未来产业创新发展的先行区，提出重点培育未来生产、未来交通、未来健康三大主导产业，以及未来信息技术、未来材料两大赋能产业的“3+2”未来产业生态体系。

为响应中央号召，相信会有越来越多的地方意识到提前部署未来产业的重要性，并把未来产业作为经济发展的新引擎、新动能。

旧有的产业边界正在逐步消融和模糊

问：您认为我国该如何形成未来产业的空间布局？您预测，哪几个地方有希望构筑“未来产业高地”？

尹烨：首先，要有长远的战略眼光，能够准确分析自身的优势和不足，把握全球技术革命发展趋势，超前规划、布局一批重点项目和重大工程。其次，要从源头上提升产业技术自主创新能力，发挥科技创新的前瞻、引领作用，掌握核心关键技术，产出引领性原创成果。此外，随着技术创新融合和市场需求的变动，旧有的产业边界正在逐步消融和模糊，并融合催生出许多新兴产业，要想形成未来产业高地，还要敢于不断去打破旧有产业布局的制约，带动传统优势产业转型升级，并且在学科设置、项目资助、人才培养等方面实现深度融合。

如果从以上几个要素分析，**我认为京津冀、长三角、大湾区以及海南省目前最有可能实现并承载未来产业的兴起。**

颠覆性技术会极大地改变未来产业的格局

问：您如何看待颠覆式创新和未来产业的关系？

尹烨：每一轮颠覆性技术的创新爆发期，都是新产业集中孕育的关键期。未来产业必须有标志性技术、颠覆性技术。颠覆性技术会极大地改变未来产业的格局。以生命健康产业为例，合成生物技术就是一项颠覆式创新。

屠呦呦教授把青蒿做成青蒿素来抑制疟疾。今天我们已经改变了传统的种植青蒿素模式，而是把合成青蒿素的基因放到一个酵母里，酵母本身是基因组大小在 1000 万个碱基的真核生物，它可以实现各种复杂的次生代谢产物或者植物来源成分的生物制造，且效率非常高。我们曾经计算过，假如把整个澳门都种上青蒿来获得青蒿素，换成今天用酵母来表达，只要有 100 升的发酵罐就够了。我们可以用这个方式解决如青霉素、抗生素、抗体药物，甚至更加昂贵和复杂的次生代谢产物的制造。所以，合成生物技术带来的重要改变，对生物制造、未来的制造业来说都是颠覆式的创新。

但是，从技术到产业需要一个过程，这个过程可能要数年甚至数十年，所以如何坚持久久为功，保持既有战略不动摇，这需要政府引导和市场机制的双重保障。

事关全局的系统性深层次变革

问：您如何看待习近平总书记提出的构建国内国际双循环相互促进的新发展格局？从新发展格局出发，怎样助力“未来产业”？

尹烨：一方面，新冠肺炎疫情发生后，世界百年未有之大变局加速变化，我国发展外部环境面临的不稳定性、不确定性较大。另一方面，我国已进入高质量发展阶段，多方面优势和条件更加凸显，国内需求潜力巨大。国际大循环动能明显减弱，国内大循环活力日益强劲。在这个关键时期，习近平总书记提出“逐步形成以国内大循环为主体、国内国际双循环相互促进的新发展格局”[①] 是重塑我国国际合作和竞争新优势的战略抉择，是在深刻分析国内国际形势，分析构建新发展格局的背景、优势、短板、重点的基础上，根据我国发展阶段、环境、条件变化作出的战略决策，也是事关全局的系统性、深层次变革。

然而，通过这次新冠肺炎疫情的考验，也看到我国产业构成比例不合理，产业结构仍需改善，关键核心技术受制于人的局面依旧没有得到根本改变。所以，从新发展格局出发，我们更要提前部署未来产业。

① 《习近平在第七十五届联合国大会一般性辩论上的讲话》，《人民日报》2020 年 9 月 23 日。

第一，要稳住阵脚，坚持底线思维，从最坏处考虑，向最好方向努力，集中力量提升自主创新能力，加快推进创新驱动发展战略、尽快突破关键核心技术。

第二，要以辩证思维看待新发展阶段的新机遇新挑战，努力在危机中育新机、于变局中开新局，利用好国际国内两个市场、两种资源，形成国际合作和竞争新优势。

第三，要打好“自主产出”牌，树立科技自信，重点突破“卡脖子”技术，实现关键核心技术的自主可控，才能把竞争与发展的主动权牢牢掌握在自己手中，推动我国经济乘风破浪、行稳致远。

新冠肺炎疫情对于我们来说是“危”也是“机”

问：您认为新冠肺炎疫情将会怎样影响未来产业？

尹烨：从某种角度来讲，新冠肺炎疫情可以说是对全球社会经济的一次重大考验，**在新冠肺炎疫情防控的特殊时期，催生出了一批新兴产业，我们看到了数字化技术的价值，看到了智能化的便利，也看到了生命健康产业的前景。**所以说，新冠肺炎疫情对于我们来说是“危”也是“机”，如何把握住这个机遇，才是最为关键的。

寻找和预测经济社会发展的“硬趋势”

问：世界各国都在瞄准未来高技术、新产业布局，究竟怎样才能占领未来产业制高点？

尹烨：当前我们正迎来第四次工业革命，新一轮颠覆性创新将群涌式爆发。同时，新冠肺炎疫情的蔓延也加速了新旧迭代的过程。世界正处于百年未有之大变局时期，不确定性是未来的最大特征。世界各国都在把眼光投向未来，如美国、欧盟、日本、韩国等发达经济体，已发布一系列推动未来产业发展的战略和规划。

我国要想占领未来产业制高点，谋求地区发展，首先必须从不确定性中寻找和预测经济社会发展的“硬趋势”，准确把握世界经济科技发

展趋势，超前谋划重量级未来产业，着力抢占发展先机和竞争优势。同时，占领未来产业制高点的核心还是科技创新，而关键核心技术就是自主创新的命脉。我国自主创新能力和基础工业水平虽然在不断提高，但与世界先进国家相比仍存在显著差异，所以我们需要坚定创新自信，着力攻克关键核心技术，抓住新产业革命带来的机遇，构建未来产业创新体系。

未来产业发展面临三大风险和挑战

问：我国在把握未来产业发展机遇中面临哪些挑战、障碍和风险？尤其是面临哪些来自外部的挑战和风险？

尹烨：我认为主要的风险和挑战有以下几点：

关键核心技术已成为制约我国经济高质量发展的瓶颈，亟待突破。2019 年，世界知识产权组织发布的全球创新指数显示，我国已经连续四年保持上升势头，世界排名实现大幅度提升，但同国际先进水平相比，关键核心技术受制于人的局面却依旧没有得到根本改变。

受到新冠肺炎疫情和全球经济衰退影响，我国供应链产业链的安全性、稳定性，以及在全球中的地位受到极大挑战。供应链产业链的安全稳定关乎我国经济未来，在新形势下如何有效防范供应链产业链风险是当前亟待思考和解决的重要议题。

后疫情时代世界经济格局面临结构性洗牌，以美国为首的西方国家正在谋划和推进制造业回流，全球范围内“去中国化”的影响要远远比新冠肺炎疫情冲击更为深刻和长远，有的国家还对发展中国家设置创新壁垒甚至进行技术封锁。所以，我们必须改变旧有的经济发展格局，推动建立国内国际双循环相互促进发展的新格局。

在已经实现“不卡脖子”的技术和产业上要持续扩大优势

问：对国家和各地布局未来产业，您有哪些建议？

尹烨：有几点建议：

第一，以问题为导向，在“卡脖子”的地方下大功夫。希望能在政策上大力促进自主创新，围绕“卡脖子”的问题清单，鼓励企业、高等院校和科研机构去攻关大科学计划和大科学工程，研发颠覆性新技术。并且以合适的机制去推进自主创新成果产业化，在此过程中，务必注重知识产权的保护。

第二，以重大需求为引导，鼓励瞄准关键核心技术进行重点攻关。**对于需要突破的关键核心技术项目，建立一套选贤任能、让能者脱颖而出的体制机制。可以探索搞揭榜挂帅，英雄不论出处，谁有本事谁就揭榜的机制。**以解决问题成效为衡量标准，以市场竞争机制激发创新活力，调动各方资源，培育世界一流的创新型企业、学术和科研院所。

第三，引进培养具有国际化视野和国际竞争力的人才队伍。任何一项颠覆式创新都需要跨越整个创新链，需要一支具备不同学科背景、拥有理论与实践各方面专长的人才组成的团队，要有相应的人才管理制度去鼓励和支持青年科技创新人才在前沿交叉领域的探索和创新。

第四，创造产业发展的良好环境。积极开展未来产业新技术、新产品示范应用，鼓励在科技成果转移转化等方面大胆探索，鼓励企业积极开展市场推广。支持组建未来产业联盟，鼓励提供公共技术研发、检测认证、知识产权与标准化服务等。还要鼓励对外合作，形成全方位、多层次、多元化的开放合作格局。

此外，**在已经实现了“不卡脖子”的技术和产业上，要持续扩大优势，防止“满目山河空念远”，只想着自己没有的，而忽略了已经在手的优势。**

深化全产业链、前瞻性的生态圈战略布局

问：华大集团和华大基因也有投资业务，你们最看重项目的什么？是技术的领先性、超前性还是被投对象的素质？

尹烨：华大并非以投资为主营业务，华大在大战略目标指引下，通过对内孵化、对外投资方式来深化公司全产业链、前瞻性的生态圈战略布局。降低出生缺陷，提高肿瘤五年生存率，精准防控传染病，精准治疗感染类疾病所涉及的产品、技术、模式，都是华大潜在的投资方向。在选择投资项目上，我们更看重的是在大目标指引下做资源整合与业务协同。

一定要把握好生命时代带来的机遇

问：投资肯定是投“未来”，怎么才能把握这个“未来”、做出好的投资？你们有没有未来产业的成功投资案例？

尹烨：从大的历史背景来看，人类社会已经经历了农业时代、工业时代、信息时代，现在到了生命时代。我们一定要把握好这个时代带来的机遇。因为**在非生命时代我们追求的是更多、更富足的物质，而生命时代是解决了这些问题之后，我们无限制地去追求自己的健康，使自己的生命的质量、数量可以得到有效的延续。**

每一个时代都有鲜明的经济载体，如农业时代的土地、工业时代的石油、信息时代的数据到生命时代的基因，其价值核心实现工具是最值得投资的。生命科学和生物技术产业的核心装置即为基因测序仪，这也是华大最为成功的投资案例。2013 年，华大全资收购当时第三大测序仪公司美国 CG，经过 7 年消化吸收再创新，累计投资超过 10 亿美元，终于成了美国之外唯一的、可大规模量产的临床级别测序仪的机构，在此领域实现了并跑甚至部分领跑，彻底打破了进口垄断。

生命健康产业：需要比其他产业更大的耐心

问：您觉得投入或者说“投资”生命健康产业最需要什么？

尹烨：久久为功、长期主义。生命健康产业还处于起步阶段，做的是至精至微之事。投资人不仅需要有长远的战略眼光、全局系统的思维方式、独立的分析能力、能够准确把握行业发展的脉搏，还需要有比其他产业更大的耐心，要像学者一样博极医源，精勤不倦。

未来 10 年，谁是世界经济的主导者：
哪些国家？哪些公司？哪些个人？
全球经济面临着历史、科技、经济、政治和社会等一系列拐点。有些时候，我们正在经历的转型不亚于一场工业革命。相比我们目前面临的巨变，工业革命都显得苍白无力。

——[美] 理查德·多布斯、詹姆斯·马尼卡、华强森：《麦肯锡说，未来 20 年大机遇》

我们还不是一个真正的制药强国

——与北京加科思新药研发有限公司董事长兼 CEO 王印祥面对面

王印祥，1999 年毕业于美国阿肯色大学医学院，1999 年至 2003 年在耶鲁大学分子生物物理和生物化学系做博士后研究。中国国家“千人计划”专家。

2003 年回国创建贝达药业有限公司，任总裁兼首席科学家；2013 年和美国安进在中国组建贝达安进制药有限公司，任总经理；2015 年创建北京加科思新药研发有限公司，任董事长兼 CEO。

中国药促会新药研究专业委员会主任委员；中国药学会肿瘤药物专业委员会副主任委员。

手记　从仿制药大国走向创新药强国

加科思是我们在做“未来产业”调研时，北京经济技术开发区从诸多高新技术中筛选的三家代表性企业之一，而且是唯一的生命健康领域企业。

2020 年 12 月 21 日，这家专注于创新肿瘤疗法的企业在香港交易所主板成功挂牌上市，上市时间距离创业时间只有五年。

在新药研发领域沉浸、钻研 20 多年，王印祥博士是有一定话语权的。兼任中国医学科学院新药安全评估中心特聘教授的他，历经 10 多年努力，主持完成了国家一类新药盐酸埃克替尼 (Icotinib，凯美纳）的研究并成功获批上市，盐酸埃克替尼成了中国第一个成功的具有完全自主知识产权的靶向抗肿瘤创新药。

而他目前正在操盘的加科思是一家临床阶段制药公司，主要开发小分子药物，覆盖新型肿瘤疗法领域，在通过结合变构位点来调节酶以应对先前的“无成药性”靶点方面，公司是领先企业。企业共有五项适应症共计三个产品进入临床阶段，其中一项即作用于癌细胞和免疫细胞关键靶点的蛋白酪氨酸磷酸酶 (SHP2) 抑制剂已进入临床Ⅱa 期，计划在中国及美国针对多种实体瘤开展全球 1/2a 期试验。而 2020 年 6 月 1 日和加科思达成全球战略合作、进行共同开发的艾伯维获得 SHP2 项目的独家许可权，承担早期全球临床研究的相关研发费用，首付款 4500 万美元。

在王印祥眼中，“未来产业是完全颠覆现有技术和生活方式的”。

他对未来充满憧憬：“试想在未来，每个人都建立一份全基因组档案，和每个人的一生的健康档案联系起来，能够被大数据和相关科研机构应用，将对疾病诊断、药物研发、健康管理等产生巨大影响。”

他呼吁，“未来产业要提前布局，要顶层设计、综合协调”，更呼吁“从国家战略高度来审视加速新药研发”“增强原始创新药的布局，从基础研究开始开拓新的研究方向，发现新的靶点和机制，才能从一个仿制药的制造大国走向创新药的强国”。

核心特征为颠覆式创新

问：您如何看待习近平总书记提出的“未来产业”？您认为未来产业有哪些特征？

王印祥：未来产业是那些颠覆现有生活方式和能带来商业和经济巨大变革的产业，核心特征为颠覆式创新。比如，通过编辑基因可以治疗不治之症，量子计算颠覆现有的电子计算，人类食用的肉不再通过动物养殖业等。

美国不久前出台的《无尽前沿法案》（*Endless Frontiers Act*），让政府加大对科技领域的扶植和投资，使美国在全球范围内继续保持科技领先优势。《无尽前沿法案》被 *Science* 评论为“领先中国法案”，并把下列 10 个领域列为在未来和中国竞争的主要领域：

一、人工智能和机器学习；

二、高性能计算、半导体和先进的计算机硬件；

三、量子计算和信息系统；

四、机器人技术、自动化和先进制造；

五、自然或人为的灾害预防；

六、先进的通信技术；

七、生物技术、基因研究和合成生物学；

八、网络安全、数据存储和数据管理技术；

九、先进能源技术；

十、材料科学、工程学和勘探等其他关键技术。

未来产业要提前布局、顶层设计

问：您觉得未来产业和战略性新兴产业有何关系？为何总书记多次要求“抓紧布局”？

王印祥：战略性新兴产业是改进提升现有产业，未来产业则是完全颠覆现有技术和生活方式的。如电动的新能源汽车是战略性新兴产业，小型的无人驾驶飞行器作为未来普通人的日常交通工具就是未来产业。如用细菌生产水泥是未来产业，节能环保的新型建筑材料是战略性新兴产业等等。

未来产业要提前布局，要顶层设计、综合协调，单个公司或研究机构的单打独斗难于解决未来产业的瓶颈，不仅涉及基础理论和技术，还涉及政府政策协调等。因此，习近平总书记多次要求抓紧布局，把握未来发展主动权。

自2008年全球性金融危机爆发以来，西方多个新兴工业化国家，在顶层设计中都布局了未来产业和战略性新兴产业的发展和政府支持。

未来，每个人都建立一份全基因组档案

问：“生命健康”被习近平总书记列为战略性新兴产业、未来产业的三个代表性领域之一，意味着什么？

王印祥：“生命健康”既是战略性新兴产业，也是未来产业，有几个方面的意义。

一是人民健康的需求。很多疾病如癌症、心血管疾病等仍然严重影响人民的健康，也影响国民经济发展，所以有硬性需求。

二是在应对重大突发公共卫生事件上，战略性新兴产业和未来产业极大地影响国家的政治和经济生活的方方面面。如这次新冠肺炎疫情大流行，科学家们在几周而不是几个月内就对病毒的基因组进行了测序，帮助人们深入研究新冠病毒的传播方式，快速研发疫苗等，对复工复产等国计民生有很大影响。

三是在生命健康产业发展中，创新的科技如基因编辑技术、基因工

程等生物技术科学取得突破性进展，联合更快、更复杂的计算、数据分析和人工智能技术，将会在医学健康领域产生巨大影响。**试想在未来，每个人都建立一份全基因组档案，和每个人的一生的健康档案联系起来，能够被大数据和相关科研机构应用，将对疾病诊断、药物研发、健康管理等产生巨大影响。**

四是生物学相关的创新将通过这些应用，在未来 10 至 20 年内减轻全球疾病总负担的 1% 至 3%，大约相当于消除肺癌、乳腺癌和前列腺癌的负担总和。如果能够充分发挥生物科学潜力，则可以使用当今可以想象的科学技术来解决全球疾病负担的 45%。

五是随着时间的推移，占全球经济产出 60% 的产品将能够通过生物学手段来生产。这些技术的应用，除在健康领域外，必将在食品农业、工业制造业等各个领域带来巨变。

新药研发是生命健康产业的基石

问：新药研发在生命健康领域又处于怎样的位置？

王印祥：生命健康领域主要包含药物研发（包含新药和仿制药）、高端医疗器械、精准医疗与医疗数据等现代医学的前端领域。

总的来说，新药研发是生命健康产业的基石，是医药行业创新之源，对人类健康和生命安全有着重大的意义。新药研发是生命健康产业产值占比最高的行业（约占总产值的一半以上），也是生命健康这些分支中技术要求最高的，一种新药的平均成本为 15 亿美元，耗时 10 年以上。

下一个阶段我们应增强原始创新药的布局

问：我国新药研发行业整体状况如何？与发达国家的差距体现在哪些方面？

王印祥：中国已经成为全球第二大医药市场，我们虽然是一个制药大国，还不是一个真正的制药强国。与欧美相比，我们医药产业在创新研发等领域还存在较大差距，当然这些差距，随着国家政策环境的改善、资本市场的支持、研发基础实力的提高和许多海归科学家的创业，目前正在日渐减小。

目前差距具体体现在：

第一，政策环境。首先，政府在监管体系的运行效率方面依然有很大改进空间。科技部人类遗传办采用的事前审批能否改成备案制，临床试验在医院执行的合同签订要有时间的约束等等。这些监管体系的综合作用导致企业从提交临床试验申请到第一个病人进入研究测试，比欧美国家要滞后 1 年时间。其次，支付体系。国家医保支付体系还停留在单纯的支付费用控制，以单纯的降价为目标，扼杀了企业创新药研发的积极性，没有综合考虑创新药对疾病控制、对国民经济的综合影响，还需要提高政策监管的技术水平和能力。

第二，明显的短板在于原始创新，在药物上就是首创药的缺乏（first-in-class）。我们目前的新药研发在跟踪创新上（me-too，me-better）有了很多的布局和提升，相对比较适应我国现有的支付系统、医疗体制等（还是有别于欧美等国家）。**在有些靶点上甚至布局太重复，存在“扎堆创新”，但在原始创新（first-in-class）上基本仍为空白，下一个阶段我们应增强原始创新药的布局，从基础研究开始开拓新的研究方向，发现新的靶点和机制，才能从一个仿制药的制造大国走向创新药的强国。**

第三，从基础研究到创新药研发的桥梁的搭建，包括鼓励和如何为这些转化的初创公司提供资金和专业的支持。在美国的《无尽前沿法案》中也鼓励大学尝试新的运营方式，通过与老牌或初创企业的合作加速将创新理念引入市场的进程。如今创新已不再仅仅是各种科学技术的突破，还涉及创意性的孵化、业务模式的创新等。

第四，企业研发投入的差距。全球前 20 的制药企业研发投入均在 50 亿美元到 100 亿美元，单个企业的研发投入超过中国所有制药企业的研发投入，中国制药企业研发投入超过 10 亿美元的企业就一两家。

五年来中国新药研发能力提升非常快

问：中国的新药研发长期以来远远落后于发达国家，现在有什么变化？

王印祥：目前，中国的新药研发领域取得实质性进步：投入的不断增加，技术的不断进步，大量人才归国，政策环境改善，资本市场包括创投基金和科创板设立。这五年来中国新药研发能力提升非常快，从仿制药，到仿创结合药，到创新药，成果越来越多。麦肯锡咨询公司联合 BioCentury 从 2015 年开始每年会对中国的生物医药做一个深度评估，他们把全球医药创新列为三个方阵，2015 年中国处于第三方阵，2018 年底，中国进入到了第二方阵。从另一个角度，近年来我国创新药逐渐增多（总体还是偏少），是研发实力得到国际认可的体现，国际化也是中国药企崛起的必经之路。

从国家战略高度来审视加速新药研发

问：是否应该把新药研发作为未来产业的重要分支领域加以重视？从未来产业高度审视，中国是否应该加速新药研发？

王印祥：高度赞同，新药研发连接了国计和民生，应从国家战略高度来审视加速新药研发。

中国的新药研发会有很大作为

问：在新药研发领域，中国有机会抢占未来先机吗？

王印祥：有机会，中国的新药生态系统日渐成熟，与欧美的差距在逐渐减小，在基因编辑技术、肿瘤免疫、生物大数据、核酸药物和人工智能等生命科学技术快速发展领域带来了很多新的挑战和机会。

另外，**全球化开发是趋势，因此抓住全球新机遇，中国的新药研发会有很大作为。**

从美国的高校引进技术，难度比以前增加

问：新冠肺炎疫情和中美“脱钩”的双重背景，会给我国新药研发争取全球领先地位带来哪些挑战，目前出现了哪些苗头？该如何应对？

王印祥：从合作而非投资角度来讲，虽然有新冠肺炎疫情和中美“脱钩”的双重背景，增加了国际合作的难度和周期，但是创新的产品或技术，双方迫切的合作意愿可以克服这些难题。药物的研发都是为病人，这个初衷可以让双方抛开新冠肺炎疫情和政治方面的问题达成合作。

当然，如果是从美国的高校引进技术，难度比以前增加。从投资的角度，目前是增加了一些海外投资和并购的难度，具体可参考 CFIUS（美国外资投资委员会）的法案。从临床开发的角度，新冠肺炎疫情对临床进度肯定是有影响的，在中美两国的临床都受到了影响，可以适当考虑两国以外的临床布局作为后援。

FDA（美国食品药品监督管理局）：在临床试验和审批上简化了很多程序

问：能否谈谈发达国家在鼓励新药研发方面有哪些值得借鉴的做法和经验？

王印祥：美国是全球最大的医药市场，也是医药监管水平最高的国家，因此 FDA 的批准成为进入全球医药市场的门票。

美国医药工业的发展有三大动力：

一是知识产权保护（专利延长措施，保护原创药企业利益）。

二是支持创新药的支付体系。

三是监管体系和法规的先进性及合理性。第一，FDA 目前有四条特别审批通道，即快速通道（Fast Track）、优先审评（Priority Review）、加速批准（Accelerated Approval）和突破性药物（Breakthrough Therapies）。第二，孤儿药法案。促进药企开发罕见病领域有 FDA 的政策鼓励，孤儿药成为全球各大药企的开发热点。

结合自身经历，我公司的抗肿瘤新药 JAB-3068 是中美双报同时在两个国家做临床试验研究，美国 FDA 在 30 天内批复了临床研究申请，两个月后开始了人体试验，FDA 也给予了孤儿药资格认定，从而在临床试验和审批上简化了很多程序。同样的产品，中国药监局审批要 90 天左右，科技部人类遗传办批复时间，医院立项到合同签订时间，药管局审批时间，加起来比美国慢 6 个月到一年。所以在新药研发的临床试验和审批流程上要多借鉴国外先进经验和做法。

政策监管体系需要大幅改进

问：从未来产业高度审视，关于新药研发，您有哪些政策性建议？

王印祥：政策监管体系需要大幅改进，从药品审评审批、医保支付、商业医保，到科技部人类资源的监管程序、公司上市标准及审核程序等，每个环节仍存在很大的改进空间。

“未来产业”群的肖像正不断清晰。

——中国社会科学院工业经济研究所未来产业研究组:《影响未来的新科技新产业》

一个国家的未来“决胜于未来产业”

——与大富科技（安徽）股份有限公司董事长孙尚传面对面

孙尚传，致力打造机电共性制造平台、工业装备技术平台和工业网络设计平台，解决中国装备制造及精密机电产业的关键技术问题。

2001年成立大富科技，大富科技不仅是全球第一的滤波器供应商，还颠覆了移动通信关键部件滤波器全球竞争格局，实现了该产业链的全面国产化。

2006年成立大富网络，原创中国计算机语言（神经元并行计算机语言，简称NPL），构建计算机编程能力、模型构建、算法能力、物联网操作系统、搜索引擎、网络设计软件、网络仿真软件、网络检测软件、网络制造软件、网络工艺软件、3D和多维打印系统、物联网物流系统以及物联网工业和科技新应用场景的生态等内容进行了原理级原始创新。自主原创了两个开放式互联网平台，一个是面向文科的3D汉字创意设计大赛平台，一个是面向理工科的人工智能机器人的互联网在线创作平台，将衍生为第四次工业革命（工业5.0）的基础平台，进而成为人类命运共同体的基础平台。

2010年，大富科技在深圳挂牌上市。

2011年，并购意大利弗雷公司，弗雷即大富科技2001年成立初期代工的公司，随后的一年接连并购美国、英国、瑞典的7家滤波器公司。

2014年，提出工业5.0，并兢兢业业构建工业5.0的各核心要素和平台功能架构，完成了分布式在线创作、设计、分析、仿真、渲染、制造平台的雏形。

手记　20年耕耘者成眺望者

历经半年多的调研，中国科学院科技战略咨询研究院的一个课题最近结题了，结题报告的题目叫《三大挑战下的中国企业自主创新战略路径研究——基于大富科技自主创新案例的分析》。

一个国家级的研究机构，何以将一个名不见经传或者说比较低调的民营高科技企业作为自主原创的典型案例研究？

课题的背后，折射出以自动化专业出身的孙尚传为代表的一批研发人员，或者说志同道合者20年如一日所走过的艰难自主创新之路：从代工到自主、到并购全球同类企业，深耕工业科技，探究中国工业核心技术自主化之路，其生产的滤波器70%被华为采购使用，是华为赢得全球竞争优势背后的支撑力量，是产业链关键环节的“隐形冠军”企业，是滤波器技术、工艺、标准的定义者和引领者……

“17年前的这一幕不仅完全颠覆了我‘客户就是上帝’的常识”“这不只是完全没有‘上帝’的感觉，简直是奇耻大辱”……正是国外5轴以上数控机床禁售中国、仿真软件“不卖只租”的经历，让孙尚传认识到了什么叫买不来、套不来、讨不来，什么叫屈辱感，于是坚定依靠自己进行数控机床的正向研发，启动互联网工具软件和引擎的开发，建立了机器人研发队伍，研发的工业机器人成为屈指可数的高端品牌。而伴随世界进入万物互联的新的互联网时代，他不仅提出了工业5.0，更在深度思考和脚踏实地地实践。

因为相信，所以看见。站到技术前沿的孙尚传成为思考者、眺望者：未来产业应该是以互联网为载体的数字化产业；未来产业，都是跨学科、跨领域、跨技术的；国产计算机语言是未来产业之首……

他坚信“各领域都会产生世界级的领军企业”，呼吁“高科技创新需要应用场景，重大创新需要重大支撑”……

未来产业应该是以互联网为载体的数字化产业

问：您如何看待习近平总书记提出的“未来产业”？为何总书记多次要求“抓紧布局”？

孙尚传：未来产业绝不仅仅是当下最迫切的应用领域，更需要关注产生这些“有用”领域背后的“无用”产业和产业基础，要为“无用”产业和技术，提供未雨绸缪的顶层设计，并提供恰当的基础条件，未来产业才能被真正创新发展起来。未来产业应该是以互联网为载体的数字化产业，或者叫“长”在互联网上的产业。

习近平总书记之所以多次要求“抓紧布局”，是因为计算机和互联网都是第三次工业革命的产物，都发源于美国等西方发达国家。无论是计算机硬件、软件还是语言等，也无论是互联网技术标准、协议、路由器、服务器、根服务器和底层基础技术等，甚至无论是基于计算机和互联网的设计、分析、仿真、制造等工具和功能软件以及基于这些软件的硬件制造设备和协议，都是由西方发达国家设计的，为了保护其垄断利润，他们设置了层层保护壁垒。但上述种种都还是传统（局域网）产业。

第四次工业革命是将传统产业由线下搬到线上的过程，现在全球处于同等水平、同样阶段。所以，我国需要抓紧布局，否则，将错失良机。

未来产业，都是跨学科、跨领域、跨技术的

问：您认为未来产业有哪些特征？为什么习近平总书记会将数字经济、生命健康、新材料等作为战略性新兴产业、未来产业的代表？有何深意？您看好未来哪些行业的发展？

孙尚传：未来产业的特征主要表现在：网络化、在线化、数字化、个性化、产品制造多维打印化、分享共享化、生产资料国有化、以人类健康为中心等形式。

既然未来产业的产品将多维打印化，那么适应多维打印的将是各行各业的新材料、新材料多态制备和转化工艺以及颗粒化工艺，体现的是

全数字化经济类型，目的是维护人类的健康。所以，数字经济、生命健康、新材料等作为战略性新兴产业、未来产业的代表是非常准确的。为避免未来的“卡脖子”领域、“卡脖子”技术，习近平总书记强调“抓紧布局”未来产业，只有这样，我国才可能成为未来产业、未来世界的引领者。

数字经济、生命健康、新材料等未来产业，都是跨学科、跨领域、跨技术的边缘交叉学科，都离不开新模型、新算法、超算力、软件化的共性基础平台，而这些平台无一例外需要数学模型和计算机软件人才。所以，**我看好的未来最有发展前景的产业是国产自主可控的计算机语言、分布式网络在线设计工具软件、互联网功能软件、互联网产业生态平台、中医大健康、互联网教育、新材料等产业。**

国产计算机语言是未来产业之首

问：您为何把我国原创自主可控的计算机语言列在未来最有前景的产业之首？

孙尚传：在人类现代化进程中，相继出现了九个世界性大国，它们是葡萄牙、西班牙、荷兰、英国、法国、德国、日本、俄罗斯和美国。

18 世纪中叶以来，人类历史上先后发生了三次科技革命和工业革命，第一次是发明蒸汽机，引发机械工业革命；第二次是发明电机，引发电气工业革命；第三次是发明计算机和互联网，引发信息工业革命。

发达国家集团（G7）在前三次工业革命过程中，不仅逐步建立了科技和工业体系，形成了垄断优势，还主导成立了全球标准化组织、全球专利组织、商标管理机构、各行各业的产业链联盟、各产业链上下游交叉构成的生态系统联盟、行业联盟、国家联盟等，形成了认证体系、评价体系、监管体系等，环环相扣，几乎每一环节的入口 G7 等国家联盟都设有查验、监管和处罚机构。

近代以来中华民族饱受欺凌的一个最主要原因就是科技和工业的落后，不能自给自足、闭环运行。在高科技领域，我国在芯片、操作系统、材料及其精密装备、自主知识产权计算机语言和功能及工具软件、科学定律和科学技术体系及其衍生出来的各领域的应用等方面都与西方发达国家存在着差距。随着大国博弈的持续升温，功能软件如操作系统、数据库、各类专业语言，工具软件如计算机辅助设计、制造、分析、电子设计、电磁仿真、3D 渲染、动画等越来越被“卡紧脖子”。

随着大国之间进入全面竞争阶段，我国的科技和工业将受到来自发达国家联盟更全面系统的限制和打压，我国战略性新兴产业的创新点也将会被实施精准打击。大国博弈的力量基础是科技和工业能力，而科技和工业能力的基础是计算机和网络技术能力，计算机和网络技术能力的基础是计算机及其软件技术（包括语言、算法、架构、平台系统等）。当下最被各大国看重的 5G 和人工智能技术的基础也是计算机硬件和软件技术，而这些最核心的基础技术能力非常薄弱。

我国几乎没有计算机工具软件、功能软件以及计算机语言：

第一，到现在为止，我国没有一款原创的工业设计、分析、仿真、制造等领域的工业核心软件。计算机设计、仿真、分析、制造等软件无一例外由外国原创，已经被充分垄断。

第二，到现在为止，我国没有一款原创的手机和电脑的操作系统。由美国谷歌、苹果和微软三家公司垄断了手机和个人电脑的操作系统。数据显示，2017 年安卓系统市场占有率达 85.9%，苹果 IOS 为 14%。其他系统仅有 0.1%。这 0.1%，基本也是美国的微软的 Windows 和黑莓。没有谷歌铺路，智能手机不会如此普及，而中国手机厂商免费利用安卓的代价就是随时可能被“监控”或“断粮”。

我尤其要强调的是，我国的教育已经被国外从大学到 K12 的底层“熏染”。40 年前，美国正是用计算机语言以及基于这些语言编写的操作系统，计算机设计、仿真、分析、试验、制造等工具软件，系统化、有组织、成体系地进入了我国的高等院校，培养了我国一代又一代的科技精英和程序员，致使我国科技和工业长期对外依赖而动辄被制裁、被断供、被后门控制，严重制约了产业发展，进而威胁到国家安全。

我之所以把国产计算机语言放在未来产业之首，是因为原创计算机语言是我国科技、工业、教育的神经元。中华文明浩浩荡荡绵延 5000

多年没有中断，是因为有汉字这一中华文明的根，而在半个多世纪的信息化世界以及未来世界，我们同样需要在自己原创的计算机语言上进行自主、可控、安全的创造。

真正拥有自主原创的计算机语言和各类功能及工具软件，又能抓住互联网转型时期的全球战略机遇，利用新基建为第四次工业革命奠定基础，才能成为第四次工业革命的领导者。

未来互联网拓展到万物互联时代，计算机网络的链接功能与各行各业结合后，将赋予各行各业新的力量和再生的功能。如果不希望自己的工作被人工智能替代，必须掌握计算机语言及其逻辑控制算法，这将是未来必备的生存能力和基本素养。

让未来公民都拥有这个能力，一个国家、一个民族才能在未来立于不败之地。而用哪种语言来制作编程、指令、符号，决定了哪种语言乃至其背后的文化对未来的互联网世界拥有多少定义权和解释权。

为此，我们团队在 2004 就开始着手研究该领域，历经 17 年的时间自主研发了 NPL 计算机语言（Neural Parallel Language 神经元并行语言，NPL，是自 1946 年计算机被发明以来中国唯一原创的计算机语言），是面向人工智能时代的语言系统，是一门模拟人类大脑的人工智能语言。

团队还在 NPL 语言的基础上开发了 Paracraft（中文名为帕拉卡）3D 动画编程工具，是国内首个集 3D 设计、动画、仿真、编程、制造、分享、营销于一体的创造平台。在核心功能上，它可以同时替代多种国外专业 CAD 软件和编程工具：如 Scratch、Solid works、3ds Max、Maya 等各类 AI 人工智能先进算法的集成和升级。Paracraft 是与当代科学技术、各行各业实际应用紧密衔接和可持续发展的创造平台。将此平台与中国原创的人工智能教材《相似性和相似原理》为指导的复杂机器人控制、机器人协作控制和人工智能控制的网络共创平台，融合为统一面向 K12 学校学生的学习、探索和创作网络平台。

用自己原创的 NPL 计算机语言，开发并完善了平行世界 3D 编程教育平台，一网乾坤（Keepwork）学习、创造和探索平台，NPLCAD 在线计算机辅助设计系统，3D 动画电影制作平台，人工智能网络创作平台，个人知识引擎，个人史记系统，知识溯源系统，分布式存储系统等完全自主知识产权的计算机技术体系。几乎可以以最低的成本且自主可控、系统地提供从编程到创造及分享的完整、开放、开源的互联网人工智能平台等互联网生态链系统。可以全面提供面向全社会的从编程到创造及分享的完整、开放、开源的互联网人工智能平台。

关于中医大健康，我提出构建以中医为主体的全民大健康体系，打造中国健康 5.0 的智慧中医智联网平台，以望、闻、问、切、查为输入，经审病查机、辨机施治的人工智能算法，实现有医无类，使得人人健康自医。在中医大健康领域我们也已致力多年。

软件重新定义世界：计算机网络是一种全新的 DNA

问：您是深耕制造业的企业家，却首先谈到科技铁军、教育、文化，您如何看待教科文与未来产业的关联？

孙尚传：文化智慧和科技知识是底层根系和干支花果的关系。

由算法、指令、代码、逻辑运算等计算机软件重新“定义”的世界中，不仅使中国的互联网经济、科技创新、制造业等领域实现“换道超车”，还会深度变革教育、科技、健康、文化等各个方面。**计算机网络将展现出链接一切、承载一切、生长一切的功能，是一种全新的 DNA。**

前三次工业革命是以某些单一行业或数个共性行业为基础，第四次工业革命是以所有行业为基础（包括教育、科技、文化、健康、商业和其他所有产业），将会用软件重新定义世界。包括工业 4.0 在内，前三次工业革命都是以生产资料和商品为对象，目的是更高效、更大规模地提供更优质的产品和服务，使获利最大化。

第四次工业革命是以生产资料和人的经验智能可升级、可传承的网络化软件基础设施为对象，目的是使人人可以用软件借助互联网，各尽所能地创作并各取所需地分享、共享物质和文化产品，在互联网的消费功能之外，增加在线创作功能，让虚拟和现实完全对应，既解决物质的创作、设计和制造，又解决文化产品的在线创作、设计和分享。

同时，按中国传统文化的内涵要义，制定各行各业的国家产业标准（而不是模仿或照抄他国标准），并以此直接构建新时代的互联网产业标准，打造平行于现有体系并“长”在互联网上的教育、科技、文化、健康、产业、商业、旅游等千行万业的生态系统，成为第四次工业革命的领导者。依据各省市自身的自然禀赋、历史人文、地缘优势等条件，构建中华文明史上最璀璨时代的最优秀线下产业。

英国抓住了当时的“未来产业”

问：在您看来，有哪些抓住未来产业而成就一个国家、一个企业的代表性案例？

孙尚传：第一次工业革命时期，英国抓住了当时的“未来产业”纺织机械和蒸汽机，成就了“日不落”的“大英帝国”，成就了无数的百年企业，如罗罗发动机公司。

未来产业是以工业 5.0 的核心要素为产品的产业

问：战略性新兴产业和未来产业之间有哪些异同？

孙尚传：战略性新兴产业是以工业 4.0 的核心要素为产品的产业，代表着当下的生产力；未来产业应该是以工业 5.0 的核心要素为产品的产业。工业 5.0 的定义是以软件重新定义一切为起点，以道为核心，以互联网为载体，以人为中心，以网络在线设计制造仿真软硬件为工具和装备，以全人类各民族文化知识智慧为基础素材，最终实现有创无类，使得人人可以借助并使用互联网创作物质和精神作品，分享人类创作，共享人类智慧，各尽所能，各取所需。

打造 5G 通信设备核心产业链

问：您认为我国该如何形成未来产业的空间布局？贵公司所在地区是如何在未来产业布局的？

孙尚传：利用各地区的自然禀赋，布局和发展未来产业生态中的资源优势领域的产业链。比如，安徽蚌埠地区可以运用互联网在科研、设计、制造等领域发展硅基、生物基和石墨基半金属新材料产业。

大富科技 10 年前就是全球最大的滤波器供应商，也是华为的核心供应商，更是该领域技术、标准、工艺及 80% 以上专利的拥有者。我们用持续的创新实现了滤波器这一通信产业核心技术关键产品及产业链的自主安全可控，为我国通信产业 5G 时代的国际领先提供了保障。下一步大富科技将通过积累的制造业系统技术，为产业、行业、区域打造机电一体化的共享制造平台。

蚌埠是安徽的老牌工业基地，蚌埠市委市政府高度重视实体经济的发展，把先进制造业高地的打造放在为国家做战略储备的高度来部署。2020 年初，大富科技 5G 研发及生产基地在安徽蚌埠开工，基地重点投资打造 5G 通信设备核心产业链，服务全球通信主设备商。我们也将建成中国唯一具有自主知识产权的集合 50 多种工艺的机电共享智造中心。

各领域都会产生世界级的领军企业

问：您认为我国未来哪些领域可能诞生世界级领军企业？

孙尚传：我国在未来产业即“长”在互联网上的产业的各领域都会产生世界级的领军企业，因为我国是互联网应用大国，互联网时代一切向头部转移，会形成强者恒强的效应。

我国只要抓住第四次工业革命的最佳机遇，及时构建基于全国统一的工业 5.0 的互联网生态，就会逐步构成全球最大的工业互联网系统，也必然会应运而生一系列原创鼻祖和大批行业大师。就像领导第一次工业革命的英国和德国、领导第二次、第三次工业革命的美国产生一系列全球领军企业一样。

高科技创新需要应用场景，重大创新需要重大支撑

问：您如何看待习近平总书记提出的构建以国内大循环为主体、国内国际双循环相互促进的新发展格局？这将对未来产业的布局和发展产

生哪些影响？

孙尚传：未来产业离不开创新，创新离不开创新生态，创新生态离不开国家的顶层设计。

习近平总书记提出的以国内大循环为主体，说到底是要回答一个严肃的问题：即与美国等国家“脱钩”导致断供了怎么办？以此为基点进行思考，我们要如何做？

构建国内国际双循环相互促进的新发展格局是解决我国当前乃至未来可持续发展的主要举措。但不能只依靠纯市场经济的自然力量，应该像大禹治水一样，把整个中国内需市场变得疏通畅顺，使之按照国家意志（国强民富）实现可持续循环。比如，放开龙头垄断企业，尤其是央企的国内采购闸门并逐步培育扩大国内供应链采购额度。改进一直以来向国外采购的现状，应该站在国家自主安全可控的战略利益、民族产业扶持发展的国家立场、国内供应链优先培养的决策机制等角度考虑，这样才能建立断供急救措施，实现采购的可持续和各行各业的独立自主且安全可控。

在美国特朗普政府对我国科技行业定点打击之前，很多人已经意识到了外国对我国的技术和产品限制及封锁这一不公平的现实，而且在长时间的“造不如买，买不如租”的心理影响下，在特定的历史阶段，国人对全球采购已习以为常，以至于许多人忘了产业链安全以及自主可控的重要性和严肃性，导致了许多企业没有把培育本行业完整可控的产业链当作自己的必要使命和主要责任，致使历经千辛万苦创新研发出的可以替代外国进口的高技术装备和产品不被国内大量使用。更有甚者，有些企业的决策者们还以“迂回”进口国外设备和产品来免责，因为他们认为，国外设备即使坏了，也与采购者无关。

我国国产设备的处境是因没有应用场景而得不到验证和提升，进入了“不成熟—没人用—永远不会成熟”的恶性死循环之中，最终只会有两条路，一是倒闭关门，二是被外国同行懂行者低价收购，捡个便宜，还彻底消灭了潜在竞争者。比如，无锡威孚是当时全球第二的柴油机电喷系统提供者，被德国 BOSCH 并购后，与 BOSCH 签署协议：在中国，威孚只能开发“欧Ⅱ”标准的柴油机电喷系统，“欧Ⅲ”以上必须在德国开发。20年来，我国从德国BOSCH采购了数万亿元“欧Ⅲ”标准以上的柴油机及电喷系统。做这样的赔本买卖，正是因为我国没有像美国CFIUS那样的外资投资审查机制。之前，华为公司在美国计划并购已经申请破产的企业3leef公司200万美元的专利，却被美国的CFIUS以涉及美国国家利益为由给否了。

充足的市场，才是创新企业的生机命脉所在

问：怎么才能打破这种恶性死循环？

孙尚传：高科技创新需要应用场景，重大创新需要重大支撑。比如，1983年美国制定的“星球大战”计划，虽然当时的目标是太空防御，但因为有明确的应用场景和预算，培育了强大的科技创新体系，在强军强国的同时强化科技能力，实现藏富于民。

我国无论在国防领域还是现代工业领域，都有巨大的需求，也是全球最大的市场。可以借助这次的双循环政策，彻底打通我国的创新循环通道，杜绝行业形成封闭的自循环运行而堵死国内大循环通道，鼓励行业龙头打开需求闸门，以培育国内自主创新产业链生态为己任，给创新提供充足的市场，才是创新企业的生机命脉所在。

我国现在已经把创新及布局未来产业作为国家的战略措施，那么，让央企开放需求，除了核心系统、关键部件以及保密技术之外，让能担当有能力的民企平等享有成为供应链主力的企业公民资格，既可快速培养安全可控的产业链生态，又可拉动我国产业结构迅速调整到国民经济的真实需求上。同时，打开数万亿真实的需求，拉起国内大循环闸门，疏通各行业间的淤堵，形成真正的国内大循环，进而以国内大循环的全球最大市场洪流汇聚并吸引全球的资本和商家蜂拥而至，汇入我国的内循环大潮之中。

比如，苹果开放了其供应链系统，在全球培育了许多100亿元市值以上的上市公司。我国三大运营商开放供应链，在全国也培育了不少家100亿元市值以上的上市公司。如果97家央企把其供应链开放给具

备能力的企业，将培育超过更多家100亿元以上的上市公司，其自身集中精力开发与全球顶级企业技术系统、实验环境、产品相适应的软硬件开发体系，这将是巨大的内循环，也必然像大海一样容纳国际江河湖海的外循环激流，对提升我国的工业和科技能力以及有效的GDP将不可估量。

我国也应该借鉴发达国家创新保护机制，进一步强化和完善类似发达国家的国家政策（反补贴、反倾销），商业制度（配额制），知识产权保护（专利体系先发保护优势），发达国家间联盟（对后来者的联合限制、禁运制度），国际组织（WTO、ITU），外国投资审查委员会（CFIUS）等保护和激励持续创新的环境生态系统。尤其是填补国内空白的“卡脖子”领域，应该受到更多的政策保护。比如，我国机器人行业是新兴产业，一个负载20公斤的六轴机器人在2015年前主要由国外四大机器人公司垄断，其平均售价40万元左右，当我国自主知识产权的20公斤负载的机器人问世后，国外迅速把此类产品的价格降到12万元，这种恶意的倾销行为严重打击了我国机器人产业的创新后劲。这种情况下，我国应该迅速启动反倾销调查，以保护我国民族企业的创新能力及健康发展。

同时，国家相关部门要规范各行各业的准入标准，提高外国公司进入我国市场的门槛，提高我国链接国际市场循环的议价能力和主导权。与构建未来产业有机无缝衔接，将会变当下之危为未来之机。

打造国家级“通用技术集团”

问：能否说说大富集团的目标是什么？

孙尚传：建立智能化无人工厂，成为机电产业的共享智造中心，我们希望与中国通用技术一起打造10家面向军工产业的“大陆富士康”，一起构建集教、科、文、健、产、商旅于一网的工业5.0生态，成为真正意义上名副其实的国家级“通用技术集团”。

疫情，给未来产业带来极大推动

问：您认为正在全球蔓延的新冠肺炎疫情是否会对未来产业产生重大影响？

孙尚传：将给未来产业带来极大推动。

无论哪种制式的 5G 网络都需要两大核心技术：移动基站的数据交换和无线收接发射。其中，数据交换部分是华为的强项，已经完全自主化；无线收发部分是大富科技的强项，欧美国家在该领域已丧失设计和制造能力。

现在真正影响产业链的可能是数据交换部分需要的软件工具，包括 EDA 软件体系和芯片制造设备如光刻机（14 纳米及以下），这些瓶颈，正在解决当中。

国家将 5G 建设放在整个新基建列表的领先位置，是因为 5G 是新基建的基础和核心平台，是第四次工业革命的硬件基础和加速器。

但我思考更多的是：当无数岗位被机器人和人工智能代替后，我国的产业结构应如何调整？就按现在这种模式，逐步实现自动化，最终实现无人化吗？日本和欧洲国家 15 年前就实现无人化了，这是未来工业的出路吗？大量职业蓝领和白领被替代后，这些失业大军将何去何从？我国将进入更深度的人口老龄化时代，还能再承受巨量年轻人失业之痛吗？

庆幸的是，我们 15 年前已经开始做准备，现在已经基本成熟，即将付诸实施了。

首先培养我国少年的科技“童子功”

问：您认为新冠肺炎疫情后我国应如何聚焦未来产业发展，要进行哪些布局调整？

孙尚传：首先应该培养我国少年的科技“童子功”，普及 K12 和在校大学生的计算机技术和编程能力，全力培养孩子们基于原理的原创能力，让更多的基础理论科学家把精力放到培养和启发少年的智慧和创造力上，把教育、科技、文化、健康、产业、商业、旅游等尽快搬到互联网上，让孩子们能知行合一、学以致用、学以致慧，加上上面所说的未来产业布局，将会水到渠成。

培养中国少年科技“童子功”，可以更好地补上中国的科技短板。随着人工智能时代的到来，人类已经离不开人工智能，所以掌握计算机和计算机编程将成为每个少年儿童的基本素质和必备技能。

中国互联网的硬件设施和普及率世界领先。特别是这次新冠肺炎疫情使全民认识到网络应用尤其是网络教育的巨大潜力。如果把我国自己原创的计算机编程教学引入大、中、小、幼不同阶段，那么到2025年，我们就可以培养出非常多的计算机编程和人工智能后备人才，我国将大幅提升在教育、科技和文化领域的软硬件水平。

把我国的人口智力优势充分发挥出来

问：我国在把握未来产业发展机遇中还面临哪些挑战、障碍和风险？尤其是面临哪些来自外部的挑战和风险？与美国等发达国家相比，我们在未来产业布局上面临哪些优势、劣势？

孙尚传：最大的挑战就是美国联合其盟友发动贸易战或“撕破脸皮”、不计代价、全面系统地扼杀我国产业链上的关键节点，直到主要领先行业无法正常生产。

跟美国等发达国家相比，我国的最大劣势是科学技术基础研究不全面不系统，这会影响我国在未来产业发展的效率和速度。

但我国有体制优势、人才规模优势、计划统筹优势、市场规模优势、互联网用户规模和普及优势等独特优势，既可化解我国的劣势，又可创造出新的优势。在中国特色社会主义市场经济的指导下，国家投资并管理教、科、文、健、产、商、旅等公共互联网生产设施的生产资料，为人人提供一个公平、易得、易用、普及全民的互联网平台，让人人可以创作有价值的物质和精神产品，可以按国家战略的轻重缓急迅速激发并拉动创造和消费两大市场，把我国的人口智力优势充分发挥出来，不但借助了互联网的分享共享优势，还可以用互联网的先发垄断优势，在实现中华民族伟大复兴的同时，成为人类命运共同体的统一平台。

创新及布局，将决胜未来

问：能否结合您所在行业，谈谈布局未来产业的重要性？

孙尚传：我们大富科技是本土制造业企业，我结合自己的 20 多年产业实践经历，说明创新及布局将来决胜未来的重要性。

我国改革开放 40 多年来，由于前三次工业革命的缺席，多数工业企业的科技创新大多选择了短、平、快的项目，也走过了“造船不如买船，买船不如租船”的快捷发展模式阶段。

大富科技也不例外，自 2001 年成立以来，经历了移动通信行业从 2G 到 5G 蓬勃发展的大好机遇期，选择了移动通信系统里的关键器件滤波器作为主要产品，也经历了从部件代工到 OEM 再到 ODM 再到 5G 时代自主设计集成滤波器、天线和部分有源射频功能的有源天线系统（AAU）等多个阶段。

不同的是，大富科技在遇到外国不合理技术限制问题的时候，尤其是今天才被国人认识到的“卡脖子”问题的时候，义无反顾地选择了一条试图改变和突破的创新路径。

一条颠覆行业的创新路径

问：能否都具体说一说？

孙尚传：从滤波器说起，2001 年，大富科技开始给意大利弗雷通信（深圳）有限公司提供滤波器金属结构件加工业务，当时我们只能严格按照弗雷的图纸和要求交付。2005 年，大富科技开始给德国凯士林提供滤波器完整产品的 OEM；2006 年，大富科技给华为提供滤波器的 ODM；从 2008 年开始，大富科技就开始自主创新研发移动通信行业的全新的滤波器结构系统，而且改变了滤波器的技术团队的技术类型（从原来全球普遍用无线电和电磁场专业为主的技术人员构成，改成以机械结构设计和材料专业为主的技术团队担纲开发），走出了一条颠覆行业的创新路径，从原理上解决了滤波器作为一种由金属和非金属组成的物理结构模型或称无源器件的温飘、互调、增益、插损、电击等关键指标问题，且大幅度解决了大量冗余的设计。

屈辱感和责任感驱使：开始进行数控机床正向研发

问：你们也自主研发数控机床，能否具体说一说？

孙尚传：在产品创新过程中，2003 年当我带着巨大订单前往外国采购数控机床的时候，买三轴高性能和四轴数控机床要写申请，并承诺不能承接军工项目。至今我国的所有采购外国限制清单内高科技装备和产品的企业都必须遵守，否则一经查实就会被制裁，5 轴以上的数控机床是禁止卖给中国的。**18 年前的这一幕完全颠覆了我“客户就是上帝”的认知，屈辱感和责任感驱使我 2005 年开始进行数控机床的正向研发，至今持续 16 年。**

之后，我们还遇到过三坐标测量仪、网络分析仪、X 射线测厚仪等“卡脖子”项目，这些设备我国的各类企业正在逐步突破。

随着计算机和互联网技术的发展，基于计算机和互联网的软件开发环境和计算机辅助设计、分析、仿真软件，不只是“卡着我们的脖子”，甚至是“锁死了我们全身”。尤其是 2014 年我们接到一个高精密拉伸件订单，需要购买仿真软件，但卖方告知不卖只租，这不只是完全没有“上帝”的感觉，简直是奇耻大辱。为此，我们 2014 年启动了互联网工具软件和引擎的开发，就是前面提到的 NPL 语言。

目前，我们的数控机床从 3 轴到 4 轴到 5 轴到 6 轴，还在继续研发之中，机器人从第一代到第七代，从工业机器人到排爆机器人，从服务机器人到中医师机器人，还在继续智能化之中。无人化工厂从刚性到柔性到自适应性再到全智能自主性，走过工业 2.0、3.0、4.0 之后，6 年前大富科技提出了工业 5.0，并兢兢业业地构建着工业 5.0 的各核心要素和平台功能架构，完成了分布式在线创作、设计、分析、仿真、渲染、制造平台的雏形。国外那些屹立百年的制造业公司也是这样年复一年干出来的。

面对当下的百年未有之大变局，我反复说过一句话：能够为行业解决真问题，能够为客户创造真价值，能够为国家做出真贡献的企业，机会来了，为此我们已经准备了 20 年。

未来产业需要顶层设计

问：能说一个国家的未来"决胜于未来产业"吗？您有何政策建议？

孙尚传：我赞成这样言简意赅的表达。但我要再次强调的是：未来产业需要顶层设计。

前三次工业革命主要以硬件的技术革命为基础，其领导者在掌握新硬件技术的同时构建了新硬件创新、设计和制造的产业链生态，以此为基础形成了知识产权体系、国际标准、国家间行业联盟、对外限制措施等一系列保护壁垒和围墙，相继成就了英国、德国、法国、意大利、美国、日本、俄罗斯等工业强国。

第四次工业革命将从软件定义一切、软件成为一切的共同基础设施开始，将是以软件和算法的技术革命为基础，以数字化、网络化、智能化、绿色化为特点，软件的技术革命又将以中国文化的底层智慧和西方科技的原理方法为依归，将科技和工业的技术体系、设计方法、实验条件、制造模式、工艺过程、装备技术等生产资料的主要核心要素和大部分人的经验、技艺和能力高度集成，并浓缩成算法和程序等软件体系，成为在线式、软件化、物联网新基建类基础设施。

所以，面向未来的创新路径，应基于物联网新基建的核心要素的能力、创新秩序进行顶层设计，大富网络已经围绕着计算机语言、计算机编程能力、模型构建和算法能力、物联网操作系统、搜索引擎、网络设计软件、网络仿真软件、网络检测软件、网络制造软件、网络工艺软件、3D 和多维打印系统、物联网物流系统以及物联网工业和科技新应用场景的生态等内容进行了原理级原始创新。

面向未来打造工业 5.0

问：第四次工业革命正在如火如荼发展，那么工业 4.0 后面是什么？

孙尚传：我认为，中国要面向未来打造工业 5.0，其内涵和实现路径是：

第一，要体现出中国文化（天人合一，利而不害，为而不争）是一切的根（为天地立心），科学的社会属性只有符合中国文化，其自然属性才能为人服务而不是反噬人类。

第二，文化科技和工业科技是一网内底层根系和干支花果的关系。

第三，教育的平台是互联网，要体现出有教无类和能者为师的公平，文化要以新老诸子百家为师，要以行业大师、能工巧匠为师启蒙我国青少年，在教学相长的过程中，实现青出于蓝胜于蓝的人才迭代，进而实现“无贵无贱，无长无少，道之所存，师之所存”。

第四，用个人史记系统(为生民立命)，使得人人能知善知恶，为善去恶，形成向善机制，走各自俗智贤圣至真的生命、使命、天命合一的无憾之路。

第五，用知识溯源系统（为往圣继绝学），使得人人可以实现主观利他（只有愿意创作分享自己的真知灼见，才能被溯源证明和确认其知识产权）和客观利己（只有获得属于自己的知识产权才能保护自己的知识产权的收益）的统一。

第六，构建一个长于互联网集教育、科技、文化、健康、产业、商业、旅游为一体的工业 5.0 生态，才有可能把生产资料和劳动力、智能智慧用软件形式嵌入互联网底层不断迭代发展，成为人类命运共同体的平台（为万世开太平）。

当下，非常紧迫的就是让国产原创的编程教育系统进入 K12 教育系统，成为青少年的必修课，从少年儿童抓起，培养我国少年的科技“童子功”，同时让科学家、行业大师、能工巧匠以互联网为平台给孩子们正知正见的启蒙引导，使孩子们从小就理解原始创新对一个民族的重要性。

让学贯中西的大师们在孩子们学习科学技术的同时，必须传承中国文化的三纲（明明德、亲民、止于至善）八目（格物、致知、诚意、正心、修身、齐家、治国、平天下）的家国天下情怀，而不是无根无源的“天下情怀”。

希望集举国之力，以上述开发式互联网平台为基础，全力完善第四次工业革命的文化和软件要素体系，构建集教育、科技、文化、健康、产业、商业、旅游等领域于一体的生产资料和劳动力融合的全新的基础设施，发挥我国体制、人口、市场、创新力等优势，成为第四次工业革命的领导者。

加上道德之锚，工业强国才能成为可持续的真正强国

问：在先进制造、软硬件领域攻坚克难几十年后，您看到了一个怎样的“未来”？

孙尚传：我看到的“未来”，如果说互联网、大数据是主机，那么中华优秀传统文化可以成为核心软件，将引导互联网世界向共建共享的愿景前进。中华文化崇尚“道法自然”的自然之道，和“民惟邦本”的社会之道，坚信止于至善。

20 年来，我用生命践行的真实体验告诉并呼吁：第四次革命是以软件定义一切并成为一切的共同基础设施的系统性社会要素的革命，是中华民族真正崛起的天赐良机，也是中国文化、中华文明重建的绝佳机遇。

面向未来，中国应该当仁不让，以“为天地立心，为生民立命，为往圣继绝学，为万世开太平”的心胸，担当起引领世界文化、惠及人类心灵的角色。

世界历史已经多次证明，一个国家的未来“决胜于未来产业”。但只有科技和工业的强大，不能保证这种强大的可持续，这也被历史反复证明了。所以，只有给强大科技和工业加上道德之锚，工业强国才能成为可持续的真正强国，人类文明才能延续。正如英国历史学家汤恩比预言的那样：中国文化将统一世界。

未来，科技巨浪将席卷一切，不管你喜欢不喜欢……这场剧变会灾难性地破坏每一个行业的每一个方面，也会改变人类活动的方方面面，唯有洞察未来的人能够幸免。

——[美] 丹尼尔·伯勒斯、约翰·戴维·曼:《理解未来的 7 个原则：如何看到不可见，做到不可能》

加速新材料攻关，是布局未来产业的根本大计

——与国家新材料产业发展专家咨询委员会委员、上海杰事杰新材料集团董事长杨桂生面对面

杨桂生，中国首位工程塑料博士，杰事杰新材料集团创始人。国家新材料产业发展专家咨询委员会委员，中国科学院化学研究所工程塑料研究室荣誉研究员，中国科学院大学、浙江大学和合肥工业大学兼职教授、博士生导师，享受国务院特殊津贴专家，中组部“千人计划”评审专家，国家“万人计划”科技创业领军人才，科技部国家科技专家库专家，国家科技奖励专家库专家，科技部首批“中国火炬创业导师”，中国石油和化学工业联合会专家委员会化工新材料组专家，上海市领军人才评审专家，上海市科技精英评审专家。

现任第十二届安徽省政协委员、安徽省工商联副主席、安徽省军民融合产业协会会长、中国塑料加工工业协会副理事长、中国复合材料工业协会副会长、上海安徽经济文化促进会常务副会长、上海市突出贡献专家协会副会长、上海市杰出青年协会副会长；曾任第十二届全国人大代表。

先后获得“中国十大杰出青年”“中国青年科技奖”“中国科协杰出青年奖”“紫荆花杯杰出企业家奖”“中国专利金奖”“中国科学院科技进步一等奖”等多项奖励和荣誉称号。

先后承担并完成国家级及省部级重大科研课题 20 余项，发表 SCI 论文 162 篇，个人获 130 件发明专利授权，培养博士生和博士后 30 余名。

手记 在大型制造企业设立首席材料官

不掌握高性能材料，就没法掌握未来。

新材料、高性能材料的发现导致颠覆性技术出现，从而推动产业变革。如白光发光二极管（WLED）开辟了照明新纪元；液晶屏替代阴极摄像管，带来了显示革命……

历史学家甚至把材料及其器具作为划分时代的标志：如从旧石器时代开始，人类社会历经新石器时代、青铜器时代、铁器时代、钢铁时代、高分子时代、高性能陶瓷时代，直到复合材料时代。而眼下，一场材料革命，正悄然拉开序幕，席卷全球。

还是近 20 年前，我专门到上海调研时和杨桂生聊过，那是他从中科院化学所只身南下上海创业不久，迄今，他在新材料研究和产业化领域已经耕耘 20 多年……

甘苦自知。杨桂生深知“一代材料一代装备”，我国工业水平虽然近几年进步很大，但与西方国家相比仍然存在着巨大的差距，关键技术掌握较少、过度依赖进口、出口结构单一、缺乏自主知识产权，整体上仍处于全球产业链和价值链的中低端。国内化工新材料整体自给率仅为 56% 左右，高端装备产品国内市场消化率仅占 5% 左右，知名商标和名牌产品较少，对其他产业的高、精、尖技术的突破和应用带来极大的制约。发展未来产业，中国材料业和装备业应率先发力。

“很多企业对材料太不重视了。我们以前跑业务，到一个厂，能见到管材料的最低是股长、科长。”杨桂生说，在新一轮科技革命与产业变革的背景下，智能制造成为中国制造业发展的主攻方向。新材料的研发和应用分布在未来产业的各个制造环节，作用不容忽视。然而，先进基础材料参差不齐，关键战略材料受制于人，前沿材料亟待突破，这些材料技术短板必将制约未来产业的智能制造，也阻碍未来产业的全面布局。建议在未来大型制造企业设立首席材料官（CMO），对材料流全程、精准地控制管理、反馈信息和分析验证，助力未来产业打通“应用最后一公里”。

一些地方喜欢一哄而上，炒作概念。杨桂生发出警示：“地方政府不能通过行政手段强行干预布局产业，而是要通过科创金融、政府采购等手段引导优势企业入驻，自主形成产业聚集、生态布局，完善产业体系。”

经过深思熟虑，他还提出了一系列建设性意见：加强未来产业路径规划，创建未来产业孵化平台；设立未来创新奖、青年前沿创新奖，降低创新成果的产业化成熟度门槛；政府设立基金，鼓励引导社会资本投资非主流技术；依托大科学装置，孵化未来新兴产业……

布局未来产业就是布局国家未来

问：您如何看待习近平总书记提出的“战略性新兴产业”“未来产业”？您觉得，总书记为什么会多次要求“抓紧布局”？有什么战略意义？

杨桂生：党的十九届五中全会提出，把科技自立自强作为国家发展的战略支撑，加快建设科技强国。这是党中央在新的发展阶段对科技创新、创新发展作出的重要判断，将科技自立自强的重要性提上了历史的新高度，是我国科技创新新的指导方针和战略谋划。

未来产业是中国未来在世界经济格局中获得发展主导权和话语权的重要抓手，是建立社会主义强国的支点和关键，是在日趋激烈和复杂的全球化科技竞争中保持不败之地的重大方略，是时代的选择，也是历史的传承。未来的竞争就是科技创新的竞争，科技强则国家强，科技兴则国家兴。早在1978年，邓小平同志就提出了“科学技术是生产力”这一真知灼见，奠定了中国改革开放40多年来的辉煌。科学技术是推动经济和社会发展的强大杠杆，在习近平总书记提出的“世界处于百年未有之大变局”这个时期，谁把准了未来产业的发展命脉，谁就能够在未来获得世界经济的主导地位。

当前，我国进入新的发展阶段，我国要素、禀赋、条件等将面临深刻变化，经济全球化遭遇逆流、新冠肺炎疫情全球大流行带来世界经济深度衰退、一些国家保护主义和单边主义盛行，部分世界科技强国采取措施阻碍中国发展的势头。中国必须具有更前瞻的眼光，积累核心实力，加快未来产业布局，在危机中育先机，于变局中开新局。

未来产业的发展即是新一轮的产业革命

问：您认为未来产业有哪些特征、内涵？

杨桂生：未来产业是定位未来人类和社会发展需求、依托前瞻性创新科技、拓展人类认知空间、提升全人类自身能力、推动未来社会可持续发展、能影响全球社会变迁的关键产业。

未来产业的发展即是新一轮的产业革命。未来产业技术多具有多领域交叉的特点，不断打破原有专业布局制约；发展过程中易产生新理论、新载体、新空间、新模式、新业态甚至新物种。因为未来产业格局新，产业发展不确定性多，政府在推动其发展过程中，要不断灵活变换新思路、新方法和新政策，在学科设置、项目资助、人才培养方面也要注重深度融合。

未来产业更具有超前性、颠覆性、辐射性

问：战略性新兴产业和未来产业之间有哪些异同？

杨桂生：战略性新兴产业是指以重大技术突破和重大发展需求为基础，对经济社会全局和长远发展具有重大引领带动作用，成长潜力巨大的产业。未来产业则是以满足未来人类和社会发展中涌现的新需求为目标，将推动未来 20 年甚至更久的全球经济社会变迁的关键产业，前瞻性更强，立足点更高。

两者都代表着科技创新及产业发展的方向，具有科技含量高、市场

潜力大、带动能力强、综合效益好等特征。但相较于战略性新兴产业而言，**未来产业更具有超前性、颠覆性、辐射性和可持续发展等特征，可实现技术的跨界融合，对相关产业形成巨大拉动甚至衍生出新的产业领域，不断升级，孕育新的科技文明或生产业态。**

国家亟须从宏观层面对未来产业定位

问：在您的调研中，各地已经具备“未来产业”意识了吗？还有什么差距？

杨桂生：在我的调研中，各地“十三五”期间战略性新兴产业发展，已初步萌芽未来产业意识，但因为战略性新兴产业和未来产业的部分创新特性相同，且未来产业有多领域交互的特点，有的地区对未来产业定位不准，很容易和战略性新兴产业发展混淆；有的地区只要是未来产业就多头并举，忽略了地域发展特点，导致无重点目标。

国家亟须从宏观层面对未来产业定位，以引导各地“十四五”期间立足战略性新兴产业发展，根据区域优势发展未来细分产业，逐步引导全国对未来产业进行空间布局，从东部发达地区向西部不发达地区辐射。

未来产业发展的重中之重

问：习近平总书记将数字经济、生命健康、新材料作为战略性新兴产业、未来产业三个代表性领域，意味着什么？

杨桂生：总书记将数字经济、生命健康、新材料作为战略性新兴产业、未来产业三个代表性领域，意味着这三个产业是未来产业发展的基础要素。**新材料是万物制造的基础，生命健康关系着人类延续，数字经济把握着社会发展命脉，这三要素的发展快慢能影响未来经济社会结构调整和规则制定，能影响我国在未来国际社会的话语权，是未来产业发展的重中之重。**

四大领域未来产业的发展也值得重点关注

问：除了这三个领域，您看好哪些未来产业的发展？

杨桂生：除了这三个领域，以下未来产业的发展对满足未来社会需要也是至关重要的。

第一，新农业。未来社会无论科技如何进步，保证温饱依旧是第一位需要。因此，利用创新科技发展的数字农业、农产品科技深加工、水培法和气培法的新兴农业种植、新品种育种、主打食品安全的有机餐厅和休闲观光农业等，使现代农业有了很多颠覆传统的新方向和新技术，也是未来产业的发展重点。

第二，新能源。我国长期以传统能源为主，随着经济发展，未来社会能源结构必将以清洁高效的新能源为主。新能源是关系能源安全、经济安全、生态安全的战略性产业，未来社会中，随着风电、太阳能光伏、生物质能、氢能、核聚变、暗物质、可燃冰等新能源细分产业技术的成熟应用，必将带动其他未来产业的快速发展。

第三，智慧物流。中国是世界工厂，占全球制造业出口约18%，但中国没有自己的强大国际物流体系，外贸高度依赖海外货运公司，要实现国际外循环体系高度发展，数字智能化物流是未来产业必须匹配的运输动脉，也是中国实现内外双循环的供应链支撑。为真正实现中国与全球的链接力，布局全球智慧物流，我国在标准、数字技术、货运硬件、仓储体系等方面还有较长的路要走。

第四，航空航天。受地球资源日趋紧张影响，未来社会将进一步向全球化、宇宙化发展，谁抢先拥有领先的航空航天技术，谁就能站在未来社会发展前沿。2020年受新冠肺炎疫情冲击，全球航空航天业也受到严重冲击，此时也是行业容易发生新变革的时刻。如国际航空货运市场供不应求，我国可以利用内循环良好运转的时机，重点发展航空货运技术，重新布局空天产业，为新冠肺炎疫情后国际外循环发展和其他未来产业奠定运输保障、拓宽发展空间。

特斯拉抓住了智能化汽车这个未来产业

问：放眼人类历史，有哪些抓住未来产业而成就一个国家、一个企业的代表性案例？

杨桂生：2003 年 7 月 1 日，特斯拉公司宣告成立，义无反顾地走上了汽车革命的道路。经过近 10 年的执着追求，2012 年，对于很多巨头们都望而却步并对之丧失信心的电动车，特斯拉最终劈开了困扰电动车发展的挡路石——电池的问题，推出了 Tesla Model S 这一具有颠覆性的产品。2017 年 4 月，尽管特斯拉在全球仅交付了不到 8 万辆汽车，但其市值已经达到约 510 亿美元，超越通用汽车成为美国市值第一的汽车制造商。特斯拉正是抓住了智能化汽车这个未来产业，像当年的苹果公司一样，用全新的产品颠覆了整个行业，开启了一个新的时代，成了世界汽车行业的标杆企业。

而在我国，华为公司在 5G 领域的前瞻布局，打破了西方通信技术在全球范围内的垄断地位，在标准确立、芯片制造、基站建设、用户终端体验等多方面站在了世界前沿，让全世界不得不承认中国在 5G 技术领域的领先地位，导致西方强国不遗余力地对华为制裁和堵截。这是中国企业抓住通信产业未来发展导向、在细分产业独领风骚的典型案例。

“智能 +”是未来产业的核心模式之一

问：您认为新冠肺炎疫情将会怎样影响未来产业？结合疫情，应该对未来产业做出哪些布局？

杨桂生：新冠肺炎疫情给传统产业带来了沉重的打击，却成就了互联网、大数据、云计算等新兴业态的提速发展和渗透。疫情期间，从红外线体温智能检测，到云办公、云课堂、远程医疗诊断、健康码、智慧物流等，在生活、办公、医疗、物流、制造等方方面面初步从传统方式向未来方式迈进，产业快速融合的趋势也得到突显。**新技术和新应用的涌现充分体现 5G 网络、人工智能、工业物联网、区块链、大数据、无人机等技术是未来产业关键基础，“智能 +”是未来产业的核心模式**

之一。

新冠肺炎疫情也促使我国政府围绕产能经济生态进行布局，助力疫情防控、复工复产，表现在四个方面。

一是不断推进 5G 商用步伐，以支撑经济社会数字化、网络化、智能化的快速发展。

二是加快人工智能、智能制造、工业物联网等产业建设，推广产业示范区、应用先导区的落户，为未来产业发展创造良好应用场景。

三是重视未来技术发展，开拓良好的创新激励空间，把产业方向和激励政策写进国家发展战略和导向意见，引导市场主体向未来产业聚集。

四是新材料创制的最初始原材料，加快新材料产业变革，为未来产业布局夯实材料基础。制定新材料产业未来战略，努力改变当今制造业以石油、天然气、煤炭等化工新材料为主的现状，降低对国外油气能源依存度（现在 73%）以确保国家安全，把蓖麻籽、秸秆等生物质材料作为新材料未来发展方向。生物质在绿色循环经济中独有的价廉、可再生、可降解等环境友好特性，更适应未来社会可持续发展的需求。

经 Nova-Institute 预测，全球生物基高分子材料及其单体到 2022 年复合年均增长率约为 13% 至 14%；而近年中国生物基材料相关行业也以每年 20% 以上的速度增长，逐步走向工业规模化和产业化，关键技术不断突破，产品种类和市场不断扩大，显示出强劲的发展势头。生物质材料的优势，这里以蓖麻为例展开讲述。蓖麻作为一种可再生的特殊油料作物，对环境无污染。用蓖麻生产蓖麻油，可生产高级润滑油、癸二酸、癸二胺，进而加工众多品种的高性能新材料，可减少我国对石油资源的长期依赖。蓖麻基生物质材料，既从根本上解决经济发展与依赖石油资源进口之间的矛盾，亦可改善生态环境，有效地发展循环经济，这是未来新材料产业布局中不可或缺的重要材料。

上海杰事杰新材料集团作为国内领先的生物基高性能新材料领军企业，制定了具有前瞻性和可操作性的生物基新材料发展战略，专业开展蓖麻基高性能新材料研究 10 多年，积累了近百件发明专利，是国内屈指可数的具有将蓖麻基高性能新材料产业化能力的单位。杰事杰集团的战略合作伙伴在澳大利亚有 14 万平方千米种植园，种植约 2 亿亩蓖麻，每年可稳定提供几百万吨蓖麻籽，可充足供应杰事杰集团在国内开展蓖麻基高性能新材料创新研发和产业化。杰事杰集团基于蓖麻籽开发的耐高温尼龙（HPN），是一种热变形温度在 275 ℃左右的聚酰胺材料，其优异的耐热性、耐久性、耐药品性和较高的热变形温度，可广泛用于汽车、机械、电子 / 电气工业耐热制件。

这些地方有希望构筑“未来产业高地”

问：您认为我国该如何形成未来产业的空间布局？您预测哪几个地方有希望构筑“未来产业高地”？

杨桂生：未来产业在我国要形成空间布局，需依托各地区现有产业发展水平，充分利用各种国家级创新载体的优势进行产业技术创新，可依托大科学装置孵化新兴产业，地方政府不能通过行政手段强行干预布局产业，而是要通过科创金融、政府采购等手段引导优势企业入驻，自主形成产业聚集、生态布局，完善产业体系。在保持东部地区高速发展的态势下，以东部地区作为创新高地，逐步将西部地区培育为科技成果转化基地，用东部地区的创新技术引领西部地区未来产业发展，逐步缩小我国东西部产业发展差距。

我预测，长三角地区的上海、苏州和合肥，珠三角地区的深圳、广州和珠海，中西部地区的重庆、成都和西安，因为当地创新平台集聚、一些细分产业优势明显，有希望构筑“未来产业高地”。

必须敢想别人所未想，鼓励真正的原始创新

问：世界各国都在瞄准未来进行高技术、新产业布局，究竟怎样才能占领未来产业制高点？

杨桂生：世界各国都在瞄准未来进行高技术和新产业布局，在国家科技战略中对人工智能、区块链、工业互联网、5G 通信等前沿技术方

向进行密集布局。我国想要占领未来产业制高点，要做到五点。

第一，不能再被其他国家的创新思路领跑。改革开放40多年，我国研发人员多是学习和复制国际先进技术，长期为解决“卡脖子”问题而努力，很少自主提出全新的技术理论，大家已经习惯了作为跟跑者。**但关于未来产业，我们想要占领制高点，不能总延续美、日、德的技术路线，必须敢想别人所未想，只有鼓励真正的原始创新，才能先发制人，走在世界前沿。**

第二，政府要对原始创新有较高的容错率。国家科技计划和创新专项都是要进行验收的，验收不通过既收不到资金尾款也影响下次申报，导致科研工作者提出创新指标时都很保守，指标多是能实现或已初步实现的，这导致高风险创新受政府支持很少。建议政府有针对性地建立未来产业专项和基金，对有高风险的前沿技术创新和应用给予大额资金支持及风险担保，甚至首轮资助失败后，如实施单位能再提出新思路，政府敢于再投、追投，才不会让一些奇思妙想胎死腹中。

第三，突破国家科技奖项旧有的认定规则，设立未来创新奖。很多国家科技奖项要求项目技术有成熟的大批量的市场应用，且一些奖项评选中论资排辈比较严重，这就导致一些才通过小试、中试的前沿创新难于获得国家奖励。建议设立未来创新奖、青年前沿创新奖，降低创新成果的产业化成熟度门槛，以鼓励那些成果成熟度不高但独辟蹊径的创新技术，提升科研工作者的创新积极性。

第四，勇于接受外行提出的新思路。一些产业突破偶尔是源于跨行业的技术应用，但这些外行的新思路在创新之初经常不被细分领域老专家所认可。要想站在未来产业前沿，我们就要有海纳百川的胸怀，敢于接受外行、“小字辈”的新思路。政府设立基金，鼓励引导社会资本投资非主流技术，才能打破旧规则的束缚。

第五，依托大科学装置，孵化未来新兴产业的技术路径。

大家可能会对依托大科学装置孵化未来新兴产业觉得比较抽象，谨提出以下三个路径以资探讨。

一是大型装置的小型化。核磁共振是1882年特斯拉发现环形磁场，此后由一批批科学家实施研究，这一研究领域的科学家先后两次获得诺贝尔物理学奖，两次获得化学奖，还有一次获得生理医学奖。早期的磁共振系统大且笨重，长度通常达250厘米以上，重量在10吨以上，操作不方便，成本高昂，推广和产业发展严重受限。通过科学家们不断地实施小型化探索和研究后，这种装置的普及程度大大提升，得到了全球化的推广，目前较有实力的三甲医院均有配备，而致力于研究磁体小型化的飞利浦照明公司也成了行业龙头，取得了巨大的收益。

二是为大型装置配套的技术和产品亦可研发孵化形成新产业。在大型装置的建设和研究中，亦会形成新的需求，从而孵化新的产业。如全超导托卡马克装置（国际热核聚变实验堆，学名ITER)，因其小太阳瞬间就形成1亿度高温，其周围保温技术和产品装置需求亦可带动新的研究，从而孵化形成全新的产业。

三是应将大科学装置定位为新的路径和工具。**大科学装置基于其前瞻性的研究方向和前所未达的未知领域，从而变成人类探索科学奥秘的新的路径和工具，必将对未来产业发展形成机遇式的突破发挥综合性的作用。**如在新材料领域，应用大科学装置表征或创制新的材料将成为科学家们研究的新课题和新机遇。

颠覆式创新的能力是发展未来产业的基础

问：您如何看待颠覆性创新和未来产业的关系？

杨桂生：颠覆性创新是一个从量变到质变的积累，没有颠覆性创新的思维和能力，就没有发展未来产业的前提和基础。颠覆性创新，和旧有技术经常不在一个发展轨道，这有利于打破发达国家对于核心技术的垄断，实现我国在国际科技竞争中的变轨超车，对于提升国家自主创新优势、引领经济的高质量发展具有重要的战略价值。

改革开放40多年，中国经济发展取得了举世瞩目的辉煌成就。在颠覆性创新方面，中国也有过不少成功的案例，但遗憾的是这种创新多半集中于商业模式方面，在技术领域，尤其是改变人类发展的前沿技术方面，中国却鲜有成绩。

当前，世界正面临着来自环境恶化、人口增长过快、资源退化等繁多的全球性问题，世界各国均对新材料、新能源、生物医药等科学帮助人类战胜上述全球性问题寄予厚望。随着生物医用材料、信息材料、新能源材料等新材料的持续开发，以及人工智能和量子计算在新材料研发中的加速应用，材料与其他多学科交叉融合的现象进一步升级，新材料技术在全球经济发展与产业升级变革中的支撑性、引领性作用不断加强，新材料技术成为世界科技强国角逐的重点，也成为破解全球性问题的关键所在。新材料产业被称为其他工业产业的底层技术，或称“根技术”。新材料技术的支撑性、先导性作用愈发凸显，并关系到人类生存与可持续发展。

进入新的发展阶段，中国材料人要抢抓变革机遇，承担使命，勇于担当，加快材料产业的颠覆性创新和应用发展，为跻身世界材料创新强国、科技强国而不懈努力。

双循环是谋划中国经济下一程的重要决策

问：您如何看待习近平总书记提出的构建国内国际双循环相互促进的新发展格局？从新发展格局出发，怎样助力未来产业？

杨桂生：习近平总书记提出的构建国内国际双循环相互促进的新发展格局，不是新冠肺炎疫情形势下的权宜之计，是中国经济迈向高质量发展关键阶段的强国方略。不是因世界上个别国家意图与我国“脱钩”、持续与我国开展贸易摩擦而被动地内敛收缩，而是以更深层次改革、更高水平的国际开放加快构建内外良性循环的战略，是展望“十四五”、谋划中国经济下一程的重要决策。

从新发展格局出发，就如何助力未来产业我提几点建议：

一是应努力构建完整内需体系。首先，在新冠肺炎疫情冲击下，努力保就业，提升基础人群收入，加快形成创业带动就业的格局，降低失业率，这是构建内需体系的基础。其次，提升资金、土地、劳动力等关键要素的合理配置和流动，深化教育、医疗、养老等领域供给侧改革，提升资源配置效率。再次，当前新冠肺炎疫情冲击、经济下行双重压力下，政府积极落实企业减税、解决融资困难、产权保护等政策，努力稳定民营企业信心，提升社会资本投资积极性，这是让内需体系活跃繁荣的有力保障。最后，通过政府采购、公共投资等政府手段，积极扩大内需。

二是形成内需外需兼容互补、国内国际双循环相互促进的格局。中国内需市场可以享受庞大的人口红利，潜在发展空间很大。未来，中国内循环在拉动中国经济增长的同时，还可通过增加进口，拉动周边国家，带动“一带一路”沿线国家经济复苏，促进国际大循环的经济发展。通过开放融入全球产业链供应链，促进内需的技术发展和有效供给，实现内外双循环相互促进。

三是以新基建加快数字经济产业化、传统产业数字化，引领未来产业快速发展。新基建涉及的信息基础设施如5G网络、大数据、人工智能、物联网、云计算、区块链等将带来天量投资，通过数字经济产业化、传统产业数字化、研发创新规模化，产生不可估量的叠加效应和乘数效益。这些关键技术的发展，将完善国家创新体系，激发全社会创造动能，助力未来产业发展。

四是加大开放程度，助推国际大循环发展，为未来产业提供国际生长土壤。新形势下，引进外资和对外投资并重，鼓励出口和增加进口并重，沿海和内陆整体开放，货物贸易和服务贸易共同发展，融入国际社会转为引导国际贸易规则制定，基于我国防疫形势良好基础吸引更多全球产业链落户中国，提升开放水平，开拓世界贸易新格局，带动国际大循环发展。

发展未来产业，中国材料业和装备业应率先发力

问：我国在把握未来产业发展机遇中面临哪些挑战、障碍和风险？

尤其是面临哪些来自外部的挑战和风险？

杨桂生：我国在把握未来产业发展过程中所面临的主要挑战，从内部来看，主要有以下几点。

一是经济新常态下企业资源配置和融资成本压力。在中国经济增长进入新常态的背景下，经济增速下降，结构调整进入关键时期，原有的发展模式不得不作出调整，这在一定程度上会削弱创新企业在研发、生产线改造、市场开发等方面的资金配置能力，延缓传统产业向新兴产业转型。同时，当前民营高科技企业融资难、融资贵的局面没有得到根本缓解，不同所有制属性的企业融资成本差异巨大，终将限制创新型企业的发展。

二是中国材料业和装备业基础相对落后。“一代材料一代装备”，我国工业水平虽然近几年进步很大，但与西方国家相比仍然存在着巨大的差距，关键技术掌握较少、过度依赖进口、出口结构单一、缺乏自主知识产权，整体上仍处于全球产业链和价值链的中低端。国内化工新材料整体自给率仅为56%左右，高端装备产品国内市场消化率仅占5%左右，知名商标和名牌产品较少，对其他产业的高、精、尖技术的突破和应用带来极大的制约。**发展未来产业，中国材料业和装备业应率先发力。**

三是知识产权保护制度仍然很不完善。**在中国，创新难，保护创新难，坚持创新更难。与发达国家相比，我国现有知识产权保护制度还很不完善，许多中小企业创新意识不强，忽视知识产权，为创新之路埋下重大隐患。**作为始终以正向开发为宗旨的科技型企业，我们备受仿冒企业的“青睐”。例如，2011年杰事杰开发出了一款可替代传统草制、藤制、棉制等材制的硅胶食品垫，具有安全、易清洗、不粘油、可反复使用、生产效率高等优点，一经推出大受市场欢迎，当时市场售价150元每平方米仍然供不应求。但是，很快在某电商平台上出现不计其数的仿制产品，价格低至十几元每平方米，杰事杰最终不得不放弃了该产品的市场。

从外部而言，主要有以下几点挑战和风险：

一是全球化经济合作分工走势及进程的破坏。近几十年来，全球产业的高速发展，是全球化合作分工的产物。一系列双边、多边贸易和投资协定的签署，成了推动全球产业分工体系不断深化的重要制度性安排。然而，伴随着全球化深入推进的过程，反全球化的声音也频繁出现，如 WTO（世界贸易组织）等国际组织门前多次发生的示威活动，美国大搞“单边主义”的措施及以“五眼联盟”为代表的经济体对中国发展的针对和遏制，都为中国未来产业的发展设置了重重障碍，影响了全球化的合作分工进程。

二是技术变革转化为社会变革时所面临的冲击和阻力。**在技术变革和使之成为必需的社会变革之间，通常存在着明显的时间差。新技术革命在带来种种好处时，也往往对既有道德观念、生活方式、收入分配格局、就业机会等方面带来冲击。**比如，人工智能技术、基因技术的发展到底将引领人类社会走向何方一直存在很多争议，一旦多种因素汇聚，就有可能产生较为广泛的社会阻力。

三是工业信息安全及其连锁反应。随着移动互联网、物联网、云计算、大数据等技术的发展应用，工业信息也会实现爆发式的增长且相对集中地汇集在少数平台型企业。一旦出现大面积事故如遭遇黑客入侵等，将对制造业发展带来启停效应，显著增大生产过程的负担，并带来全球性协作力度减弱、保护主义等一系列问题。尽管信息安全问题已经得到相当重视，但尚不足以保证意外情况不会出现。

加强未来产业路径规划，创建未来产业孵化平台

问：对国家和各地布局未来产业，您有哪些政策性建议？

杨桂生：一是加强未来产业路径规划，创建未来产业孵化平台。要成立产业战略研究及科研攻关专家组，聚焦对人类社会发展和科技进步

影响深远的研究领域，集聚优势力量组织国际大科学计划和大科学工程，形成路线图及时间表，同时整体引导精准施策，避免无序化竞争和重复性发展。

二是立足于市场需求，以企业为创新主体。发挥企业以市场为导向的优势，将其定位为产业研发的承担者和集成商，使其与科研机构、高校形成优势互补，从而自立题、自源头、自供给侧切实解决科技成果转化的难题。

三是重视新材料在智能制造中的关键作用，在大型制造企业设立首席材料官，打通“应用最后一公里”。在新一轮科技革命与产业变革的背景下，智能制造成为中国制造业发展的主攻方向。未来产业有着科技产业融合和交互发展的特点，新材料的研发和应用分布在未来产业的各个制造环节，作用不容忽视。然而，先进基础材料参差不齐，关键战略材料的受制于人，前沿材料技术的亟待突破，这些材料技术短板必将制约未来产业的智能制造，也阻碍未来产业的全面布局。因而，**建议在未来大型制造企业设立首席材料官，在各产业智能制造过程中，对材料流全程、精准的控制管理、信息反馈和分析验证，助力未来产业打通“应用最后一公里”。**

四是为未来产业的发展提供政策性倾斜和技术成果转化环境。要持续研究和深化科技贷、首台套等扶持政策，加大引导力度，鼓励企业树立研发创新导向，积极增加研发投入，树立技术创新和项目培育的理念。同时，突破科技成果转化障碍，给颠覆性技术创新以足够的发展空间，同时从国家层面倡导国产技术及产品的应用，尤其在政府采购方面的导向作用及国有企业干部的带头示范效应，在政府采购过程中明确国货标准，制定相关配套措施，完善国内产品追溯制度，保护知识产权，完善召回制度。国有企业干部带头使用国货，提振民间对使用国货的信心和关注。

五是要加快搭建未来产业所需要的人才队伍。一方面，积极发挥战略科学家的重大作用，出台积极的人才政策，发现和培养科研创新型人才，引智留才。另一方面要加强对重点科研院校重点专业学科的专业布局，高标准定向培养实用型人才。

六是要做好全局性危机事件的应对预案，确保产业链供应链安全。我国制造业领域缺乏全球供应链主导权，中国企业对制造业的高端环节缺乏控制力。以美国为代表的发达国家，长期占据全球价值链中高端，获取了大部分利润，并掌握着产业发展的关键命脉，在关键环节和核心零部件的制造方面，我国仍然较为薄弱。2020 年美国发起的“限芯令”对我国通信行业的冲击就是最有力的明证。因而，尽早对未来产业的全球化供应链进行战略布局，是至关重要的国家方略。

未来该如何发展，取决于目前已存在的迹象。

——[德] 克里斯缇安 · 施瓦格尔：《未来生机：自然、科技与人类的模拟与共生》

能否在新一轮技术革命中抢占先机，将深刻影响下一个百年

——与北京星际荣耀空间科技有限公司总经理彭小波面对面

彭小波，星际荣耀创始人。

北京星际荣耀空间科技有限公司成立于2016年10月，致力于研发优秀的商业运载火箭，并提供系统性的发射解决方案，为全球商业航天客户提供更高效、更优质、更具性价比的发射服务，以大幅提升人类自由进出空间的能力。2019年7月25日，星际荣耀在酒泉卫星发射中心成功完成“双曲线一号遥一”运载火箭发射任务，成为中国首家具备自主研制运载火箭能力并成功完成高精度入轨发射任务的民营企业。

手记 “看好”商业航天的未来，一批商业航天开拓者涌现

如果不是受到马斯克的“刺激”，如果不是绝对看好未来，彭小波不会放弃端了几十年的“铁饭碗”，毅然投身市场经济的大潮……

2019 年 7 月 25 日，一则有关“中国民营运载火箭首飞成功”的消息在社交媒体上刷屏，由北京星际荣耀空间科技有限公司设计研制的“双曲线一号遥一”运载火箭在酒泉卫星发射中心顺利发射升空，将气球卫星和 BP-1B 卫星高精度送入预定轨道。星际荣耀成为除美国企业外全球第一家实现火箭入轨的民营公司。

对于中国航天事业来说，这是一个里程碑时刻。此前，国内商业航天企业发射的火箭都遭遇入轨失败，星际荣耀的成功，实现了中国民营运载火箭零的突破，也让星际荣耀的总经理彭小波走到了大众的面前。

彭小波毕业于北京航空航天大学，在航天领域有 20 多年工程经验，组织和参与过多个重大航天项目的研发。2018 年受到中信科信的委派，彭小波担任了星际荣耀的总裁。“行事低调、技术过硬、热情执着”，是彭小波留给身边人最深刻的印象。

近年来，商业航天一直被认为存在着非常大的潜在市场价值，全球的航天产业均处于稳步增长的态势，对经济的带动作用非常强。华尔街投行摩根士丹利分析师亚当·乔纳斯在 2018 年 11 月 29 日发表的一份投资报告中表示，2040 年太空产业经济规模要超过万亿美元，是继 IT 和互联网之后，下一个超过万亿美元的产业。

虽然我国商业航天的起步较晚，但随着国家对商业航天逐渐加强支持力度，以及商业航天企业在技术壁垒方面逐步实现突破，我国的商业航天产业有着美好的发展前景。在《关于 2019 年国民经济和社会发展计划执行情况与 2020 年国民经济和社会发展计划草

案的报告》中，国家发展和改革委将商业航天作为着力培育壮大新动能的对象，准备出台新基建政策，延伸航天产业链条，扩展通信、导航、遥感等卫星应用，支持商业航天发展。

正是“看好”商业航天的未来，近年来一批以彭小波为代表的资深航天人投身商业航天事业，中国出现了“商业航天热”……

“在国家持续支持、技术人才基础齐备、需求逐步壮大的情况下，我国商业航天企业必会在全球范围取得骄人的成绩！”彭小波对未来充满信心。

谈及被习近平总书记多次提及的“未来产业”这一理念与航天产业的关系，彭小波说：“航天的性质决定了航天领域必定是未来产业的重要组成部分，航天产业是一个不断发展的未来产业。”“我国已经来到最重要的战略窗口，能否在新一轮技术革命中抢占先机，将深刻影响下一个百年对全球话语权的角逐。”

“抓紧布局”未来产业：是紧迫问题，更是需要花力气探索的问题

问：您如何看待习近平总书记提出的“未来产业”？为何总书记多次要求“抓紧布局”？

彭小波：习近平总书记对未来产业的重大战略判断，是在近几年国际局势发生明显变化，特别是在突如其来的新冠肺炎疫情对世界和我国经济造成严重影响的背景下提出的。

近年来，国际形势复杂多变，多极化经济全球化趋势反复，某些国家国内结构性矛盾激化带来了民粹主义的泛滥，“逆全球化”苗头出现，对我国各方面发展都造成了一定影响。而且，我国现在面临着跨越“中等收入陷阱”的挑战，“创新带动产业升级、实现绿色 GDP 可持续发展”是我国现阶段的发展要求。我们需要调整战略性新兴产业发展的结构，开创自己的发展模式，合理谋划未来。

从以上这些角度来看，习近平总书记提出“未来产业”这一理念有

着深刻的时代洞察力和战略眼光，“抓紧布局”体现了培育发展“未来产业”的战略性、前瞻性、必要性和紧迫性。

那么，在战略性新兴产业发展达标后，未来产业发展方向在哪里？这是我国经济社会发展所要面临的更加深层次的问题，也是我们目前面临的紧迫问题，更是一个需要花力气去探索的问题。

习近平总书记要求对未来产业抓紧布局，让我感受到了鼓舞。作为一名航天科技工作者、一位商业航天创业者，我有了进一步进行思考、进行探索的责任感和使命感。

“领域融合、软硬促进”或将是未来产业发展的新常态

问：未来产业有哪些特征？您看好未来哪些行业的发展？

彭小波：就未来产业特征而言，我们可以从几个角度来谈。

首先，从科技水平来看，高科技是未来产业最鲜明的特征，也是区别于传统产业以及部分新兴产业的本质特点。高科技的特征也就决定了未来产业的要素构成不再是有形的自然资源和密集的廉价劳动力等，而是颠覆性技术、创新型人才和具有远见的资本等。比如，人工智能、大数据、物联网、航空航天等能够影响经济社会形态的行业，都具有极高的技术门槛和技术壁垒，需要长期投入、持续创新，是催生未来产业和发展的源泉。

其次，从社会影响来看，未来产业对社会的影响具有颠覆性、全面性和远见性。未来产业的发展将会带来经济社会组织形式的重构、有助于形成“1+N”的协同发展局面，甚至将从对人们生活方式的改变拓展到对人们生产方式的改造，进而全面影响人类社会经济生活。**比如，我们航天产业，未来如果航天产业的低成本和技术可靠性实现了人类进出外太空的常态化，人类能够在近地轨道、月球、火星进行生产生活，那么人类的生存空间将从地球真正拓展到外太空，带来的改变将难以想象。**

再次，从发展过程来看，未来产业发展将呈现技术和产业持续迭代进化的特征。从技术创新到产业形成，有很长的一段路。在技术发展和产业化过程中，可能会出现节奏不匹配的情况，如有时技术取得连续突

破，但产业化过程不能及时跟上；或者反过来，产业化过程顺利，但是某些技术瓶颈尚未突破，从而制约了未来产业的进一步发展。这种矛盾就要通过技术和产业的持续迭代进化加以解决。

最后，从参与主体的组织形式和性质上看，未来产业里平台型公司的出现将更加普遍，多种所有制形式的市场主体尤其是民营企业将会深度参与未来产业，促进技术发展、产业繁荣，使未来产业更具活力。

在未来产业的发展中，我对人工智能、大数据、物联网等技术为代表的信息技术持乐观态度。同时，对航空航天、生物技术、新材料等“硬科技”领域也充满信心。**未来会出现新一代信息技术主导、多领域技术协同发展的局面，“领域融合、软硬促进”或将是未来产业发展的新常态。**

我国已经来到最重要的战略窗口

问：在您看来，有哪些抓住未来产业而成就一个国家、一个企业的代表性案例？

彭小波：基辛格曾在其《大外交》中提到过一个周期规律：“世界每隔百年就会出现一个新的全球大国。”回顾过去 300 年，也确实看到世界格局的重新洗牌。这一现象，本质上可能是每一轮技术革命之后带来的世界格局变化，这就是抓住未来产业而成就国家最经典的案例。比如，18 世纪 60 年代，以蒸汽机为象征的第一次工业革命启动；19 世纪中叶，英国经济总量超越中国；19 世纪中后期，第二次工业革命启动，人类进入“电气时代”，生产力进一步解放；20 世纪初，美国经济总量超过英国；20 世纪中叶，以原子能、电子计算机、空间技术等为标志的第三次工业革命爆发，至今仍深刻影响全世界社会经济，美国在这一轮科技革命中取得世界领先地位，其对世界规则的主导至今仍在持续。

在这里，我以航天领域为例，讲一讲它的产业优势对一个国家、一个公司崛起的深刻影响。20 世纪五六十年代，美国航天技术的发展大背景是美苏太空竞赛，1961 年肯尼迪宣布开始实施“阿波罗计划”，虽然计划本身有很强的政治目的，也花费了美国大量资金，但是美国通过“阿波罗计划”在军事航天领域取得了领先地位。同时，带动了运载火箭、雷达、无线电、高强度材料、电子计算机、生物技术等一大批高科技产业发展，衍生出条形码、彩超、数字血压计、液晶电视等民用产品，对美国直接和间接的经济发展起到显著促进作用，带动了美国的整体发展和繁荣。

近年来，SpaceX 公司抓住商业航天的发展机遇，快速崛起。作为一个目前只有 6000 多人的民营公司，SpaceX 公司已经完成了入轨发射、太空对接、载人航天、运载火箭可重复使用等航天领域的重大技术突破。随着星链计划的持续部署，SpaceX 还将在低轨通信领域取得显著领先地位，对国内外航天界带来了深刻的触动。

2011 年，在第三次科技革命方兴未艾之时，在汉诺威工业博览会上，德国政府正式提出“工业 4.0”概念，**这一轮以大数据、云计算、人工智能等为核心的技术革命，正在全球范围掀起新一轮工业转型竞赛。我认为，我国已经来到最重要的战略窗口，能否在新一轮技术革命中抢占先机，将深刻影响下一个百年对全球话语权的角逐。**

未来产业更前瞻，技术上也更不成熟，需要持续探索

问：战略性新兴产业和未来产业之间有哪些异同？

彭小波：我认为战略性新兴产业和未来产业这两个提法，既有重合，又有区别。

深圳市的战略性新兴产业和未来产业的定位，就体现了这个特点。深圳市七大战略性新兴产业分别是新一代信息技术产业、高端装备制造产业、绿色低碳产业、生物医药产业、数字经济产业、新材料产业、海洋经济产业，未来产业分别是生命健康产业、航空航天产业、机器人产业、可穿戴设备产业、智能装备产业，可以看出航空航天、机器人、智能装备等就是高端装备制造业的进一步延伸，生命健康产业则与生物医药产业强相关。

当然，两者间还是有广泛区别的。在我看来，未来产业是基于前沿科技而形成的前沿产业，能够对未来经济社会变化起到引领性作用，所

以和战略性新兴产业相比，未来产业更前瞻，技术上也更不成熟，需要持续探索。

以航天型号研制过程类比，航天型号研制需要经过“可行性论证、方案论证、初样设计、试样设计、设计定型、生产定型”等阶段，战略性新兴产业从技术和产业的成熟度而言，基本处于设计定型、生产定型阶段，产品比较成熟，市场开拓也取得了显著成果，如我国新能源车、高铁等行业，就处于此阶段。而未来产业从技术和产业发展阶段上更靠前，还处于工程研制的初期，技术需进一步迭代，市场也需进一步开拓。但产业方向较为清晰，潜在需求可以挖掘、培养。

具有人才优势的地区，对未来产业的吸纳效果更为明显

问：我国该如何形成未来产业的空间布局？

彭小波：总的来讲，我国未来产业的空间布局要注重人才资源分布、区域继承性、产业的特殊需求等因素。

对未来产业来说，发展核心技术需要人才，因此具有人才优势的地区对未来产业的吸纳效果更为明显。以航天产业为例，传统航天军工企业的核心研发部门主要分布在北京、上海等城市，因此这些地区的航天人才聚集效应明显，可以作为商业航天未来布局的主要地区。近年来也有一些地区如陕西西安、湖北武汉、四川成都等地，拥有“三线”建设时期形成的军工基础，积累了大量专业人才，在航空航天领域布局有比较明显的优势。

除此之外，未来产业发展要充分考虑区域继承性，合理利用已有的上下游产业链配套能力。比如，我国中部及东部沿海地区的机械加工能力、电子产品配套能力区域优势明显，相关未来产业空间布局时可重点考虑。对于航天企业，随着未来商业航天的发展，在一些比较成熟的环节，如精密加工、复合材料生产等，可以考虑在该区域引入民营企业参与配套，以降低成本。

当然，某些未来产业空间布局时会有特殊需求，这点在航天产业，尤其是运载火箭领域特别突出。运载火箭的发射地点、运输条件均有限

制，在空间布局时要通盘考虑。

以北京市对航天产业的布局为例，北京市规划在航天领域围绕星箭总装集成、核心部件制造等环节，构建覆盖火箭、卫星、地面终端、应用服务的商业航天产业生态，优化和稳定商业航天产业空间布局。

庞大的内需市场，奠定了诞生世界级领军企业的基础

问：我国未来哪些领域可能诞生世界级领军企业？

彭小波：我国庞大的内需市场，奠定了诞生世界级领军企业的基础。在国内庞大的生产和生活市场需求支撑下，只要技术和产品形成良性循环，世界级领军企业的诞生指日可待，如华为在通信和消费电子行业已经取得显著成就。**随着大数据、物联网、工业互联网等行业的发展，在人工智能、芯片、工业控制、新一代消费电子产品等领域均有可能产生类似华为的领军企业。**

人类拓展生存空间将是一个长期工程

问：您所在的领域属于未来产业吗？能产生世界级创新型企业吗？

彭小波：当然，航天领域属于未来产业，这是由航天的性质决定的。航天产业的军民通用性决定了其战略地位。航天产业对技术发展有很强的带动和辐射效应，是人类生存空间拓展的基础。**历史经验表明，每一次生存空间的拓展，都将会对人类社会带来巨大影响，而人类拓展生存空间将是一个长期工程，航天产业仍将是不断发展的未来产业。**

虽然航天产业价值仍未被充分挖掘，但我坚信我国在该领域一定能够产生世界级创新企业。首先，可以看出国家正在逐渐加强对商业航天的支持力度，协助商业航天快速发展。其次，中国作为世界航天大国，经过 60 多年的发展已经取得巨大成就，这也为我国在该领域深入发展奠定了技术和人才基础。还有一个原因，是低轨卫星星座、空间资源利用及太空旅游等应用领域的兴起，为商业航天带来了新的发展机遇。在国家持续支持、技术人才基础齐备、需求逐步壮大的情况下，我国商业

航天企业将会在全球范围取得骄人的成绩。

形成具有全球竞争力的未来产业的必由之路

问：构建国内国际双循环相互促进的新发展格局，对未来产业的布局和发展将产生哪些影响？

彭小波：构建国内国际双循环相互促进的新发展格局，是我国经济发展、产业升级的需要，也是引入创新、带动竞争、满足国内消费需求的客观要求。新发展格局意味着一方面要畅通国内供需循环，提升国内产业链供应链水平；另一方面也要畅通国际供需循环，发挥自身在全球产业链供应链中的重要作用。

从内部需求来说，随着我国居民消费能力的提升，对高品质产品和服务的需求不断扩大。在某些领域，本土产品和国内消费者的需求还存在差距，通过更高水平对外开放，引进国外高质量产品，满足国内消费需求。通过与国外的技术流动，提升本土产品的市场竞争力，最终促进本土创新并提高生产率。

保持持续的双向循环，可为我国优势产业向外输出、提升产业链价值创造良好的环境。比如，在光伏面板、高铁、数字支付系统和电动汽车等行业，我国企业在国内市场占据的份额超过 90%，但在国外市场除了光伏面板产业外，其余产业仍有很大的全球化潜力。

国内国际双循环相互促进的新发展格局对未来产业的发展既是机遇又是挑战，只有主动融入国内外市场环境，不断提升产业实力，才能形成具有全球竞争力的未来产业。

新冠肺炎疫情催生、加速未来产业形成、成长

问：正在全球蔓延的新冠肺炎疫情，是否会对未来产业产生重大影响？

彭小波：这个答案肯定不言而喻。**历史证明，全球性的危机往往会孕育新一轮的科技革命和产业革命。我分两方面谈一下新冠肺炎疫情会**

带来的影响。

第一，这次新冠肺炎疫情会催生、加速“未来产业”的形成、成长。正如阿里、京东、腾讯等电商、社交和网络游戏的巨头在“非典”后的崛起，这次新冠肺炎疫情给社会经济活动带来损失的同时，也会孕育新一轮产业变革。比如，虽然劳动密集型制造业受到巨大冲击，但是生鲜电商、线上办公、在线教育、无人物流等行业的渗透率在这次危机中显著提升。我们公司在这次疫情中，也通过线上办公、视频会议等方式有序开展工作，实施效果良好，新冠肺炎疫情促进了这些行业的加速渗透。新冠肺炎疫情期间，新华社卫星新闻实验室利用卫星遥感数据，持续关注并及时报道新冠肺炎疫情对我国生产生活的影响以及复工复产有序推进等情况，取得了良好的效果，树立了商业航天和媒体跨界合作的典范。

第二，新冠肺炎疫情会促使未来产业供应链重构，为科技创新带来更多机会。新冠肺炎疫情使全球供应链短期内受到影响，各国已意识到供应链弹性对于产业的重要性，疫情后供应链重构的进程会明显提速。而与疫情防控直接相关、人民生命健康联系紧密的产业，如创新药、医疗设备、疫苗、诊断技术、安全防护等生物科技行业将持续受益。

我国未来产业发展布局要“取长补短”

问：新冠肺炎疫情后，我国应如何聚焦未来产业发展？要进行哪些布局调整？

彭小波：新冠肺炎疫情后，我国未来产业发展布局，应从“优势充分发挥、短板尽快补齐”两个方向进行聚焦和布局。

对新冠肺炎疫情中出现的渗透率提升、产量逆势增长的行业和产品，国家应完善相关产业政策，合理引导，使其继续发挥既有优势，促进产业良性发展。新冠肺炎疫情倒逼消费数字化和产业数字化的提升，网购和快递等需求快速成长，线上办公、线上教学等新模式加速渗透，同时也带动了云计算、IDC 等上游产业的需求。这些产业在经济大环境显著下行的情况下，仍然保持良好增长，充分体现了强劲的市场需求，要进一步发挥其优势，促进相关产业规模的增长。国家着力推行新基建的建设，将卫星互联网纳入新基建范畴，和5G、物联网、工业互联网成为通信网络基础设施的主要方向，这也将为商业航天发展带来巨大牵引。

除了“取长”，我们也需要聚焦这次新冠肺炎疫情中所暴露出来的产业能力短板，尽快补齐。尤其是在疫苗研制、生物试剂研发、检疫检测等生物医药领域，以及应急物资保障体系建设等方面。

国内商业航天公司发展时间尚短，仍处在技术积累阶段

问：我国在把握未来产业发展机遇中还面临哪些挑战、障碍和风险？

彭小波：总的来讲，我国的商业航天自主创新能力有待提高，产、学、研转化模式有待完善，基础科研水平仍需提升。当前，由于中美关系变化，给我国高技术产品和服务进口带来潜在风险，随着美国在高科技领域对我国的禁令范围逐步扩大，我国军民相关产业都受到了极大影响，甚至波及国内部分高校。我国在芯片、软件等高科技领域仍然比较依赖国外技术，需要持续加速提升国产化率。

但这类风险在航天领域相对而言并不突出，我国航天产业已经实现了核心技术的国产化。而商业航天领域目前面临的主要问题，是在技术积累和创新方面仍然不足、商业模式需要进一步探索。

商业航天的核心是要通过市场化竞争，促进技术创新、降低成本。国外商业航天发展过程中出现了子级重复使用、电动泵发动机等大量技术创新，既提高了产品性能，也降低了成本。**国内商业航天公司发展时间尚短，仍处在技术积累阶段，在技术和产品上创新仍有所欠缺。这一阶段主要目标是保证产品成功、提高可靠性。需要针对可重复使用液体发动机、一子级回收、卫星系统集成度提高等方面开展持续创新。**

经过近几年发展，部分商业航天公司证明了自己的产品能力及融资能力，下一步如何实现商业模式的闭环、提高自身造血能力，成为商业航天企业面临的主要挑战。运载火箭发射服务行业，商业模式要实现闭环相对容易，关键在于卫星应用产业能否持续壮大，创造足够的发射需求。

未来产业发展初期，需政府引导扶持

问：对抓紧布局未来产业，您有哪些政策性建议？

彭小波：我想从未来产业的布局和商业航天领域两方面，提一些建议。

首先，对于未来产业的布局，从促进产业形成的角度来看，我希望政策能够在发挥市场基础性作用的同时与政府引导推动相结合。**未来产业的发展，需要通过市场配置的方式才能形成良性循环的发展局面。但在产业初期，也需要政府进行引导扶持，给予相关产业“第一推动力”，促进产业发展。**

其次，我希望政府在落户等人才引进措施方面给予未来产业人才以支持，尤其是给予民营企业相关支持。未来产业对人才需求强烈，只有不断将人才吸引到产业中，才能更好地促进产业发展。

就商业航天领域而言，我在政策法规、基础设施、市场环境、资本投入等方面有一些建议。

第一，从顶层推动我国航天政策和法规框架建立，厘清政府、监管部门、企业之间的权责边界，健全市场准入、退出、安全监管等重要机制，保障商业航天产业政策的长期性、稳定性和持续性。

第二，**向民营商业航天公司开放国家拥有的试验、发射等相关基础设施。航天技术研发会涉及重资产，国家已有很好的基础设施，如果商业航天企业重新建设会造成社会资源的浪费，**只有充分利用起来，才能将资本设施与科技创新活力有机地结合起来，使其相互配合、互利共赢。

第三，建立公平竞争的市场环境，政府通过开放服务支持企业发展。

第四，鼓励社会资本在航天领域的长期投入，拓宽市场化融资渠道。航天是重资产产业，需要稳定的、大规模的资本投入。目前，国内的创投机构投资退出周期一般在 5 年左右，较国外有明显差距。因此我建议国家鼓励社会资本长期投入，支持商业航天公司在科创板上市，拓宽市场化融资渠道。

第四篇

我们投的就是未来

——投资人沉思录

也许一切都汇聚于一点：竭尽全力让人类众志成城、一起身体力行，创造一个新的世界。

——[法]席里尔·迪翁：《人类的明天》

每一个大国都是抓住了当时科技革命的机遇

——与中科创星创始合伙人米磊博士面对面

米磊，中科院西安光机所光学博士。陕西光电子集成电路先导技术研究院执行院长，青年科学家社会责任联盟副理事长。

中科创星创始合伙人、联席 CEO。

中国“硬科技”理念提出者。长期从事科技成果产业化理论研究和实践工作，致力于打造硬科技创业雨林生态，迄今投资孵化 300 多家硬科技企业。

荣获“中国青年创业奖”、中国科协“求是杰出青年成果转化奖”、陕西省青年科技新星、第 18 届“陕西青年五四奖章”等荣誉称号。

手记　看到未来5到10年甚至更远的时代

再次见到米磊博士，是2020年11月24日，在北京经济技术开发区举行的“聚合产业势能 开启光子元年——中国光子产业高峰论坛”上。

这是一次5年之约——早在2000年，我就曾经想就“光子时代”进行调研，因为从激光器到光通讯、光子芯片等，光子、光电在高科技领域的应用日益广泛、重要，而人们对光子重要性的认识还远远不够。2015年，我去中科院西安光机所调研时，和他们聊起“光子时代”的想法，大家都有强烈的同感。那一年，恰好是联合国为纪念千年来人类在光领域的重大发现而宣布的“国际光年”，也是爱因斯坦提出光电效应理论90周年。那一次，我们相约共同推动“光子”走进人们的视野……

2020年是激光发现60周年，光纤发现50周年。没想到，在他们的努力下，“光子”引起了北京市科委、北京经济技术开发区的重视，才有了2020年11月的“中国光子产业高峰论坛”……

6年一晃而过，而米磊等人提出的“硬科技”理念已日渐深入人心，被不少地方、投资人所采纳。他提出，技术创新带来的产业革命每50年到60年一个周期，2016年摩尔定律失效，集成电路带动的信息革命周期红利结束，而以“人工智能＋光电芯片＋生命科学（AI+IT+BT）”为特征的硬科技革命正在到来……

看到未来的米磊，提出“光学技术成为科技产品的关键瓶颈技术，解决光学瓶颈技术是推动科技进步的核心”，甚至提出了“米70定律”（光学成本占未来所有科技产品成本70%）。他不禁发问：“每一个崛起的大国都是掌握了新一轮科技革命。19世纪，机械时代，给了英国机遇，20世纪，电子时代，给了美国机遇，21世纪，光子时代，中国能否抓住机遇？”

作为投资人，他认为“很重要的素质”是“在不确定性中找到确定性，看到大多数人还尚未发现的‘未来’”“需要看得懂技术，能够理解技术底层的发展规律，要从科学基础和工程技术的发展逻辑出发，推断并预测一项技术可以给未来世界带来怎样的变革，又会催生出哪些‘未来产业’”“可以看到未来5到10年甚至更远的时代，科技发展与人文需求的交叉点”……

他呼吁“全光子布局，投资正当时”。说到做到，截至目前，米磊作为创始合伙人创建的中科创星，已经投资孵化300多家硬科技企业，累计投资33亿元，以“产业平台+投资基金”的方式双轮驱动，其中仅规模10亿元的陕西先导光电集成科技基金就已将9亿元资金投入80多个项目，涉及消费光子、信息光子、工业光子、生物光子等领域……

“我们的愿景是，共建硬科技创业雨林生态，成为科技创业者的首选合作伙伴，到2050年培养1000家世界硬科技冠军企业……”米磊说。

看到大多数人还尚未发现的“未来”

问：从投资人的角度来看，科技类投资项目的关键点在哪，投资人应该具备哪些素质，怎样去把握“未来”？

米磊：对于科技投资项目来说，首先要关注其背后所拥有的技术含量。这个技术含量并不单指技术的领先性与超前程度，而是其潜在的能给社会与经济发展带来多大程度的推动作用。主要关注它所能够应用到的企业范围、所在的产业链条，进而判断其会对社会带来的变革影响。我们的理念是“硬科技改变世界”，所以更注重的是技术与世界经济、社会生产等要素的结合度及影响力，这也是我投资的底层逻辑。

这个世界有着太多不确定性与变量，在不确定性中找到确定性，看到大多数人还尚未发现的“未来”，这对投资人来说是很重要的素质。

投资人需要判断出什么在未来10年是不变的，而哪些又是会变化的因素。**简单来说，做投资就是要穿透迷雾、发现未来，因此投资人需要有敏锐的洞察力和丰富的想象力。对于科技类投资人来说，想要找到未来产业则会更难一些。因为他还需要看得懂技术，能够理解技术底层的发展规律，要从科学基础和工程技术的发展逻辑出发，推断并预测一项技术可以给未来世界带来怎样的变革，又会催生出哪些未来产业。硬科技投资就是这种理念，除了洞察力与想象力，还要求有自身对技术的理解。**

过往的科技革命，基本都是由新萌发的技术应用于传统产业，围绕人们的需求带来产业升级与变革。这是因为新技术给人们带来了全新的想象空间。如果能将新技术与原有产业"嫁接"，发现人们未来的需求并去满足他们，这就是非常重要的投资人素质。比如乔布斯，他就是将技术与人类内心的渴望与需求完美地结合在一起。**简言之，立足当下，可以看到未来5到10年甚至更远的时代，看到科技发展与人文需求的交叉点，就能够做一个很好的投资。**

商业航天就是典型的未来产业

问：您本人有哪些成功的未来产业投资案例？

米磊：过往的投资案例，比较典型的就是在商业航天与光电芯片领域的提前布局。航天产业虽然并非字面意义的未来产业，20世纪冷战时期美国与苏联的太空竞赛早已吹响航天实力比拼的号角，我国的航天产业也一向受到国家重视。但要从国家乃至地球的角度思考，**人类向外太空去拓展空间与探索资源是未来发展的必然选择。过往都是国家在推动，围绕的也主要是国家的任务与需求。但要使之形成一个未来产业，一定要服务于更广泛的商业和产业领域的客户。**因此，我认为商业航天就是典型的未来产业，从零开始对国内的商业航天公司进行布局，至今已投资该产业链上大概20多家公司了。

另外在光电芯片领域，它不同于当下人们关注的焦点——集成电路芯片，它用光信号替代了集成电路中的电信号，从性能角度来看，其提升是巨大的。集成电路的“摩尔定律”从2016年开始逐步失效，提升芯片性能的工艺触及瓶颈，又恰逢光子信息技术正处于类似1967年大规模集成电路发展初期的关键节点之上，因此**光与电的结合与代替一定是极具“未来”的产业，将给整个行业乃至社会带来巨大变革**。目前，光电芯片已经用在手机的3D摄像头、5G物联网，以及无人驾驶的激光雷达等领域。作为硬科技投资的代表性方向，我们在光电芯片已提早布局，投资了80多家企业。

提前布局，真正把握住新的产业发展机会

问：如何看待习近平总书记强调的“战略性新兴产业”和“未来产业”？

米磊：提及“战略性新兴产业”和“未来产业”，其实也就是习近平总书记在2018年中国科学院第十九次院士大会和中国工程院第十四次院士大会上的讲话中强调的，“我们迎来了世界新一轮科技革命和产业变革同我国转变发展方式的历史性交汇期”①。我国传统产业的产能目前已经过剩，要进一步高质量发展，就一定要抓住新一轮科技革命的机遇。就像在回答科技项目投资时说的，新的科技革命势必会带来新的产业变革，这样就会催生出一系列战略性新兴产业和未来产业，而这些产业都是能够推动社会经济进步，让国家在全球科技与经济格局变动时期占据领先优势的。

总书记强调这个，就是希望大家能够看到新一轮的科技革命所带来的新机遇，提前布局，真正把握住新的产业发展机会。这对我国建成科技强国，在全球激烈的科技与经济竞争中实现伟大复兴具有战略性意

① 《习近平在中国科学院第十九次院士大会、中国工程院第十四次院士大会上的讲话》，《人民日报》2018年5月29日。

义。**参考历史上英国、德国和美国的崛起，可以发现，每一个大国都是抓住了当时科技革命的机遇，引领了新兴产业变革，从而驱动其成了全球科技与经济的领头羊。所以对于我国来说，如今正处于一个非常重大的战略机遇期。**

科技革命与产业变革是有“时间窗口期”的

问：在过去2020年的时间节点，习近平总书记多次强调对“未来产业”要“抓紧布局”有怎样的战略意义？

米磊：在过去2020年的时间节点上，习近平总书记多次强调要抓紧布局未来产业是因为：**科技革命与产业变革是有“时间窗口期”的，一旦错过了窗口期，就意味着某些关键性产业会从领先变为落后，也意味着可能会错过掌握未来产业主导权的机会。**从目前以芯片为代表的被“卡脖子”的产业为例，一旦落后，再想追赶就变得十分困难了。这是由科技发展的底层逻辑决定的，所以我们要“抓紧布局”，不能错过新一轮科技革命的窗口期。

通常由技术创新带来的产业革命每50年至60年就是一个周期，以集成电路和计算机为代表的信息革命的周期红利濒临尾声，**以人工智能、集成光路和生命科学为代表的硬科技产业革命已悄然开始，只有抓住此次产业变革机遇，才能让中华民族伟大复兴的中国梦成为现实。**

从两个方面看未来产业的内涵和特征

问：您认为未来产业的内涵和特征是什么？

米磊：对于“未来产业”的内涵与特征，我认为要从两个方面来看待这个问题。一方面，新兴科学技术带来的产业变革是在原有产业的基础上提升效率，或者是降低了生产成本，或者是提高了使用性能，还可能是从人文角度来看，变得更加节能环保、可持续发展性更强等，总之是让其得到了提升；另一方面，则是新的技术催生了全新的产业，开辟了过往人们想象不到的新空间，以颠覆性姿态实现了产业优势的压制。

比如，汽车和火车带动了公路桥梁及铁路等产业的发展，飞机则催生了围绕航空领域的一个庞大的产业体系，它们都是为人们的交通出行提供便利，提高了出行效率。如今正在不断发展壮大的电动和氢能等新能源汽车同样也会给交通、建筑乃至能源等多重领域带来新一轮的产业链重塑。总之，**能够更好地满足人们的多重需求，还可以推动社会经济的高质量发展，也就是未来产业的特征与内涵所在。**

未来产业可能更偏重从基础科学进步产生的具有颠覆性的新技术

问：战略性新兴产业和未来产业这两者的异同点都有哪些？

米磊：如果要说战略性新兴产业和未来产业两者的异同点，它们对于一个国家的发展壮大都至关重要。从个人角度来看，战略性新兴产业可能更具体细化一些，贴近应用端，更注重于新技术赋能传统产业的升级改造，实现关键核心产业的自主可控。未来产业则可能更为宏观，讲的是大的发展方向，可能更偏重从基础科学进步产生的具有颠覆性的新技术，从而能够第一时间掌握新兴产业的主导权，在全球产业格局中取得引领地位。

硬科技的发展战略与两个产业的异同点有着相通之处，硬科技理论基础分别吸收了影响美国在第二次世界大战后科技政策的“布什范式”——从基础科研到应用研究，再至产业化的发展理论，以及巴斯德象限与钱学森的技术科学理论——从实际应用需求出发，带动基础科学与工程技术的结合发展。这样培育起来的硬科技企业，就十分符合战略性新兴产业和未来产业的描述范畴。

点出了当今时代国家发展的关键

问：习近平总书记将数字经济、生命健康、新材料作为战略性新兴

产业和未来产业的三个代表性领域有什么意义？

米磊：习近平总书记提出抓紧布局数字经济、生命健康和新材料这三个具有代表性的产业，直接点出了当今时代国家发展的关键。

数字经济是在当下信息技术基础上的一次跨越式升级，将5G、人工智能、物联网为代表的高新技术进行融合发展。从宏观来看，这也满足了人类发展的要求。过去多年来始终都是信息科技带来的产业变革，如今信息科技在向智能科技演变，诸多产业领域在智能化过程中，这些其实都是数字经济的内涵所在。

生命健康本身就是人类生存的核心需求，也是产业发展的必然趋势。新冠肺炎疫情作为国际关注的突发公共卫生事件，进一步加深了生命健康产业在人们心中的影响。

新材料则是一切新兴产业发展的物质基础，任何事物都是由材料组成的，因此科技与产业的整体发展都需要新材料产业作为“先行者”进行推动。

新能源技术带来潜在未来产业

问：还有哪些领域是您看好的未来产业？生命健康领域中您又最看好哪些部分？

米磊：除了上述三个关键产业，我个人认为能源也是一个重要的产业。而且能源领域既有基于技术进步带来的传统能源升级优化，也有新能源技术带来的潜在未来产业。通常来说，物质、能量和信息是构成自然社会的基本要素，物质对应新材料、信息对应数字经济所包含的信息与智能技术，能量则对应的正是能源产业。

此外，我也看好生命健康产业，尤其是脑科学、以干细胞为代表的再生医学，以及基因编辑等方向。目前，人们对大脑的认知还是十分浅显的，还有极大的空间有待探索发现。同样，**以基因组学为基础的“精准医学”也处于发展初期，因为其概念已不限于临床手术上，更需要人**

们在基因层面与治疗手段上取得更多的成果，真正实现“精准”二字。

抓住每一轮科技革命带来的未来产业有多么重要

问：放眼人类历史，有哪些抓住未来产业而成就一个国家、一个企业的代表性案例？

米磊：最为人们所熟知的就是英国由机械化革命带来的产业变革，让社会生产力得到了巨大提升，并逐步转化为经济优势、军事优势，从而成了当时的“日不落帝国”。

如今美国作为世界综合实力最强的国家，关键的一点也是在于其抓住了 20 世纪的“未来产业”——电子信息产业。从今天美国可以通过控制高端芯片制造能力，就可以看出抓住每一轮科技革命带来的“未来产业”是有多么重要。

对于美国企业来说，老牌的像 IBM 、微软、英特尔等巨头，新晋的类似特斯拉、SpaceX 等公司都是抓住了“未来产业”的发展机遇得以快速发展壮大起来。其中，英特尔公司如今的发展情况，对于不同科技周期的“未来产业”给企业带来的影响是很有代表性的。英特尔从储存器起家，在转向到生产 CPU 后，依托性能与成本优势战胜了摩托罗拉和德州仪器，抓住了 PC 时代的机遇从而得以长足发展。

而到了今天芯片发展的瓶颈阶段，苹果和 Acorn 公司抓住了人们对移动终端 CPU 的需求，依托 ARM 架构芯片带来的 CPU 产业变革实现了超越。在 2020 年 6 月，苹果正式宣布 MAC 电脑将放弃英特尔芯片而改用自家芯片。

此外，还有英伟达（NVIDIA）抓住了人工智能应用产业发展带来的全新需求，提出了 GPU（图形处理器）加速计算技术，同时利用 GPU 和 CPU 加快了科学、分析、工程、消费和企业应用程序的运行速度，现已在世界范围内得到广泛应用，应用领域从汽车、手机和平板电脑到无人机和机器人等平台。这也是一个从“未来产业”取得优势的案例。

目前具有未来产业意识的地方和企业很少

问：在您的观察中，迄今为止具备未来产业意识的地方、部门或企业多吗？其背后又有怎么样的原因？

米磊：从我的角度来看，目前具有未来产业意识的地方和企业还是很少的。

首先，这个问题就和投资项目一样，能够早于大多数人看到未来的这种洞察力还是少的，而且未来产业还涉及技术发展方向和产业基础等诸多要素，这就意味着对地方的掌舵者提出了更高的要求。他必须懂一定技术，还要了解产业，理解技术与产业之间的关系，这样一来，才有可能提前对未来产业进行布局。对于企业来说，尤其是科技企业，关注新兴技术本就是必须做的事情。但是**新的技术方向本身就具有不确定性，需要不断地去探索发现，那么从新技术形成的新产业领域就更是“一片蓝海”，会存在许多没有得到共识的问题。**

其次，企业的业务范围通常都处于产业链环节上的某一部分，所以**对于未来产业来说，一方面需要具有很强引领性新技术的企业出现；另一方面还需要形成伴随新技术而来的产业链供需关系上下游的企业集群。**

创新资源富集的地区，更容易出现“颠覆式创新”

问：对于我国未来产业的空间布局，您有什么看法？

米磊：关于我国未来产业的布局建议，我认为需要从习近平总书记讲的“围绕产业链部署创新链、围绕创新链布局产业链”[①]入手，进行产业链和创新链的整体升级和重塑。从产业链入手，就是要在目前国内相应产业比较发达、产业链条相对完整的地区，推动其与创新技术的融合发展，这样既有利于原有产业基础升级，也更容易形成一些与技术应用

① 《习近平在深圳经济特区建立 40 周年庆祝大会上的讲话》，《人民日报》2020 年 10 月 15 日。

相关的新的未来产业。从创新链考虑，则是要在我国具有浓厚的科技氛围与技术积累，拥有较多科研资源和人才的地区，主要推动因新技术突破而带来的变革性新兴产业的发展与建设。**创新资源富集的地区，更容易出现“颠覆性创新”，也就是区别于传统的延续性创新，并非在原有产业基础上进行升级改造，而是重塑传统产业以便几年内形成可广泛应用的未来产业。**

需要有更多像钱学森一样的战略科学家

问：对未来产业有什么政策性建议？您觉得哪几个地方有希望构筑“未来产业高地”？

米磊：当前，国家应考虑出台一些针对前沿科技的政府引导基金，覆盖科研经费、人才的培养与支持等方面的政策措施。

同时，我认为布局未来产业需要有新型的公共技术平台、高端智库和面向产业的研究院等机构，这样有助于提供面向未来的、更具洞察力和想象力且兼具技术性的判断。此外，我国需要有更多像钱学森那样的战略科学家，所以在重视科技的同时也要注重对工程思维与意识的培养。

对于各地方来说，一定要避免同质化，以防出现不同地区进行重复性竞争。应从全国层面整体布局，根据不同地区的优势区别定位，将其作为“长板”不断加强，让中国成为更具科技内涵和实力的“大木桶”，而并非让各地分别形成缺乏产业竞争力的“小木桶”。**国内更有希望构筑“未来产业高地”的，一定是在领导层面拥有更开阔的视野、更灵活的思维，在环境层面有着丰富科技创新资源，或者雄厚产业基础的地区。**目前，国家重视的几大科创中心，北上广以及其他创新资源相对聚集的城市应该是目前最有希望的。

关注基础科学研究，以推动新技术突破，从而带来全新的未来产业

问：您如何看待习近平总书记提出的构建国内国际双循环相互促进的新发展格局，从新发展格局出发和未来产业又有怎样的关联？

米磊：构建国内国际双循环发展新格局，要立足当下的国际形势、新冠肺炎疫情带来的影响，从全球格局的角度去看待。目前，我国大多数产业体系实际上是“两头在外”，就是说原材料的供给端和最终产品的需求端都在国外，产业链按分工来说还是“单循环”。如果要形成良好的国内国际双循环，首先就要做到让国内的关键产业链形成一个完整的闭环，而这也是面对“后疫情时代”所必需的。因为，全球新冠肺炎疫情给国际贸易、供应链带来的严重影响，使得各国都在注重制造业的回流及战略性产业链的自我补全。

当然，全球化是推动世界发展的必然趋势。但若想在双循环新发展格局中占据优势，就必须把握住未来产业的发展机遇。这一方面要求我们将创新的重视程度提到最高，并且要关注基础科学研究，以推动新技术突破，从而带来全新的未来产业，这样就能占领新兴产业的制高点；另一方面，则要求我们清楚认识到目前还被“卡脖子”的地方，发现产业链上的缺点并且进行补足。因为基于原有产业的新技术创新，对产业链各环节基础是有要求的，落后的地方就要踏踏实实地补上，不能耍小聪明走所谓的“捷径”。

将补强短板和发展创新并行

问：世界各国都在面向未来进行高技术、新产业布局，如何才能占领未来产业制高点？

米磊：简单来说，我们要将补齐短板和发展创新并行，只有先形成一条完整的未来产业链条，才能够让国内国际双循环相互促进的新发展格局得以高质量地实现，也能让我国在新一轮科技革命和产业变革中掌

握主动。

如何吸引一流人才是值得深思的问题

问：我国在把握未来产业发展机遇中会面临哪些挑战与风险？

米磊：挑战和风险上，一方面是我们如今受到很明显的来自西方发达国家以科技领域的贸易限制为主的强烈打压，另一方面则要面对在全球高端人才竞争上的巨大挑战，如何去吸引一流人才是值得深思的问题。

创业活动和其他长期的人类活动一样，都是推动历史前进的原动力之一。

——［美］乔·卡伦：《创业简史——塑造世界的开拓者》

投资那些造福社会、改变未来的人和事

——与中关村天使投资联盟荣誉主席李竹面对面

李竹，英诺天使基金创始合伙人、中关村天使投资联盟荣誉主席、清华校友总会TMT专委会创始会长，连续创业者。

1989毕业于清华大学计算机系；1993年、2005年两次创业；2000年开始天使投资，累计参投项目300+，多个项目已上市或被并购。2013年创办英诺天使基金，发展成为自我进化、跨地域的创新型天使投资平台。

获评“中关村天使投资领军人物”、连续多年被清科评为“中国天使年度投资人十强”。

投资案例：美团网、德生科技、臻迪科技、推想科技、智行者、未来黑科技、京微齐力等。

手记　未来是天使投资可以非常好地发挥作用的时代

虽然多年不联系，只是逢年过节偶尔在微信朋友圈里互致问候，但是我始终在关注李竹，知道这位投资人的事业正在从北京向外地扩展，所投的项目越来越多，“英诺”的品牌出现在更多的城市……

“投资人投的就是未来吗？”没想到微信里一沟通，“一直坚持实践 LAB TO MARKET，做科技成果转化”的他就答应做这篇“命题作文”。

“我们专注中国未来 10 年最有爆发力的方向”“赚的是认知红利，更要早一些看到创新”“足够专业化能够保证投资团队善于发现趋势，提前布局”“天使投资人都要有跨界学习的能力，也要有自醒力”……每一句富有哲理的妙语，都来自他多年的实战经验、超前视野，让人眼前一亮，心有所动。

他“相信未来的时代，还是天使投资可以非常好地发挥作用的时代”。

他率先提出“投资伦理”理念，坚定认为只有“投资那些造福社会、改变未来的人和事”，才能长久，才能做成大事。

他呼吁“培育发展未来产业，需要更多‘耐心资本’”……

专注中国未来 10 年最有爆发力的方向

问：李总，您好，您是著名天使投资人，从事投资、孵化工作多年，您最看重项目的什么？是技术的领先性、超前性还是被投对象的素质？

李竹：英诺的策略是发现最优秀的创业者，重投重管。投资头部团队：上天、入地、出海，既要有技术含量，接地气，有执行力，还要放眼国际市场。

在投资的赛道上，我们专注中国未来10年最有爆发力的方向：科技创新和应用。在投资时点上，我们保持独立判断，坚持“敢于反周期出手”的价值投资理念。在原始创新项目获取上，英诺有自己独特的生态打法，深耕高校和科研院所，“LAB TO MARKET”模式。

基于以上投资逻辑，我们投资的镁伽机器人、智行者、天兵科技、抟原、阿丘科技、丽晶增长很快。2020年10月，青岛市迅速推进“全城普检计划”，镁伽机器人首次将机器人应用于大规模核酸检测，实现核酸检测样品前处理的高通量全自动化，单组机器人日检测量达26万人次，相当于50多位经验丰富的检测员全天24小时不间断的工作量总和，开创了国内首个机器人核酸检测案例。

赚的是认知红利，更要早一些看到创新

问：投资肯定是投“未来”，怎么才能把握这个“未来”，做出好的投资？您或您的团队有没有成功的未来产业的投资案例？

李竹：英诺作为早期投资机构，赚的是认知红利，更要早一些看到创新。英诺投资团队分为两个，一个看大科技，一个看大消费，围绕这两条主线来进行投资。**投资决策要快、准，就要建立专业的认知和判断坐标系，足够专业化，能够保证投资团队善于发现趋势，提前布局。**

人工智能方面的投资，我们关注智能汽车、智能制造、智能医疗。人工智能与医疗结合发展，催生了很多创新机会。

英诺天使从天使轮押注的推想医疗，已经成为医疗AI的头部企业。2020年11月，推想肺结节AI产品获批国家药监局（NMPA）医疗器械三类证，成为NMPA唯一批准的肺部AI产品。推想医疗更成为世界上首个拥有中国NMPA、美国FDA、日本PMDA、欧洲CE四大医疗市场四证齐全的AI医疗公司。

商业航天领域我们投出了天兵科技、天仪研究院等项目。航天互联网目前的增长和未来发射的卫星数量巨大，如果把地面的这些，同导航、遥感相关服务以及卫星发射，也就是把对火箭、卫星的需求加在一

块，这是一个超万亿的市场。像天仪研究院发射了十几颗卫星，是国内现在做卫星数量最多的一家公司。2020 年 11 月，天仪研究院与北京航空航天大学合作研制的北航空事卫星一号搭载长征六号运载火箭在太原卫星发射中心发射成功。北航空事卫星一号是我国空事卫星系统的首颗关键载荷技术验证卫星，由北航国家空管新航行系统技术重点实验室与天仪研究院联合设计。像天兵科技，它现在做了运载火箭，因为重复使用，能把火箭的成本大大降低，为将来一箭多星和多次使用发射火箭打下基础。还有像做航空航天碳纤维辅材的材料，在火箭和飞机上都能用到。我们还投了一些在飞机和航天制造过程中需要用视觉、人工智能进行智能制造的公司。航空航天这个市场，确实是非常大的市场，像我们投资的这些公司，很多都是一年之内进行了两三轮的融资。

投资人要有“投资伦理”

问：您觉得投资人最重要的素质是什么？

李竹：2000 年我开始做个人天使投资，经历了中国创投业波澜壮阔、快速发展的 20 年。虽然 2020 年上半年天使投资的数据，我估计比 2019 年下滑了 30% 以上，但是我相信未来的时代，还是天使投资可以非常好地发挥作用的时代。

作为投资人，需要翻越一个自己的山丘。如何翻越这个山丘，首先要有跨界学习的能力，因为现在风口的变化实在是太快了。从过去的 PC 互联网，到移动互联网，再到智能经济，变化非常快。天使投资人都要有跨界学习的能力，也要有自醒力，就是当你自己出现错误的时候，你能意识到并且勇敢地承认我们是犯了错误，我们可能要换一条路来走。如果你相信未来的你比现在的你更好，你一定要有这种自醒力。

坚持产生价值。我投资的美团网（03690.HK）、德生科技（002908.SZ）、E 代驾、臻迪智能、推想科技、阿丘科技、京微齐力等很多企业都是经过很长的时间，10 年，甚至 18 年，最后才 IPO（首次公开募股）上市。所以我说，坚持是天使投资的要义，如果你半途而废可能就失败了。

让投资铺一条向善的路。投资一个企业，或者是创立一个企业，要看它能走多远、走多长，看它是否能给社会带来价值，能不能给每个人带来更好的生活。这是我们看重和追求的。

做产品的人经常讲一个词，叫作“工程伦理”，我觉得投资人也要有“投资伦理”，就是我们要支持那些能够让社会更好、能够改变未来的创业者，支持那些对社会有责任心，愿意给创业伙伴、股东、员工分享利益的创业者。

“工程伦理”讲究的是做产品，用科技赋能时要有向善的理念，以全社会的安全、健康、福祉为基础。投资人支持什么样的人、做什么样的公司也非常重要，不能只是为了赚钱而去投资某些项目。也许一些公司也能上市，但是它不能长久，不能创造真正的价值。

“投资伦理”是英诺提出并践行的，要投资那些造福社会、改变未来的人和事，只有这样才能长久，才能做成大事。

科技创新将上升为下一个阶段的关键战略

问：您如何看战略性新兴产业？

李竹：战略性新兴产业是未来新的经济增长极。我们非常看好未来10年中国科技的发展，这个红利期来源于经济结构的转型和升级，以及中美科技“脱钩”带来的供应链重构机会。科技创新将上升为下一个阶段的关键战略。大力推进科技创新及其他各方面创新，加快推进数字经济、智能制造、生命健康、新材料等战略性新兴产业，将形成更多新的增长点、增长极。

战略性新兴产业是落实供给侧结构性改革、培育发展新动能、获取未来竞争新优势的关键领域，它正朝着科技与产业深度融合、数字与实体加快融合、制造与服务全面融合的态势发展，正加快由单一、线性的个体创新向跨主体、跨领域、跨区域的系统创新转变。

三维度衡量改变未来的创新项目

问：您认为未来产业有哪些特征、内涵？

李竹：如何寻找改变未来的创新项目或者说未来产业？我想，大致有三个维度。

第一，先进性。我们要找的科技项目，应该具备一定的先进性。什么是先进性？最简单的一个指标就是看项目的毛利率有多少，一般的高科技项目毛利率都在 50% 以上，而且与客户交易时有很好的账期。技术的先进性有很多判断方法，从经济指标就可以看出来。

第二，成长性。一个项目面对的市场是个逐渐增长的市场，而不是一个衰落的市场。可能每年的市场增长率都应该在 20% 以上，这才符合我们做投资的标准，市场规模每年至少有 100 亿元。

第三，持续性。我们要判断一下这种科技在未来对世界的改变有多大？它会不会又被新的科技所替代？持续性怎么样？这也是我们非常重要的一个判断标准。

我们可以从最近比较火的投资热点、投资方向看一下未来产业。

第一个是芯片。芯片是整个全球供应链产生的一个新机会，中国每年都要花几千亿美元采购芯片，现在某些国家非要“脱钩”，迫使中国必须重建一套自己的芯片供应链，这就给很多创业公司提供了机会。当然，我们看到科创板上也有很多新公司，创业板上也有很多芯片公司，现在市盈率都比较高，这是大家对未来的一个预期，我相信未来越来越多的芯片公司会涌现。我们投了做射频芯片的瑞思创新、做边缘计算芯片的碳晶科技、做推理芯片的公司等。

第二个方向是智能网联车。大家要重新认识汽车，它可能不光是一辆汽车，而是一个移动的通信工具、移动的娱乐和电子商务平台。我们投资的“智行者”，2020 年已经拿到比较大的订单，他们做的无人驾驶，包括室外环保的机器人都开始落地了。**包括汽车轻量化的材料 EASY FORMING，还有新能源电池的检测，还有未来（北京）黑科技有限公司，我相信未来两三年内这些新能源车量产后都会推出一些产品。**

除了刚才讲的创新思维之外，价值投资也很重要。价值投资不可能投那些有“零和游戏”的项目，而是投产生价值、创造价值的项目。

中国数字经济进入了快车道

问：数字经济、生命健康、新材料被列为战略性新兴产业、未来产业的三个代表性领域，意味着什么？

李竹：我分别谈一下自己的认识。

一是数字经济。现代经济体系已经离不开大数据的发展和应用，中国数字经济进入了快车道，各个行业正在积极推进数字化转型、网络化重构以及智能化提升，现在处于融合并行发展阶段。促进大数据的应用，促进大数据和各个行业实体经济深度融合，毫无疑问是推进数字中国建设的重要途径和基础。

二是生命健康。资料显示，美国每年在健康领域的花费已占其年GDP的15%，加拿大、日本约占10%，而对拥有14亿对健康与财富需求都极为迫切的人口的中国，目前只占5%至6%，健康领域市场空间的庞大可想而知。**新冠肺炎疫情过后，大健康产业将会迎来黄金发展时期，它将会是一个风口产业、蓝海产业、国家战略产业、全球化产业。**

三是新材料。新材料是国民经济建设、社会进步和国防安全的物质基础，是实现产业结构优化升级和提升装备制造业的保障，也是发展新兴产业的先导，更是国家工业技术与科技水平的前瞻性指标，对未来经济发展、社会变革起着基础性作用。

这三个行业也是英诺天使基金主要投资和布局的方向。正是看到未来产业发展的方向，目前英诺已经投资了数十个相关企业。

布局未来产业，是把握重要战略机遇期的基础

问：您觉得，习近平总书记为何在2020年这个时间点、在新冠肺炎疫情发生后，多次提出“未来产业”？

李竹：我判断，集中力量发展未来产业、布局未来产业，是把握重

要战略机遇期的基础。

我国仍处在发展的重要战略机遇期，危和机并存，克服了危即是机，关键是要抓住产业数字化、数字产业化赋予的机遇，加快 5G 网络、数据中心等新型基础设施建设，抓紧布局数字经济、生命健康、新材料等战略性新兴产业、未来产业，大力推进科技创新，着力壮大新增长点、形成发展新动能。

看好智慧医疗

问：您最看好生命健康领域的哪些部分？为什么？

李竹：英诺自成立之初，就将医疗健康列为重点投资方向之一。基于以下几点判断：

一是中国人均 GDP 水平逐年升高，对比同期欧美国家水平，医疗支出占 GDP 比重偏低，未来增长空间巨大。

二是中国人均药品、器械、诊断试剂消费远低于欧美发达国家，随着经济水平的提高，人均寿命的提升，医疗领域的消费将会保持高速增长。

三是医疗健康领域是国家重点发展布局的领域，地方政府也倍加重视，易于形成产业集群规模，英诺在医疗健康领域充分布局，投资了推想科技（AI+ 医疗影像）、亿药科技（AI+ 药物研发）、汇先医药（微流控快速诊断）、华龛生物（三维细胞培养）等多家医疗健康企业。

方向选择上，我们主要判断：

第一，药品、医疗器械，因为研发上市周期较长，早期盈利困难，但对于产品一二三期临床一级市场都有公允的估值体系，所以早期机构并不担心，天使机构需要挖掘确定性相对更高、技术领先度更优的项目。

第二，对于没有清晰盈利模式的项目，目前我们持审慎态度，不会轻易投资。如果在创业初期没有清晰的盈利模式，则创业者要想清楚应对措施。

第三，医疗行业对于模式创新、技术创新是略显保守、严谨的，大多数细分领域模式有迹可循，对于没有清晰商业模式的项目，应该完善行业调研，听取一线从业者、临床的反馈。

我们看好智慧医疗，希望促进人工智能与医疗结合发展。AI 能够加速疫苗和药物的研发。利用人工智能进行药物研发是近几年科学前沿与投资关注的热点，2018 年、2019 年已有多家公司拿到融资，包括我们投资的亿药科技。我相信，未来人工智能用于医药包括疫苗研发的案例会越来越多。

人工智能最大的优势是快，可以将传统早期药物筛选的时间从两到三年缩短到几个星期，大大提高了早期药物研发的效率。例如，这次新冠肺炎病毒流行，如果利用传统方法进行研发，至少需要两到三年的时间，而现在通过人工智能的方式，缩短了疫苗开发时间，提高了研发效率。价值在于可以尽早使新冠肺炎疫情得到控制，降低感染患病人数，减轻经济损失。

人工智能的介入，大大提高了抗击新冠肺炎疫情的效率。例如，推想科技推出了用于新型冠状病毒肺炎的 AI 系统，辅助医生快速响应并给出诊断报告，加速医疗机构辨别感染者，为快速隔离、诊断、治疗争取时间。

持续看好的领域

问：您看好哪些未来产业的发展？

李竹：对于英诺天使基金来说，持续看好的领域包括先进制造，如机器人、商业航天和芯片等，另外就是新材料和生命科技。

当下形势和国际大环境下的内循环和外循环，都要求中国的产业链要重构自身供应链，而这个过程会带来很多新的创业机会。比如，在半导体领域，在国家政策的大力支持下，越来越多的国内厂商选择国产芯片，这里面就出现很多新的投资机会。

在新材料上，国家对基础研究的重视，半导体、商业航天和 5G 等的发展，都会带动新材料技术的发展，虽然新材料的门槛很高，但是有非常大的潜力，做成之后前景就会变得很好。在生命科技上，英诺天使基金也会持续关注和加大投资力度。

未来产业是新引擎新动能

问：战略性新兴产业和未来产业之间有哪些异同？

李竹：战略性新兴产业是指建立在重大前沿科技突破基础上，代表未来科技和产业发展新方向，知识技术密集、物质资源消耗少、成长潜力大、综合效益好，尚处于成长初期、未来发展潜力巨大，对经济社会具有全局带动和重大引领作用的产业。《国务院关于加快培育和发展战略性新兴产业的决定》，把节能环保、新一代信息技术、生物、高端装备制造、新能源、新材料、新能源汽车等作为现阶段重点发展的战略性新兴产业。

未来产业是新引擎、新动能，要有标志性技术，要有颠覆性技术。人工智能、5G、量子计算等都是未来产业。人工智能代表了未来二三十年发展的重要方向。因为人工智能本身是复合性技术，可以和各方面广泛结合，而5G具有基础设施性质。**全球未来二三十年产业的主要增量，预计还是来自新一代信息技术。**

我们认为发展未来产业需要顶层设计，战略性新兴产业是未来产业由小做强的必经之路。纵观全球，科技创新带来产业革命，从而导致新一轮经济的增长。我国要想在经济发展中实现弯道超车，必须大力发展战略性新兴产业。

借鉴发达国家的发展经验，加快培育和发展以重大技术突破、重大发展需求为基础的战略性新兴产业，对于推进产业结构升级和经济发展方式转变，提升我国未来自主创新能力和国际竞争力，促进经济社会可持续发展，具有重要意义。

沿海城市高新科技“带领”优势明显

问：在您的观察中，迄今为止具备未来产业意识的地方、部门或企业多吗？

李竹：未来 15 年，应该更好地引导我国经济布局，引导经济和产业布局遵循空间均衡的原则、遵循生态效率的原则、遵循因地制宜的区域调控原则，宏观调控加强对区域发展的指导和引导，不仅关注产业发展和产业结构调整优化，更关注区域发展和区域协调。对产业发展的调控，也要逐步从对产业总量的调控，转到对其空间布局的调控。

英诺天使基金目前在我国的北京、上海、广州、深圳、香港、中山等地以及在美国均有布局，从我们实际接触来看，沿海城市高新科技“带领”优势明显，一些西部城市在高科技领域和制造上也占有一定比重。从地域范围上，经济发展呈现从沿海到内陆、从东部到中西部、从沿海到沿江和沿路不断扩展的空间态势。

城市群是高技术产业集群成长的主要空间载体

问：您认为我国该如何形成未来产业的空间布局？您预测，哪几个地方有希望构筑“未来产业高地”？

李竹：英诺创新空间在海内外多个城市积极布局，也是因为看准了城市群成为高技术产业集群成长主要空间载体的趋势。

从地域分布来看，我国的高技术产业高度集中地主要分布在广东、浙江、福建、上海、江苏、山东、北京、天津等 8 个省（市）为主的东部沿海经济带上，其次是中西部及其他东南沿海地区，如四川、辽宁、安徽、海南等地区也呈现面向部分未来产业的创新活力。从多年发展轨迹看，这些省（市）的高新技术企业数量、产值规模，始终占据明显优势，呈现快速发展势头。

颠覆性的创新往往出现在未来产业当中

问：您如何看待颠覆性创新和未来产业的关系？

李竹：未来 10 年，颠覆性创新仍将出自未来产业，新兴产业的引领作用会越来越明显。新兴产业市场需求比较旺盛。同时，颠覆性的创新往往出现在未来产业当中。此外，未来产业与高端智力活动紧密相连，而传统产业在转型升级过程有很大一部分会被淘汰，形态和消费结构变化也会带来改变。当产品没有跟上消费结构变化，就会被淘汰，这是正常的经济活动结果。

培育发展未来产业，需要更多“耐心资本”

问：您如何看待习近平总书记提出的构建国内国际双循环相互促进的新发展格局？从新发展格局出发，怎样助力“未来产业”？

李竹：构建“双循环”新发展格局，能让我们走得更高更稳更远。“内循环”的落实具体包括生产和消费两个方面。在生产端，我们需要加快转型升级，尤其是要将我国部分高科技、高端零部件等存在的短板补齐，解决“卡脖子”问题，夯实我国现代经济体系的底盘。在消费端，我们有超大规模市场优势和巨大的内需潜力。中国拥有 14 亿人口，拥有全球规模最大的中等收入群体。中国经济真的是一片汪洋大海。

我们看科技创新，要有一种长线思维，要有一种赋能能力。培育发展未来产业，需要更多“耐心资本”。随着后面退出市场，包括科创板、创业板越来越成熟，大家对早期投资、对 VC 会有更深刻的认识，这时候大家对行业会有更好的耐心、更好的看法，这样长线的基金就会逐渐跑出来，能够给未来产业带来新的支持。

许多国家开始深刻反思其产业链布局

问：您认为新冠肺炎疫情将怎样影响未来产业？结合疫情，应该对未来产业做出哪些布局？

李竹：新冠肺炎疫情促使许多国家开始深刻反思其产业链布局，“安全”因素受到空前重视，但是要实现本地化生产和分散化布局需要逾越诸多障碍。具体而言，在直接涉及民众生命安全和身体健康的制药、医疗设备和防护物资等领域，保证必要的本地化生产能力应是大势所趋。

在新冠肺炎疫情影响下，这些产业值得关注。最近最火的机器人领域，2020 年到现在，整个投资领域已经投了上百亿人民币。为什么突然一下机器人又火起来了呢？就是因为中国要做制造业的强国。如果要做制造业的强国，就要极大地提高劳动生产力，就要用机器换人。尤其在新冠肺炎疫情期间，大家也看到了很多工厂没有办法复工，在疫情好转之后，大家都在大规模布局机器人。

我们投资了“云深处科技”，还有做工厂产线上机器人的“阿丘科技”，这些公司都拿到了好几轮融资，估计未来10年，甚至更长的周期里，大量机器人公司会进一步快速落地，进入一个很好的产业赋能的阶段，大大提高生产率。

构建未来产业发展体系

问：世界各国都在瞄准未来进行高技术、新产业布局，究竟怎样才能占领未来产业制高点？

李竹：2020年11月23日，世界贸易组织发布题为《2020年世界贸易报告：数字时代促进创新的政府政策》的年度报告称，世界经济正在向数字化和信息化转变。报告围绕数字时代如何创新政府政策这一主题，分析了近年来各国政府支持向数字经济过渡、促进数字创新、经济创新和技术进步政策及其趋势，以及这一趋势对贸易流动和全球商业的影响。

报告说，加强国际合作仍然是各国投资政策和产业发展战略的核心。自2008年国际金融危机以来，政府对经济的干预又开始流行起来。**迄今，大约115个国家已经制定了“新产业政策”“工业4.0”或“数字转型”计划，所有处于不同发展阶段的国家都有支持创新和数字化转型的政策，特别是许多发展中国家采取了积极政策推动数字科技发展及电信基础设施建设。**这些新政策反映了数字经济的特点，即以数字化为导向，鼓励技术升级、数字化生产和数字创新，突出数据在政策工具中的核心作用。

具体建议，有几个层面：

一是明确未来产业发展方向。根据未来产业发展重点，加快在集成电路、人工智能、未来网络、高端生物医药、前沿新材料、商用航空等相关领域探索布局，有重点地分步分类实施推进，努力建设具有影响力和竞争力的未来产业发展高地。

二是提升未来产业创新能力。加强未来产业领域高水平学科和科研机构建设，积极承接国家、省区市重大专项。围绕未来产业共性关键技术领域，引进、新建和完善一批创新中心、双创平台、重点实验室、工程（技术）研究中心和企业技术中心，提升创新能力。

三是构建未来产业发展体系，充分发挥金融资本等对创新的作用。瞄准产业链、价值链高端，引进世界级企业、行业龙头企业、知名研发机构和金融资本、创新服务机构，积极培育未来产业新业态，打造以龙头企业为引领、大中小企业协作发展的具有国际竞争力的未来产业体系。加快未来产业与各行业的互动融合发展，推动未来产业科技成果规模化应用。

四是营造未来产业发展生态。制定出台产业发展规划、政策，有重点、针对性地支持未来产业核心技术攻关、创新能力提升、产业链关键环节培育和引进、重点企业发展、产业化项目建设等。加大政府产业基金对未来产业的支持，鼓励和引导各类金融机构和社会资本，优先向未来产业领域企业提供融资支持。建立“上下联动、左右协同”的工作推进机制，形成共同推动未来产业发展的良好生态。

五是把高层次人才队伍建设作为未来产业发展的重中之重，聘请国内外知名专家、企业家组建未来产业专家委员会。

以强烈的危机感主动布局

问：我国在把握未来产业发展机遇中面临哪些挑战、障碍和风险？

李竹：当前，新一轮科技革命和产业革命如火如荼，未来产业已成为全球竞争新焦点，我国也加快培育战略性新兴产业、未来产业，国内不少城市竞相规划布局，着力培育竞争新优势。近年来，我们在芯片、集成电路、工业互联网、智能制造、5G 等方面已积累了一定的比较优势，但是对标发达国家核心技术，仍存在较大差距，要以强烈的危机感抢抓机遇、主动布局、狠抓落地，有所为有所不为，抢占未来产业发展制高点。

促使更多资金进入风险投资行业

问：对国家和各地布局未来产业，您有哪些政策性建议？

李竹：科技创新始于技术，成于资本，资本市场对技术创新起着巨大的作用。**天使投资人实际上是整个经济的毛细血管，对经济变化的感受其实是最敏感的，期待未来能够有更多利于创投行业的消息，站在科技创新和产业变革的新起点上，加快发展战略性新兴产业，积极培育未来产业，推动金融资本支持未来产业发展，吸引更多对创投行业的关注。**

科技创新和经济发展离不开以私募基金为代表的创新资本的支持，私募基金的发展将有力推动我国战略性新兴产业发展和科创企业成长。

我们建议：

——进一步拓宽风险投资的资金来源，确保“活水”源源不断。政府部门可以适当采取一定措施，促使更多资金进入风险投资行业，保证行业发展的长期性、稳定性。

——完善风险投资的法律规定，确保行业健康发展。尤其在资金募集、项目选择、所有权益转让等领域的行为进行界定及明晰，从制度上保障行业的健康发展。

——进一步完善有效退出渠道，确保风险投资行业与金融业整体的良好衔接及良性循环。同时，对以天使投资为代表的早期投资进一步落实税收优惠政策。

后　记

培养未来思维，做坚定“未来派”

李　斌

“变革将带来巨大浪潮，那些看不到的人，生活将被彻底打乱，看得到的人将把握先机。”

长期关注科技发展的美国咨询大师丹尼尔·伯勒斯和约翰·戴维·曼在《理解未来的7个原则：如何看到不可见，做到不可能》一书中这样写道。

因为做未来产业调研，时间节点又恰好处在2021年这么一个面向未来的新起点上，我不禁更多地将未来产业和未来社会、未来世界联系在一起，除了向专家型政府官员、权威专家、投资人和创新型企业家请教之外，几个月的时间里，找到了手头近20本与“未来”有关的书籍翻阅……

这些书，既有20世纪80年代末约翰·奈斯比特、帕特丽夏·阿伯丹写的《2000年大趋势：90年代十大新趋向》、彼得·德鲁克早年写的《已经发生的未来》，也有近些年出版的新书，如《工业4.0：即将来袭的第四次工业革命》《未来世界：改变人类社会的新技术》《好奇心：保持对未知世界永不停息的热情》《变革：重新定义下一个社会》《未来生机：自然、科技与人类的模拟与共生》《人类的明天》《创业简史：塑造世界的开拓者》《唯有时间能证明伟大：极客之王特斯拉传》

《反脆弱：从不确定性中获益》等书。近 20 本书，大部分是外国专家写的，也有一些中国人自己写的书，如中国社会科学院工业经济研究所未来产业研究组 2017 年出版的《影响未来的新科技新产业》，阿里巴巴集团编的《马云：未来已来——阿里巴巴的商业逻辑和纵深布局》，李彦宏著，张晓峰、杜军主编的《智能经济：高质量发展的新形态》，秦朔、陈天翔合著的《无止之境：中国平安成长之路》。

有几本书值得一提，如前美国副总统阿尔·戈尔写的《未来：改变全球的六大驱动力》，美国理查德·多布斯、詹姆斯·马尼卡、华强森合著的《麦肯锡说，未来 20 年大机遇》，美国人丹尼尔·伯勒斯、约翰·戴维·曼合著的《理解未来的 7 个原则：如何看到不可见，做到不可能》，读后让人感觉受益匪浅。

一个最大的感受或者启发，就是要有未来思维，做坚定的“未来派”：从未来看现在，从未来倒逼现在，按照未来衡量今天的抉择。

这里的“未来”，是“把脉”以后可以感知的未来，是“登高”以后可以看到的未来……

眺望未来之前，我的一位同事先回首看了看过去 16 年，不看不知道，一看真是吓一跳——有谁能想到，16 年前，中国决策研制大飞机，苹果智能手机问世，北斗第一颗卫星上天，中国探月工程启动，中国高铁正式进入标准化建设高速客运专线铁路阶段……16 年后的 2021 年，尽管最核心的发动机等技术还不掌握在自己手里，中国 C919 飞机已经拿到近千架的订单，据悉适航证也有望在近年内拿到；苹果智能手机不仅开辟了移动终端时代，并且正日益深刻影响经济社会；北斗导航已经成功组网，成为继美国之后全球又一张导航网，其应用也在不断深化；中国的探月工程从月球“取”回了月壤……

一切恍若梦幻，一切又是那么真实！

“了解、监控和驾驭大量不断变化的趋势会给你带来巨大回报……只需要每天花一些时间跟踪不断变化的外部环境，我们就会得到截然不同的结果——要么驾驭趋势，要么被趋势吞噬。”在《麦肯锡说，未来 20 年大机遇》一书中，理查德·多布斯、詹姆斯·马尼卡和华强森这样写道。

驾驭趋势，首先要“看到”趋势在哪里。“看到”趋势，才能“看见”未来、预见未来，才有可能赢得未来。

还记得几年前主编了《领跑力：企业、城市和国家的引领之道》一书，将对“筑梦之城”深圳、“智造之城”青岛、“独角兽之城”北京等城市的解码，对精准医学、中国制造、独角兽企业的剖析，和对任正非、张瑞敏、王传福、雷军等的面对面对话收录在一起，用“领跑力”这根红线串在一起……写后记《领跑力的 10 个来源》时，我就专门将前瞻力列为“领跑力”的 10 个来源之首——“领跑力，来自企业家对技术发展趋势的预见，来自于一种‘看’到未来的能力，它首先是一种前瞻力。”

那篇后记还这样写道：

正因为站到了技术最前沿，这些创业者、企业家都成了预言家——任正非坚信“主航道只会越来越宽，宽到你不可想象。我们现在还想象不出未来信息社会是什么样子。我们只是把航道修宽了，在航道上走各种船”。他更看好未来：“未来二三十年将是人类社会发生最大变化的时代。伴随生物技术的突破、人工智能的实现等等，未来人类社会一定会崛起非常多的大产业。”

在王东升眼里，第四次工业革命“已经开始了。触发点是人工智能和基因技术”。他说，第四次工业革命是关于“硅基和碳基生命的科技革命”，这是与人自身相关的产业。我们已经能创造出某些方面比自身更聪明的人工生命；我们需要处理人类自身与人工生命的关系；我们的寿命会大大延长，推动自身的进化。这是机会，更是我们要面对的挑战。

华大基因董事长、联合创始人之一的汪建说：“历经多年、投入数十亿人民币研发的高通量测序仪问世，全球测序技术领域将首次大规模列装‘中国造’，通往‘人人测序’时代的大门正在打开。”他预言：精准医学首先是认知、矫正，就是读和写，但这些还是“医疗”，而更重要是“治未病”，下一步一定是精准健康、精准营养、精准运动、精准预防，精准医学是一个过渡的东西。

…… ……

因为注重未来，这些创新型企业家历经数十年奋斗，带领企业成为领跑型企业。而在他们因为有一种“看”到未来的能力提出最初的构想乃至梦想时，常常因为不被人理解而被人视为“狂人”……

这种“看”到未来的能力即前瞻力，从另一个角度讲就是未来思维。

因为有未来思维，马斯克成就了一件件让人难以想象，甚至觉得不可思议的事情，撼动甚至颠覆了一个又一个行业，把一个个关于未来世界的梦想变成现实：SpaceX 公司开发的火箭成为往返太空的工具，而且可以多次重复使用；作为新能源车的代表，特斯拉的市值已经超过最大的传统汽车企业，“走俏”全球；他把一个硬币大小的脑机芯片植入猪脑中，并在现场展示，梦想解决中风等跟大脑神经或者脊髓有关的问题；他还在筹划火星旅行的商业化，采取行动为未来交通开发“超级高铁”，以实现比飞机还要快的速度，解决城市间的交通问题。

一系列看似无法实现的科幻级产品，正在一一实现。

不是不可能，一切皆有可能。

眺望未来：未来的某一天，“基因常规”会像血常规、尿常规一样成为医院检验检疫科的必备项目；各种类型、应用场景的机器人遍布这个星球的角落，从工厂到家庭，从社区到企业。而未来的某一天，伴随超级智能的发展，会“让人类的星际旅行愿望变得更有希望”，人类实现“永生”也不再是痴人说梦……

而未来思维，却绝非人人都有。

我在未来产业调研中发现，尽管有些地方已经未雨绸缪，提前行动，如深圳多年前就在部署战略性新兴产业的同时部署未来产业，北京近年来则积极布局十大高精尖产业，但是还是有相当多的人没有未来产业意识，或者说缺乏未来思维、缺乏未来感。

可喜的是，在国家最高领导人号召和部署后，又恰逢“十三五”收官、“十四五”开局之际，北京、湖南、河北、江西等地纷纷在“十四五”规划和2035远景目标建议中对未来产业作出了部署：北京不仅将“数字经济成为发展新动能，战略性新兴产业、未来产业持续壮大”明确作为北京市“十四五”时期经济社会发展主要目标之一，更明确提出“前瞻布局量子信息、人工智能、工业互联网、卫星互联网、机器人等未来产业”；湖南提出“重点围绕制造业高质量发展，聚焦优势产业、新兴产业和未来产业”；安徽提出“实施未来产业培育工程，布局发展量子科技、生物制造、先进核能等产业”；江西提出“紧跟战略性新兴产业和未来产业发展趋势，聚焦柔性电子、微纳光学、新能源装备、生物技术和生命科学等细分领域，超前布局前沿科技和产业化运用，谋划一批试点示范项目，打造一批重大应用场景，培育未来发展新引擎”……

一个国家能否成为领跑型国家，很大程度上就要看能否以未来思维部署未来产业，力争抓住制高点，掌握塑造未来世界的决定性力量。

毫无疑问，站在历史交汇点上，习近平总书记多次强调要抓紧布局“未来产业”，这是纵览人类科技发展史、经济社会发展历史，着眼“第二个一百年”奋斗目标做出的战略部署，是决胜未来的关键一招。作为一个重大课题，未来产业太值得研究和思考。

这本小书，只是关于未来产业、未来社会、未来世界有关思考的一次尝试，是共同智慧的结晶。这种思考才刚刚开始，期待更多的人共同探讨、思考……

不过有一点，毫无疑问是确定的，就是要树立未来思维，探寻和把握“硬趋势”，做坚定的“未来派”。正如《麦肯锡说，未来20年大机遇》一书所说：“正是由于这些强大的趋势力量，我们生活的这个世界，在下一个10年甚至更远的未来将会变得更好。塑造未来世界的人一定是那些非常了解我们正在见证的变革的程度和持久性，并愿意重置直觉的人，他们也必将获得丰厚回报。”

未来，充满无限可能。期待更多人成为把握趋势力量的人，创造一个更加美好的未来世界……

从 2016 年开始，中国科学院组建颠覆性技术创新研究团队，选择若干可能产生颠覆性技术的重点领域持续开展专题研究，陆续编撰出版了《颠覆性技术创新研究：信息科技领域》《颠覆性技术创新研究：生命科学领域》等图书，在生命科学领域遴选出基因测序技术、基因组编辑技术、合成生物学、基因治疗技术、干细胞治疗技术、免疫细胞治疗技术、类脑智能等 7 个主要研究方向，对相关颠覆性技术的演变发展进程、动力机制与规律等进行介绍和阐述……

2020 年，关于未来的各种预测纷至沓来——北约发表《科技趋势：2020—2040》报告，分析了未来 20 年的国防技术发展趋势，指出在未来 20 年里，可以用智能化、互联化、分布式、数字化等四个最重要的特征来定义关键的先进军事技术，还提出未来 20 年八个颠覆性技术域：数据，人工智能，自主、空间、高超音速飞行，量子、生物技术和材料。为帮助相关部门对未来 30 年可能影响国家力量的核心科技有一个总体上的把握，为国家及社会资本指明科技投资方向，以确保美国在未来世界中的战略优势，美国公布《新兴技术趋势报告》，明确提出物联网、机器人与自动化系统、智能手机与云计算、合成生物科技等 20 项最值得关注的科技发展趋势……

憧憬未来，不如创造未来，这就是未来世界的决定性力量！

正如美国麻省理工学院物理系终身教授、未来生命研究所创始人迈克斯·泰格马克在《生命 3.0：人工智能时代人类的进化与重生》一书中写道的那样——“我们的未来并没有镌刻在石头上，只等着发生——它要由我们来创造。让我们一起创造一个振奋人心的未来吧！”

事实上，党和国家、政府有关部门已经提前对“未来产业”做了不少研究、部署，制定了一系列极具未来思维的纲要、规划、政策，比如明确提出“到 2050 年建成世界科技创新强国，成为世界主要科学中心和创新高地”这一“三步走”战略目标的《国家创新驱动发展战略纲要》，提出“到 2030 年人工智能理论、技术与应用总体达到世界领先水平，成为世界主要人工智能创新中心”目标的《新一代人工智能发展规划》，旨在“推动新能源汽车产业高质量发展，加快建设汽车强国”的《新能源汽车产业发展规划（2021—2035年）》等等，一些“先行者”，比如深圳甚至早在多年前就出台了富有操作性的《深圳市未来产业发展政策》。

让人欣慰的是，2021年3月全国两会通过的“十四五”规划和2035年远景目标纲要中指出：要着眼于抢占未来产业发展先机，前瞻谋划未来产业——在类脑智能、量子信息、基因技术、未来网络、深海空天开发、氢能与储能等前沿科技和产业变革领域，组织实施未来产业孵化与加速计划，谋划布局一批未来产业。在科教资源优势突出、产业基础雄厚的地区，布局一批国家未来产业技术研究院，加强前沿技术多路径探索、交叉融合和颠覆性技术供给。实施产业跨界融合示范工程，打造未来技术应用场景，加速形成若干未来产业，从而为中国未来产业初步制定了“路线图”。

蓝图初步绘就，只待奋发进取，各显神通……

最后，请允许我感谢愿意和我们团队共同探讨未来产业的创新型企业家、专家型官员、投资人和权威专家，感谢愿意撰写推荐语的李开复先生、罗振宇先生，对未来产业有思考和研判、亲自撰写推荐序的三位大咖：北京大学光华管理学院院长刘俏教授、清华大学五道口金融学院副院长田轩教授、知名科幻作家韩松老师，他们是许多人心中的偶像，在推荐序中提出了许多富有远见的真知灼见，为本书进一步增强了思想性、预见性。还要特别感谢出版方。

参考书目

1. [美] 约翰 · 奈斯比特、帕特丽夏 · 阿伯丹：《2000 年大趋势：90 年代十大新趋向》，贾冠颜、章玉和、杨晓红译，中国人民大学出版社 1991 年版。

2 .[德] 乌尔里希 · 森德勒主编：《工业 4.0 ：即将来袭的第四次工业革命》，李现民、邓敏译，机械工业出版社 2014 年版。

3. [美] 史蒂芬 · 科特勒：《未来世界：改变人类社会的新技术》，宋丽珏译，机械工业出版社 2016 年版。

4. [美] 阿尔 · 戈尔：《未来：改变全球的六大驱动力》，冯洁音、李鸣燕、毛云译，上海译文出版社 2013 年版。

5. [英] 伊恩 · 莱斯利：《好奇心：保持对未知世界永不停息的热情》，马婕译，中国人民大学出版社 2017 年版。

6. [英] 彼得 · 菲斯克：《变革：重新定义下一个社会》，陈雯、万瑶译，电子工业出版社 2016 年版。

7. 中国社会科学院工业经济研究所未来产业研究组著：《影响未来的新科技新产业》，中信出版集团 2017 年版。

8. [德] 克里斯缇安 · 施瓦格尔：《未来生机：自然、科技与人类的模拟与共生》，马博译，中国人民大学出版社 2017 年版。

9. [法] 席里尔 · 迪翁：《人类的明天》，蒋枋栖译，北京联合出版公司 2018 年版。

10. 阿里巴巴集团编：《马云：未来已来——阿里巴巴的商业逻辑和纵深布局》，红旗出版社 2017 年版。

11. [美] 丹尼尔 · 伯勒斯、约翰 · 戴维 · 曼：《理解未来的 7 个原则：如何看到不可见，做到不可能》，金丽鑫译，江西人民出版社 2016 年版。

12. [美] 理查德 · 多布斯、詹姆斯 · 马尼卡、华强森：《麦肯锡说，未来 20 年大机遇》，谭浩译，广东人民出版社 2016 年版。

13. 李彦宏著，张晓峰、杜军主编：《智能经济：高质量发展的新形态》，中信出版集团 2020 年版。

14. [美] 乔 · 卡伦：《创业简史：塑造世界的开拓者》，王瑶译，中国人民大学出版社

2017 年版。

15. [美] 彼得 · 德鲁克：《已经发生的未来》，汪建雄、任永坤译，机械工业出版社 2019 年版。

16. 秦朔、陈天翔：《无止之境：中国平安成长之路》，中信出版集团 2020 年版。

17. [美] 约翰 · 奥尼尔：《唯有时间能证明伟大：极客之王特斯拉传》，林雨译，现代出版社 2015 年版。

18. [美] 纳西姆 · 尼古拉斯 · 塔勒布：《反脆弱：从不确定性中获益》，雨珂译，中信出版集团 2020 年版。

19. [美] 迈克斯 · 泰格马克：《生命 3.0 ：人工智能时代人类的进化与重生》，汪婕舒译，浙江教育出版社 2018 年版。

20. [法] 托马斯 · 皮凯蒂：《21 世纪资本论》，巴曙松译，中信出版社 2014 年版。